KB273851

일본은 어떻게
'일본'이 되었나

일본은 어떻게
'일본'이 되었나

일본은 어떻게
'일본'이 되었나

김유영 지음

일본은 어떻게
'일본'이 되었나

차
례

새로운 세대의 일본 읽기

일본에 대한 오해와 진실

일본 하면 떠올리는 이미지 중에 대표적인 것이 '깨끗한 거리와 질서를 잘 지키는 시민"이다. 일본인의 타고난 고유의 민족성 때문이라는 오해를 불러일으키기도 한다. 다른 오해들과 마찬가지로 이 또한 자기 비하의 태도로 일본을 바라보는 한국인의 상대적 편견이 낳은 결과물이다. 진실은 무엇일까. 그 답은 아주 쉽게 우리의 현대사 속에서도 찾을 수 있다.

일본 읽기에 새로운 독법이
필요한 이유

급격한 산업화와 민주화의 부침을 겪은 한국에는 그 어느 나라보다도 편차가 큰 세대 간 인식 층위가 존재한다. 일제강점기를 직접 겪었던 세대, 한국전쟁의 참화와 극심한 가난을 온몸으로 부딪치며 이겨낸 세대, 압축적인 경제성장을 이끌고 그 성공을 체험한 세대, 그리고 그 성장의 결과로 상대적으로 높아진 국가의 위상 속에서 또 다른 의미의 결핍을 느끼는 청년 세대에 이르기까지, 마치 서구의 근현대사를 압축해놓은 듯한 경험이 세대를 관통하며 한 나라 안에 혼재한다.

그중에서도 가장 차이가 크게 나타나는 인식 대상 중 하나가 바로 '일본'이다. 판이한 역사적 경험과 기억의 지층을 가진 각 세대가 '일본'이라는 대상을 대하는 태도는 결코 균일하지도 단일하지도 않다. 고령 세대에게 일본은 식민 지배와 수탈을 자행한 적대적 대상으로, 중년 세대에게는 경제 발전의 모델이자 치열한 경쟁 상대로 비춰졌다면, 오늘날의 젊은 세대에게 일본은 K-Pop과 J-Pop으로 대표되는 대중문화 교류의 파트너이자, 손쉽게 떠날 수 있는 여행지, 혹은 다양한 서브컬처의 본고장으로 다가온다.

그 배경엔 과거와는 비교할 수 없을 정도로 높아진 한국의 국제적 위상이 있다. 한때 아득한 목표처럼 보였던 여러 경제 지표는 이제 일본과 대등한 수준에 이르렀거나, 일부 핵심 영역에서는 오히려 일본을 앞지르는 현상까지 나타난다. 국가 경제 규모와 생산력을 나타내는 1인당 명목 국내총생산GDP의 경우, 2020년대 들어 한국은 일본에 근접했다. 2022년 기준 한국의 1인당 명목 GDP는 약 32,395달러로 일본의 약 33,911달러와 큰 차이가 없으며, 특히 국가 간 물가 수준 차이를 반영한 구매력평가PPP 기준 1인당 GDP는 이미 여러 해 전부터 한국이 일본을 앞섰다는 것이 중론이다. 이는 국내에서 생산되는 부가가치의 총량이 국민 개개인에게 돌아가는 평균적인 몫에서 한국이 일본과 대등하거나 우위에 서기 시작했음을 뜻한다.

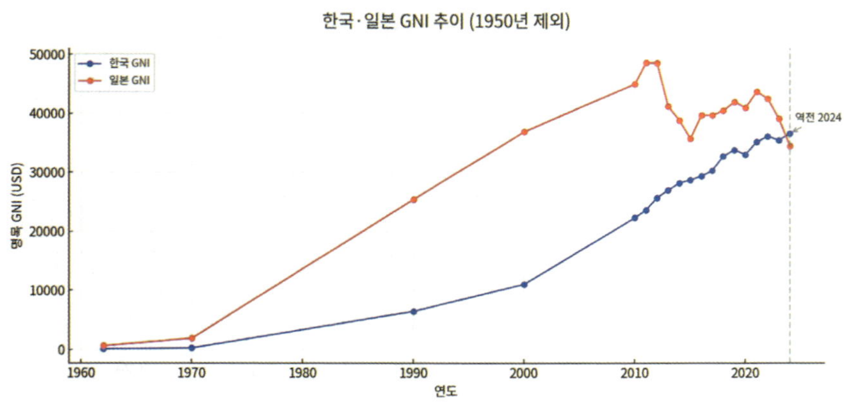

【표·1】 1960~2020년대 한국과 일본의 GNI 추이. World Bank(Macrotrends 기반), 한국은행, IMF 및 주요 기관 전망치 종합.

연도	GDP 추이		GNI 추이	
	대한민국	일본	대한민국	일본
1960	158	479	120	610
1970	279	1,971	280	1,880
1990	6,610	25,957	6,450	25,380
2000	12,257	38,555	11,030	36,910
2010	23,079	44,635	22,280	44,960
2011	25,098	48,112	23,580	48,580
2012	25,459	48,604	25,650	48,470
2013	27,180	40,516	26,970	41,170
2014	29,253	38,071	28,160	38,820
2015	28,737	34,525	28,720	35,740
2016	29,280	39,059	29,330	39,670
2017	31,601	39,068	30,290	39,640
2018	33,447	39,833	32,740	40,440
2019	31,902	40,404	33,830	41,950
2020	31,721	40,041	33,040	40,940
2021	35,126	40,059	35,180	43,670
2022	32,395	33,911	36,160	42,450
2023	33,121	33,834	35,490	39,030
2024	±34,000	±34,000	±36,624	±34,500

【표·2】 1960년대부터 2024년까지의 한국과 일본의 GDP와 GNI 추이.

국민 개개인의 실질적인 소득 수준과 생활수준을 더 잘 보여주는 지표인 1인당 명목 국민총소득GNI에서는 더욱 극적인 변화가 나타난다. GNI는 한 나라 국민이 국내외에서 벌어들인 총소득을 인구로 나눈 값으로, 과거 GNP(국민총생산)로 불리던 핵심 경제 지표이다. 최근 자료에 따르면, 2024년 한국의 1인당 GNI는 36,624달러를 기록하며, 같은 시기 일본의 1인당 GNI(약 34,500달러로 추정)를 넘어선 것으로 나타났다. 이는 한국인의 평균적인 소득과 구매력이 일본인을 앞지르기 시작했다는 매우 상징적인 지표로, 양국 간 경제적 위상 변화를 단적으로 보여준다. 실제로 소득의 변화뿐만 아니라 다른 경제 수치에서도 비슷한 흐름이 나타나고 있는데, 예를 들어 한국 주요 대기업의 대졸 평균 초임이 일본의 평균적인 대졸 초임을 상회하게 된 바, 젊은 세대의 경제적 출발점도 과거와는 많이 달라졌음을 알 수 있다.

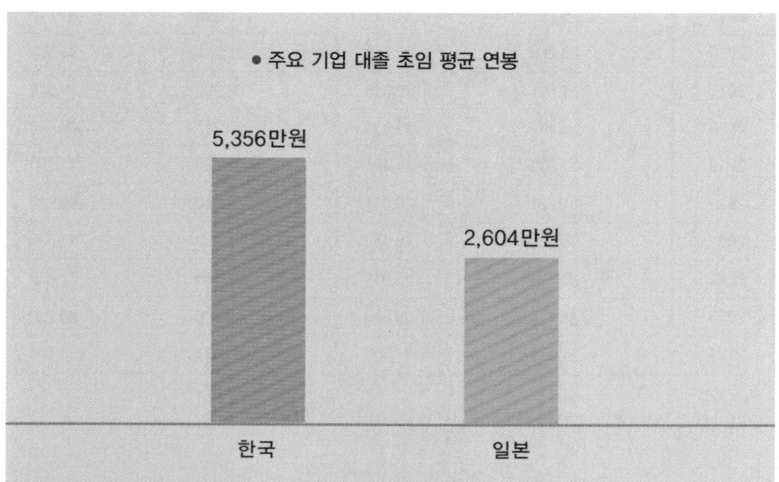

【표·3】 한국과 일본의 대졸 평균 초임 비교(2023년 기준: 환율 950원 기준). 사람인, '매출 상위 100대 기업(CEO 스코어데일리 기준) 중 사람인 연봉 정보 서비스에 초봉을 공개한 90개 사 분석 결과(2023). 일본 후생노동성,「令和4年賃金構造基本統計調査(新規学卒者の賃金)」(2022년 자료, 2023년 발표). 세전 기준이며, 기업 규모 및 산업별 차이가 있을 수 있음.

경제성장에 더해 문화 역량의 증대 또한 한국의 위상에 변화를 가져왔다. K-Pop 아이돌 그룹이 전 세계 음악 차트의 상위권을 오르내리고, 한국 영화가 아카데미상을 받고, 넷플릭스의 한국 드라마가 글로벌 신드롬을 일으키는 등, 한류韓流의 영향력이 아시아를 넘어 미국·유럽·남미 등 전 세계로 확산되며 한국 문화의 위상이 이전과 크게 달라졌다. 유엔무역개발회의UNCTAD가 2021년 한국의 지위를 개발도상국에서 선진국 그룹으로 공식 변경한 사례나, 각종 국제 혁신 지수에서 한국이 최상위권을 기록하는 등 국제적 평가 역시 대한민국의 달라진 위상을 명확히 보여준다. 이처럼 한국은 경제 규모와 국민 소득은 물론, 강력한 문화적 소프트 파워와 기술 혁신 등 다방면에서 세계가 인정하는 선진국 대열에 합류했으며, 특히 일본과의 경제적 관계에서도 단순한 추격을 넘어서는 새로운 경쟁 시대에 접어들었다고 평가할 수 있다.

대한민국과 일본의 경제적 위상이 역동적으로 변화하고, 다양한 지표에서 한국이 일본과 대등하거나 일부 추월하는 현상이 나타나는 격변의 시대 상황은, 일본을 바라보는 우리의 관점 자체를 근본적으로 재정립해야 할 필요성을 강력하게 제기한다. 무엇보다 과거의 고정관념에서 벗어나, 변화하는 과정을 반영하고, 변화된 현실에 발맞춘 새로운 인식 틀이 요구된다. 특히 2000년대 이후 출생하여 대한민국의 선진국 시대를 당연한 현실로 받아들이며 성장한 세대, 즉 태어날 때부터 디지털 환경에 둘러싸여 방대한 정보를 스스로 탐색하고 비판적으로 수용하는 능력을 갖춘 세대에게는 더욱 그러하다. 이들에게는 기성세대와는 다른, 그들 자신의 경험과 시각에 부합하는 새로운 '일본 읽기'가 절실하게 필요하다. 이들은 글로벌 문화에 익숙하며, 과거의 역사적 부채감이나 경제적 열등감으로부터 비교적 자유로운 시각으로 일본을 마주하고 있기 때문이다.

물론 흔히 'MZ세대'로 불리는 젊은 세대를 하나의 단일한 특성을 가진 집단으로 규정하고 그들의 생각을 일반화하려는 시도는 매우 신중해야 한다. 세대론은 자칫 복잡다단한 사회 현상을 지나치게 단순화시키고, 특정 집단에 대한 고정관념을 만들어낼 위험성을 내포하고 있기 때문이다. 그러나 분명한 사실은, 과거와는 질적으로 다른 사회적·경제적 풍요와 전례 없는 정보 접근성을 누리며 성장한 '새로운 세대'가 우리 사회의 주역으로 부상하고 있다는 점이다. 이들에겐 대한민국의 국제적 위상과 국력에 걸맞은 성숙하면서도 글로벌한 새로운 시야가 요구된다.

그러나 우리 사회의 일본에 대한 담론은 안타깝게도 여전히 과거의 특정 프레임에 갇혀 있거나, 이전 세대의 편향된 인식이 별다른 성찰이나 비판 없이 반복, 확대 재생산되는 경향에서 자유롭지 못한 것이 현실이다. 일본을 이미 너무나도 잘 알고 있다는 착각 속에서 한국의 미디어나 기성세대는 때때로 "일본은 역시 우리보다 한 수 위"라는 식의 막연한 기술적·문화적 일본 우월론에 사로잡히기도 하고, 반대로 "일본은 이미 끝났다", "잃어버린 ○○년에서 헤어 나오지 못하는 몰락하는 국가"라는 식의 극단적인 폄하론을 아무런 여과 없이 설파하기도 한다. 이러한 양극단의 시선은 일본 사회의 복잡한 현실과 다층적인 변화를 제대로 포착하지 못하게 만들며, 균형 잡힌 이해를 저해하는 주요 원인이 된다.

실제로 최근 수년간 발표된 여러 한·일 관계 관련 여론조사(동아시아연구원-겐론NPO 공동 조사, 한국리서치 정기 조사 등) 결과들을 종합해보면, 한국인의 일본에 대한 이미지는 긍정적 요소와 부정적 요소가 복잡하게 얽혀 공존하는 양상을 보이지만, 그 양상은 과거와 크게 달라진 바 없다. 긍정적인 이미지로는 "거리가 깨끗하다", "시민들이 질서정연하고 친절하다", "애니메이션·게임·음식 등 독특하고 매력적인 문화 콘텐츠를 보유하고 있다", "특정 분야의 기술력이나 장인정신은 여전히 배울 점이 많다" 등이 전형적인 일본의 속성 혹은 이미지로 꾸준히 언급된다.

반면, "과거 식민 지배 역사에 대한 진정한 반성이 없다", "정치적으로 우경화 경향을 보인다", "속마음을 알기 어려운 음흉한 면이 있다", "독도 영유권 주장 등 이해할 수 없는 영토 분쟁을 일으킨다" 등의 부정적 인식의 근저에는 대부분 역사 문제가 깊이 자리 잡고 있다. 과거 일본의 침략 전쟁으로 말미암은 과거사 문제에 대해 한국인이 비판적인 시각을 견지하고 있으며 이것이 일본에 대한 전반적인 인식과 한·일 관계에 영향을 미치고 있는 것은 너무나도 당연한 일이다. 그보다 주목할 점은, 젊은 세대를 중심으로 일본의 대중문화나 생활양식에 호감과 관심이 증가하는 경향이 뚜렷하게 나타남에도 불구하고, 일본에 대한 새로운 인식의 변화는 찾아보기 어려우며 과거의 스테레오타입에 갇혀 있는 인상을 지울 수 없다는 점이다. 이러한 복합적인 인식 속에서도 과거로부터 이어져온 일본에 대한 특정 편견들이 여전히 답습되거나 확대 재생산되는 사례는 쉽게 찾아볼 수 있는데, 예를 들어 "일본은 ○○한데, 한국은 아직 멀었다"는 식의 자기비하적 비교가 대표적이다.

"일본의 거리는 담배꽁초 하나 없이 깨끗한데, 한국의 거리는 여전히 지저분하고 쓰레기투성이야."

“일본 사람은 지진과 같은 재난 상황에서도 침착하게 줄을 서고 타인을 배려하는데, 한국 사람은 위기 상황에서 이기적으로 변하기 쉽지.”

“일본은 기초과학 분야에서 수많은 노벨상 수상자를 배출하며 세계 과학계를 선도하는데, 한국은 성과 위주의 응용기술 개발에만 급급해.”

“일본의 장인은 수십, 수백 년, 대를 이어 한 가지 기술을 연마하며 최고의 경지에 오르는데, 한국은 너무 유행에 민감하고 빨리빨리 결과만 보려 하니 깊이가 없어.”

이러한 극단적인 언술은 일본의 긍정적인 단면만을 과장하거나 이상화하고, 반대로 한국의 부족한 점을 부각함으로써 불필요한 자기비하와 열등감만 드러낼 뿐이다. 일부 미디어나 특정 성향의 온라인 커뮤니티에서는 일본 사회의 단면, 예를 들어 성공적인 지역 공동체 활성화 사례나 독특하고 감성적인 문화 상품만을 집중적으로 조명하며 무비판적으로 찬양하는 모습을 보이까지 한다. 반대로, 일본 사회가 직면한 심각한 문제들, 예컨대 장기적인 경기 침체, 심각한 고령화와 인구 감소, 경직된 사회구조 등을 과장하거나 왜곡해 일본 전체를 부정적으로 낙인찍는 경우도 적지 않다. 이러한 편향적 왜곡은 일본에 대한 균형 잡힌 시각을 형성하는 데 큰 장애물로 작용한다.

새치기와 쓰레기가 넘쳐났던
일본의 지하철

예를 들어, 우리 사회에 가장 널리 퍼져 있는 '예의 바른 일본', '거리가 믿을 수 없을 만큼 깨끗한 일본', '모든 면에서 우리보다 한 수 위인 질서 있는 선진국 일본'과 같은 통념은 과연 시대를 초월한 절대적인 진실일까? 그것이 아니라면 일본은 과연 언제부터, 그리고 어떤 과정을 거쳐 지금과 같은 청결함을 갖추게 되었을까? 우리가 흔히 칭찬하는, 그리고 일본인 스스로 아시아의 다른 국가보다 우수하다는 근거로 드는 '높은 공중도덕 의식'이라는 것이 정말로 특정 민족에게 선천적으로 주어진 '국민성'이나 '민도民度'라는 추상적인 단어로 예단할 수 있는 현상일까?

역사적 기록과 객관적인 자료는 이러한 통념에 다시 한번 진지하게 생각할 거리를 던져준다. 지금 우리가 너무나 당연하게 여기는 일본의 깨끗한 거리와 정돈된 공공장소의 모습은 결코 하루아침에, 혹은 일본인 특유의 '민족성' 덕분에 저절로 이루어진 것이 아니다. 오히려 이는 특정한 사회적·역사적 계기와 국가 차원의 노력, 그리고 사회 구성원의 지속적인 실천이 결합된 결과물이라고 보는 것이 타당하다.

1950년대부터 1960년대 초반까지 일본의 공공장소 풍경은 현재 우리가 가진 '질서 선진국'이라는 이미지와는 상당한 거리가 있었다. 당시 신문이나 잡지의 기사와 사진, 심지어 문학작품 속 묘사를 보더라도, 열차 내부나 역 주변은 승객들이 버리고 간 신문, 잡지, 담배꽁초, 음식물 쓰레기까지 뒤섞여 현재의 청결함과는 거리가 멀었다. 『아사히신문朝日新聞』1968년 5월 6일자 기사[1]에는 "도쿄에서 오는 급행 열차는 너무 힘들어요. 차량 하나당 사과 박스 10개 분량의 산더미 같은 쓰레기가 나와요"라며 하소연하는 청소부 아주머니의 인터뷰와 함께 쓰레기로 발 디딜 곳이 없는 객차의 사진을 싣고 있다.

【그림·1】 승객이 버리고 간 쓰레기가 가득한 60년전의 구JR(일본 국철)의 열차 안(1953년 11월, 구JR의 오히사역(尾久駅)).

---

1) 「1968년 보소반도(房総半島) 동쪽 해안을 남하하는 국철(国鉄) 보소토선(房総東線을 주행 중인 급행열차 안에서 회수된 대량의 쓰레기」(『아사히신문』 포토 아카이브 https://x.com/ asahi_photoarc/status/1922849100246003771?s=20)

출퇴근 시간의 '만원 전철滿員電車'도 그야말로 무질서와 혼잡의 극치를 보여주었다. 지금도 일본 대도시의 만원 전철은 악명이 높지만, 당시의 혼잡은 상상을 초월하는 수준이었다. 승객을 열차 안으로 말 그대로 '밀어 넣는' 전문 푸시맨인 오시야押し屋가 등장하여 역마다 진풍경을 연출했던 것도 바로 이 시기였다. 승객들은 먼저 내리고 나중에 탄다는 기초적인 예절조차 무시한 채 조금이라도 먼저 타기 위해 서로 몸싸움을 벌이는 일이 다반사였고, 열차 문에 간신히 매달려 위태롭게 출퇴근하는 사람들의 모습도 드물지 않게 포착되었다. 실제로 동영상 공유 사이트 등에서 '滿員電車 昭和(만원전차 쇼와)' 또는는 'Japanese Rush Hour 1960s' 등의 키워드로 검색하면, 당시의 살벌하고 아수라장을 방불케 하는 출퇴근 풍경을 담은 영상 자료들을 쉽게 찾아볼 수 있으며, 이는 현재의 질서정연한 이미지와는 극명한 대조를 이룬다.

【그림 • 2】 일본 철도 이용자의 비매너를 고발한 새치기 승차 사진. 1951년 2월 『선사진신문(サン写真新聞)』(1960년 폐간) 기사 중에서.

　　그러나 일본에 중대한 변화의 계기가 찾아오게 되는데, 바로 1964년 열린 도쿄 하계 올림픽이었다. 이 국제적인 행사는 전후戰後 일본이 패망의 상처를 극복하고 '선진국 일본'의 이미지를 전 세계에 각인시키고자 했던 국가적 염원의 총체였다. 올림픽을 성공적으로 치르기 위해 일본 정부와 사회 전체는 그야말로 상상을 초월하는 노력을 기울였는데, 그 핵심 과제 중 하나가 바로 대대적인 도시 환경 미화 운동과 함께 국민의 공중도덕 의식을 함양하는 캠페인이었다. 당시 자료를 살펴보면, 올림픽 개최 이전의 도쿄는 지금처럼 깨끗하지 않았다. 거리에는 담배꽁초나 쓰레기가 넘쳐났고, 특히 유동 인구가 많은 번화가나 시장 주변은 쓰레기 무단 투기가 일상적인 골칫거리였다. 이에 도쿄도東京都는 '수도미화운동首都美化運動'과 같은 대대적인 캠페인을 전개하며 '쓰레기 없는 거리ごみのない街' 만들기를 도시의 최우선 목표 중 하나로 내걸었다. 공공장소에 현대식 쓰레기통이 대량으로 보급되기 시작한 것도 바로 이 시기였다. 이전까지는 길거리에서 쓰레기통을 찾아보기 어려웠고, 시민들은 쓰레기를 아무 데나 마구 버리는 경우가 드물지 않았다. 올림픽을 계기로 '쓰레기는 쓰레기통에ゴミはゴミ箱へ'라는 표어가 도시 곳곳에 나붙고 대대적인 홍보가 이루어졌다. 실제로 당시 캠페인 포스터나 사진 자료를 검색해보면, "도쿄를 아름답게美しい東京を"와 같은 문구와 함께 거리 정화 활동에 나선 시민의 모습, 새로 설치된 공공 쓰레기통 등을 쉽게 찾아볼 수 있다. NHK 등 방송사에서 제작된 올림픽 준비 관련 뉴스나 다큐멘터리 영상에서도 도시 정비, 도로 건설, 공공시설 개선을 위한 당시 일본 사회의 총력적인 노력을 생생하게 확인할 수 있다. 한 예로, 당시 미관을 해친다는 이유로

도로변에 무질서하게 늘어서 있던 노점상이 대대적으로 정비되기도
했다.

[그림·3] 도쿄 올림픽이 열리기 2년 전, 쓰레기 몸살을 앓고 있는 도쿄역 거리 풍경. 1962년 5월 27일 도쿄도 츄오구 쿄바시 1쵸메에서 이케다 노부(池田信)가 촬영.

[그림·4] 「도쿄도의 '거리를 깨끗하게 운동'(東京都における「街をきれいにする運動」), 오노(小野)(2018).

일본의 하천 오염 문제 또한 매우 심각했다. 급격한 도시화와 산업화 과정에서 생활하수와 공장 폐수가 제대로 정화되지 않은 채 하천으로 그대로 흘러들어 갔고, 이는 심각한 수질오염과 악취를 유발했다. 도쿄의 일부 하천은 분뇨와 쓰레기로 뒤덮여 악취가 코를 찔렀으며, 특히 도쿄의 젖줄이라 할 수 있는 스미다강隅田川의 오염은 당시 심각한 사회 문제였다. 심지어 수면에서 메탄가스가 발생하여 불이 붙는 황당한 사건까지 있었는데, 도쿄의 하천 하류의 저지대와 운하 구간에서는 1960년대에서 1970년대에 이르기까지 강바닥에서 새어 나온 메탄가스가 분출되어 착화되는 사고가 여러 차례 보고되었다. 예를 들어 1967년 3월 17일 스미다구墨田区 시라히게바시白髭橋 하류 스미다강隅田川의 강바닥 퇴적층에서 분출한 메탄가스로 약 1m 높이의 화염이 치솟아 소방차가 오고 나서야 진화되었다는 기록이 남아 있다.[2] 아래 사진처럼 1950년대 도쿄와 전국 대도시 하천의 오염 실태를 보여주는 자료들은 어렵지 않게 찾아볼 수 있으며, 이를 통해 당시의 심각성을 쉽게 짐작할 수 있다.

【그림 •5】
"강과 강변에 쓰레기 등을 버리지 말아주세요"라는 주의 표지판이 무색하게 공공연히 쓰레기장으로 불리던 센겐가와(千間川)의 오사카(大阪市) 히가시구(東区)의 주택 밀집 지구. 『마이니치신문(每日新聞)』에서 1967년 촬영한 자료이다.

---

2) 1960년대까지만 해도 생활 하수와 공업 폐수가 도쿄의 강에 그대로 유입되면서 하천 바닥에 유기물이 두껍게 쌓였고, 혐기성 분해로 인해 메탄이 다량 발생했다. 그러나 1990년대 이후 하수처리가 개선되고 강바닥 준설 공사 등이 진행되면서 이러한 현상은 사라졌다.

1964년 도쿄 올림픽과
1988년 서울 올림픽

이러한 과거 모습은 현재 우리가 무의식적으로 가지고 있는 '일본은 본래부터 깨끗하고 질서정연했을 것'이라는 막연한 고정관념에 균열을 일으킨다. 그렇다면 우리는 다음과 같은 근본적인 질문을 스스로 던질 수 있게 된다. 과연 우리가 흔히 말하는 공중도덕이나 선진적인 시민 의식이라는 것이, 특정 민족이나 국가의 유전자 속에 각인되어 대대손손 이어지는 불변의 '국민성'이나 '민도'와 같은 것일까? 아니면, 그것은 경제적 발전과 생활수준의 향상, 지속적인 교육과 사회적 캠페인, 그리고 잘 정비된 법과 제도의 뒷받침이라는 구체적인 사회적·역사적 조건 위에서 오랜 시간에 걸쳐 구성원들의 노력으로 학습되고 내면화되는 사회적 결과물일까?

국가 시스템이 제대로 작동하지 않고 사회 구성원 간의 불신이 팽배하며 각자도생의 분위기가 만연할 때, 자신의 목소리를 높여 억울함을 호소하거나 권리를 주장하지 않으면 누구도 거들떠보지 않는 절박한 현실 속에서는, 타인에 대한 섬세한 배려나 공동체적 가치, 혹은 추상적인 공중도덕과 같은 것이 사치스럽고 비현실적인 이야기로 들릴 수도 있다. 또는 당장 내일의 생계를 걱정해야 하는 절박한 상황에 놓인 사람이 대다수인 국가에서, 혹은 혼란과 불확실성에 휩싸여 있는 사회에서는 공공장소에서의 일탈 행위나 사소한 무질서는 생존의 문제 앞에서 부차적인 것으로 치부될 수 있다. 즉 절대적이면서도 불변하는 '국민성'이란 매우 근거가 희박한 이야기로, '선진적인 시민 의

【그림 •6】 1964년 도쿄 올림픽(좌)과 1988년 서울 올림픽(우)의 포스터. 한국과 일본의 사회·문화·경제 발전은 20~30년의 격차를 보여 왔는데, 이는 올림픽 개최 시점과 일치하는 경향을 보인다.

식'란 사회적·경제적 산물이자 개념임을 알 수 있다.

일본 사회의 극적인 변화 과정은 이와 같은 사실을 극명하게 보여주는 예시라고 할 수 있겠는데, 공교롭게도 1988년 서울 올림픽을 개최하며 우리 사회가 경험했던 변화의 과정과 놀라울 정도로 유사하다. 서울 올림픽 역시 낙후된 도시 환경을 일신하고 '선진 시민 의식'을 국제사회에 과시하기 위한 범국가적인 캠페인과 대대적인 계몽 운동을 불러왔다. "쓰레기를 함부로 버리지 맙시다", "차례차례 줄을 섭시다", "외국인에게 친절합시다"와 같은 선전 구호가 TV와 라디오, 신문 지면을 뒤덮었고, 공무원과 학생, 심지어 일반 시민까지 자발적으로 나서서 거리 정화 운동과 질서 지키기 캠페인을 벌였다. 일본에서처럼 노점상 강제 철거도 이 시기에 집중적으로 이뤄졌다. 어쩌면 현재 우리가 일본의 '선진적인 공중도덕'에 대해 느꼈던 감탄과 부러움의 상당 부분은, 일본이 우리보다 약 24년 먼저 국제적인 대형 이벤트를 성공적으로 치러내고, 그 과정에서 축적된 경제성장의 과실과 국가적 역량을 사회 시스템 정비와 시민 의식 개선이라는 내적 성숙에 투자할 수 있었던 그 '시간의 격차'에서 비롯된 것일 수 있다.

그럼에도 일제강점과 동족상잔의 비극인 한국전쟁이라는 혹독한 시련을 겪고, 세계 최빈국 수준에서 불과 수십 년 만에 기적적인 산업화와 피 흘려 쟁취한 민주화를 동시에 달성해야 했던 대한민국의 숨가쁘고 응축적인 역사와, 상대적으로 더 이른 시기에 근대화의 길에 들어서면서 주변국을 침략하고 약탈하여 제국주의 열강의 반열에 올랐으며, 제2차 세계대전 패전 이후에도 미국의 전폭적인 지원 아래 비교적 순조롭게 경제를 재건하고 안정적인 사회 시스템을 구축해온 일본의 발전 과정을 동일선상에 놓고 단순 비교하는 것은 근본적으로 공정하지 못할 뿐만 아니라 근현대 역사에 대한 몰이해라고 할 수 있다.

따라서 격변하는 동북아 정세 속에서 한국과 일본, 두 나라를 올바르고 균형 잡힌 시각으로 비교하고, 이를 통해 일본 사회의 본질적인 특성과 변화의 원리를 정확하게 이해하기 위해서는, 이처럼 각기 다른 역사적 경로와 사회적·경제적 발전 단계의 특수성에 대한 깊이 있는 통찰을 기반으로 우리가 무의식적으로 답습해왔던 선입견이나 고정관념의 틀을 끊임없이 성찰하고 '보정'하려는 지적인 노력이 반드시 수반되어야 한다. 그것은 무엇보다도 새로운 세대의 등장과 함

께 한국과 일본 앞에는 과거의 굴절된 상호 인식이나 일방적이고 고
정된 낡은 프레임에서 벗어나, 진정으로 동등한 입장에서 서로를 마
주하고 존중하며 이해해야만 할 미래지향적 시점이 다가오고 있기
때문이다.

제2장

친절한 개인이 모인 완고한 집단

일본인의 의식구조와

상황 윤리

'독일인은 시간을 잘 지키고, 이탈리아인은 정열적이다. 한국인은 성격이 급해서 뭐든 빨리빨리 하려 한다.' 세간에 떠도는 이런 평가는 재미 삼아 말할 때는 유용할 수 있으나, 무분별하게 받아들이면 심각한 편견과 선입견을 낳을 수 있다. 선입견을 걷어내고 상대방을 제대로 이해하려면 그들이 어떠한 역사적·문화적 경험을 공유해오면서 현재의 제도나 취향, 공동체 윤리와 같은 생활양식을 선택하게 되었는지 고찰해보는 것이 중요하다. 일본을 올바로 이해하려 할 때, 우리는 이 점에 깊이 유의해야만 한다. 오랜 세월에 걸쳐 형성되어온 일본인과 일본 사회의 보편적 특질은 과연 어떤 모습일까.

극한의 양면성을 동시에 지닌
일본 사회

한 사회의 문화는 개인의 산물이 아니라 다수의 사람이 서로 관계 맺는 과정에서 만들어지는 종합적인 결과물이다. 따라서 문화를 이해하기 위해서는 의식주와 같이 인간이 자연에 적응하며 선택해온 요소뿐만 아니라 그 문화를 함께 일궈온 인간과 인간 사이의 상호작용 또한 중요한 지표로 바라봐야 한다. 이번 장에서는 일본인이 사회적·역사적 맥락 속에서 어떠한 관계성을 맺어가며 자신들의 정체성과 문화를 형성해왔는지 살펴보고자 한다. 우선, 일본인 하면 떠오르는 인상에는 어떤 것이 있을까.

더없이 예의 바르다 vs 지극히 불손하며 건방지다

보수적이며 전통을 소중히 여긴다 vs 새로운 일에 쉽게 순응하고 받아들인다

미美를 숭배하는 탐미주의자 vs 칼과 무사를 숭배하는 상무주의자

어디선가 한 번쯤 들어봤을 상반된 평가이지만, 대부분 한국인은 어느 한쪽만 정답이라고 하기보다는 사안에 따라 판단을 달리할 것이다. 예를 들어 '일본인은 예의가 바르다'와 같은 명제는 매우 익숙하지만, '일본인은 불손하고 건방지다'라는 명제에는 상대적으로 익숙하지 않다. 또한 일본 하면 사무라이와 일본도 등을 쉽게 떠올리기 때문에 한국인에게 일본인은 '탐미주의자'보다는 '칼과 무사를 숭배하는 상무주의자'라는 수식이 조금 더 설득력 있게 다가온다. 그러나 놀랍게도 일본인은 상반된 양면성을 모두 가지고 있다는 것인데, 이는 일본을 문화인류학적으로 분석한 미국인 루스 베네딕트Ruth Benedict(1887~1948)가 『국화와 칼The Chrysanthemum and the Sword』에서 상세히 밝힌 내용이다.

전 세계에서 '예의 바르다'고 평가받는 일본인이지만, 놀랍게도 한국에서조차 '왕따', '집단 따돌림'과 같은 용어가 자리 잡기 전부터 '이지메いじめ'라는 일본어가 통용되었을 만큼 일본 사회의 이지메 문화는 유명하다. 일본 제국주의의 침략 전쟁, 수탈과 탄압으로 얼룩진 식민 통치의 역사를 보더라도 일본인이 항상 예의 바른 것이 아니라 상황에 따라 사회적 지위나 계급에 따라 그 태도가 얼마나 강압적이고 폭력적으로 변하는지를 알 수 있다.

이후 9장에서 자세히 다루겠지만, 일본의 전통 예술 중에 '노能'와 같은 전통극은 14세기 형태가 완성된 이래 그 원형이 지금까지도 한 치의 변함없이 그대로 전승되고 있다. 전통 예술의 순수성에 대한

【그림 •1】 루스 베네딕트(좌)와 『국화와 칼(The Chrysanthemum and the Sword)』 초판본(우).

일본인의 편집증적인 집착은 전 세계적으로도 매우 유명한데, 이는 노能가 지금껏 사랑받는 이유이기도 하다. 따라서 '일본인은 보수적이며 전통을 소중히 여긴다'는 말은 어느 정도 사실에 가깝다. 그럼에도 일본은 아시아의 그 어떤 나라보다 이른 시기에 개항하고 메이지유신 등을 통해 서구의 과학기술과 문화를 과감히 받아들여 근대화의 길을 걸었다. 따라서 '새로운 것에 순응하고 쉽게 받아들인다'라는 평가 또한 틀리지 않다.

흥미로운 점은 일본 문화를 이해하는 과정에서 마주하는 이러한 모순이야말로 역설적으로 일본 사회의 작동 원리와 일본인의 심층 심리를 이해하게 해주는 열쇠가 된다는 것이다. 예를 들어 '언제, 누구에게' 예의를 차리고, '어떤 상황에서' 오만해지는지를 살펴보면, 그들의 행동을 지배하는 상황 윤리와 그 경향성을 유추할 수 있다. 일본인의 다면적인 모습에 숨겨진 이유를 분석하는 것은, 복잡한 사회를 단편적으로 재단하는 행위가 아니라 오히려 그 복합성을 있는 그대로 이해하려는 올바른 시도가 될 것이다.

한 사회와 그 구성원에게 나타나는 공통의 경향성은 기후·지리 등 자연환경적 요인, 역사·정치 등 사회적 요인 그리고 경제적 요인 등의 복합 작용의 결과물이다. 예를 들어, 한국인도 스스로 인정하듯, 급격한 산업화의 과정에서 형성된 '빨리빨리 문화'는 '현대 한국인은 타 문화권의 사람보다 상대적으로 성격이 급한' 경향성을 만들어냈다. 물론 모든 한국인이 성격이 급한 것은 아니지만, 이러한 경향성을 파악하면 한국 사회의 특성을 이해하는 데 유용해진다. 한 치의 예외도 없는 완벽한 정의는 불가능할지라도, 한 문화와 구성원의 보편적인 경향성을 파악하려는 노력은 그 사회를 깊이 이해하는 데에 매우 유용하다. 다만, 특정 문화의 경향성을 과도하게 일반화하고 단순화하면 고정적인 '스테레오타입stereotype'으로 변질될 가능성을 경계해야 한다. 한 번 형성된 스테레오타입은 개개인의 다양성을 무시한 채, 특정 집단 전체를 손쉽게 판단하는 '선입견'과 '편견'으로 이어지며, '차별'과 '비난'의 근거로 악용될 수 있기 때문이다.

예를 들어 독일인의 '질서정연하고 시간을 엄수하며, 기계처럼 정확하고 이성적이다'는 경향성은 종종 '인간미 없고, 유머 감각이 부족하며, 지나치게 딱딱하고 권위적이다'는 부정적인 스테레오타입으로 왜곡된다. 이는 독일인 개개인의 창의성이나 따뜻한 감성을 무시하는 편견으로 작용할 수 있다. 이탈리아인이 '예술을 사랑하고, 정열적이며, 자유분방하고, 가족 중심적이다'라는 긍정적 이미지는 '감정적이고 즉흥적이라 믿을 수 없으며, 게으르고, 공적인 약속보다 사적인 관계를 우선시한다'는 식의 부정적 편견으로 변질될 수 있다. 유대인의 경우, '교육열이 높고, 경제관념이 뛰어나며, 강한 공동체 의식을 가지고 있다'는 특징은 역사적으로 '돈만 밝히는 구두쇠이며, 자신의 이익을 위해서라면 타인을 속이기도 하는 음흉한 집단'이라는 악의적인 '반유대주의'의 공격으로 뒤바뀐다.

이처럼 한 문화의 특정 경향성을 뽑아내어 '○○인은 원래 그렇다, 모두가 그렇다'라고 과도하게 일반화하여 단정 짓는 순간, 그 안에 존재하는 수많은 개성과 다양성을 보지 못하게 되는 위험에 빠질 수 있다. 따라서 특정 문화의 경향성을 분석하고 이해하려는 노력은, 반드시 서로의 다름을 인정하고 존중하는 열린 태도와 함께 이루어져야만 하며, 우리의 이해 대상인 일본 또한 예외가 아니다.

친절한 개인이 모인
완고한 집단

루스 베네딕트의 분석대로 일본인은 누구에게나 예의 바른 것이 아니라 사회적 지위나 관계, 계급 등에 따라 때로는 불손하고 무시하는 듯한 갑甲의 태도를 보이는 경향성을 지닌다. 그 근원에는 일본인의 행동을 지배하는 두 가지 강력한 사회적 문법, 즉 '다테 사회タテ社会'로 불리는 '수직 사회의 위계질서'와 이로 인한 '동조압력同調圧力' 그리고 '우치內와 소토外' 즉 '내집단과 외집단' 개념이 뿌리 깊게 자리 잡고 있다.

표면적으로 일본 사회와 일본인은 개인의 개성을 존중하는 개방적인 문화를 가진 것처럼 보인다. 개성 있는 패션과 화장, 다양하고 파격적인 소재의 서브컬처, 그리고 상업화된 성문화 등, 일본의 이미지는 자극적이고 이색적인 뉴스를 통해 소개되고는 하지만, 실상 그것이 모든 일본인을 대변하지는 않는다.

【그림·2】 일본 여성의 화려한 갸루(ギャル) 패션.

일본 사회는 표면적 이미지와 달리 매우 보수적이며, 강력한 수직적 위계질서가 작용하고 있는 사회, 즉 '다테 사회'이다. 사회학자 나카네 지에中根千枝가 『다테 사회의 인간관계タテ社会の人間関係』에서 지적한 바와 같이, 일본 사회에서는 '자격' 중심의 수평적 관계보다 '소속' 중심의 수직적 위계タテ가 인간관계를 규정하는 핵심 원리로 작용한다. 모든 개인은 자신이 속한 '집단 내'에서 상사와 부하, 선배와 후배 등 명확한 '상하 관계' 속에 놓인다. 이러한 수직 사회에서 개인의 행동이나 태도는 보편적 도덕률이 아니라, 상대방이 나보다 위目上인가 아래目下인가에 따라 결정된다. 따라서 윗사람에게는 절대적인 예의와 복종을 보이지만, 아랫사람에게는 권위적이고 지배적인 모습을 보이는 것이 자연스러우며, 이러한 소속 중심의 위계 사회 속에서 일본의 강력한 집단주의 문화가 생겨나는 것은 당연한 일이다. 여기에 소수가 다수의 의견에 암묵적으로 따르도록 강제하는 '동조압력同調圧力' 현상은 일본인의 삶 속에 자연스럽게 체화된다.

또 하나, 일본 사회의 인간관계에는 '우치(내부)'와 '소토(외부)'의 구분이 매우 견고하게 자리 잡고 있다. '우치内'는 가족, 회사 동료, 같은 학교 동창 등 자신이 소속된 집단의 구성원을 의미하며, 이들 사이에서는 비공식적이고 친밀한 소통이 이루어진다. 반면 '소토外'는 고객, 타사 직원, 낯선 사람 등 외집단 구성원을 의미한다. 일본인이 보여주는 극진한 예의, 즉 '오모테나시おもてなし' 문화는 바로 이 '소토'를 대하는 방식이다. 외부와의 관계에서는 마찰을 피하고 집단의 조화和를 유지하기 위해, 개인의 감정을 드러내지 않고 정해진 형식型에 맞는 정중함을 보이는 것이다. 이는 상대를 존중하는 행위인 동시에, 심리적 거리를 확보하고 자신과 집단을 보호하려는 방어기제이기도 하다.

그러나 관계의 경계가 달라지거나, 외부라 하더라도 상대방이 자신보다 명백히 아랫사람目下이라고 판단되는 특정 '상황'에서는 다른

얼굴이 등장한다. 예를 들어, 소토外의 고객에 대해서는 왕으로 모시며 극진한 모습을 보이지만, 내부의 수직적 위계 상황에 놓인 부하 직원에게는 갑질을 부리며 오만해지는 점원. 같은 소토外라도 까다로워 보이는 손님에게는 정중하게 응대하지만, 만만해 보이는 어린 학생 손님에게는 반말을 서슴없이 쓰는 직원. 자국민에게 깍듯이 존댓말을 사용하던 경찰이 외국인에게는 반말로 응대하는 등 이중적인 모습은 '우치/소토'와 '다테 사회'의 결합 속에서 나타나는 현상이다. 이 같은 일본인의 심상은 언어생활에도 뿌리 깊게 자리 잡고 있는데, 일본어의 '주다'라는 의미의 동사는 기본 '아게루あげる'이지만, 소토外의 사람이 우치内의 사람에게 무언가를 주는 경우에 한해서만 '쿠레루くれる'라는 특별한 동사가 사용된다.

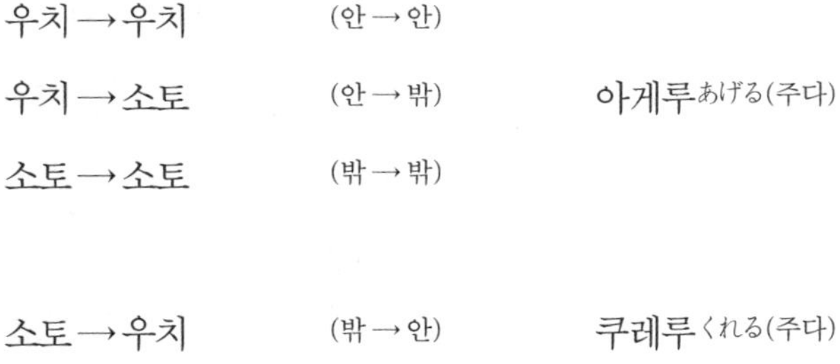

그렇다면 일본 사회에 이처럼 강력한 '다테 사회'와 '우치/소토' 개념이 뿌리내리게 된 연원은 어디에서 찾을 수 있을까? 결론부터 말하자면, 이는 일본의 지정학적 특수성, 독특한 봉건제도의 역사, 그리고 그 역사 속에서 개인과 집단이 관계 맺어온 방식이라는 세 가지 측면에서 살펴볼 수 있다.

지리적 고립과 만세일계^{万世一系}의 덴노제^{天皇制}

가장 기본적인 원인은 일본이 바다로 둘러싸인 '섬나라'라는 지리적 특수성에서 찾을 수 있다. 역사적으로 대륙과 인접하여 수많은 외침外侵을 겪었던 한반도나 왕조 교체기마다 전쟁으로 내홍을 앓았던 중국과 달리, 일본은 13세기 몽골의 침략을 격퇴한 이래 외부 세력과 대규모 전쟁을 거의 경험하지 않았다. 이러한 지리적 고립은 외부 충격으로 인한 기존 사회구조의 급격한 변화나 지배 계층의 전면적인 교체가 거의 없는, 놀라울 정도의 '정치적 연속성'을 낳았다. 그 상징적인 예시가 바로 덴노제天皇制다. 비록 실권의 부침은 있었을지언정, 고대부터 지금까지 덴노天皇가 하나의 혈통이 단절되지 않고 이어져 내려왔다는 '만세일계万世一系'의 주장은, 지배 구조의 정점이 어떠한 일로도 교체되지 않는다는 역사적 경험을 일본인의 심성에 각인시켰다. 이처럼 최상위 권위가 변치 않고 오랜 기간 유지된 역사는, 사회 전반에 걸쳐 기존의 위계질서를 당연한 것으로 받아들이고 주어진 자리에 안주하는 수직적 사회·문화의 기반이 되었다.

봉건 질서를 고착시킨 에도 막부의 엄격한 신분제

다음으로는 현대 일본 사회에 직접적인 영향을 끼친 원인으로, 약 260년간 이어진 에도 시대江戸時代(1603~1867)의 봉건제도를 들 수 있다. 오랜 전란의 시대를 끝내고 일본을 통일한 도쿠가와 막부德川幕府는 다시는 반란과 하극상이 일어나지 않도록, 사회 전체를 엄격하고 명백한 위계질서 속에 가뒀다. 가장 대표적인 것이 '사농공상士農工商'으로 대표되는 고정된 신분제였다. 무사侍, 농민, 장인, 상인의 신분은 태어날 때부터 정해져 있었으며, 각 신분은 정해진 역할과 행동 규범을 따라야만 했다. 특히 지배계급인 무사와 피지배계급인 농민 사이의 구별은 절대적이었으며 신분 변동은 원칙적으로 불가능했다.

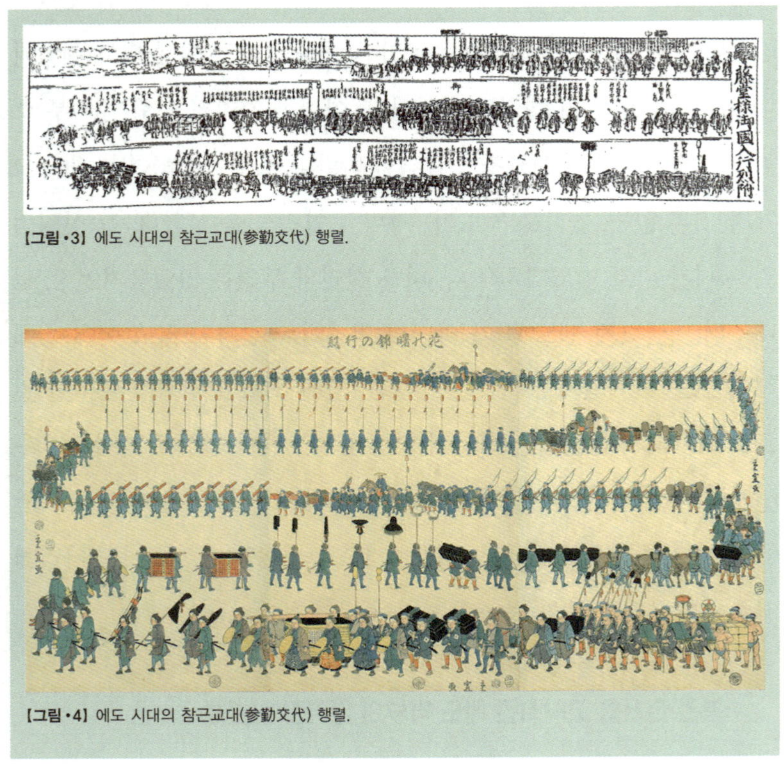

【그림 •3】 에도 시대의 참근교대(参勤交代) 행렬.

【그림 •4】 에도 시대의 참근교대(参勤交代) 행렬.

　　도쿠가와 막부는 지방의 영주인 다이묘大名를 통제하고자 매우 정교하고 강력한 중앙집권적 통제 시스템을 운용했다. 대표적인 제도로 전국의 다이묘가 격년으로 자신의 영지와 막부가 있는 에도江戸(지금의 도쿄)를 오가며 거주하도록 한 참근교대参勤交代를 들 수 있다. 이 제도는 다이묘에게 경제적 부담을 지우고, 그들의 처자식을 에도에 사실상 인질로 붙잡아두어 반란의 의지를 꺾는 효과적인 통제 수단이었다. 참근교대는 대규모의 인원이 에도와 영지를 오가며 막대한 비용을 소모했는데, 각 번藩의 다이묘는 체면과 자존심을 지키기 위해서라도 경쟁적으로 규모를 부풀리는 등의 허세를 부렸다. 그 결과 다이묘를 압박하기 위해 이 제도를 도입한 막부가 오히려 참근교대 행렬의 인원을 제한하는 법률을 제정하게 되는데, 이는 아이러니한 일이 아닐 수 없었다.

번의 녹봉(石高)	기마(騎馬)	하급 사무라이(足輕)	하인(中間)
1만석	3~4기	20명	30명
5만석	7기	60명	100명
10만석	10기	80명	140~150명
20만석 이상	15~20기	120~130명	250~300명

【표·1】 1721년(享保 6年)에 포고된 참근교대(参勤交代) 인원 규정.

　　여기에 더해 부정기적으로 막부에 위협이 될 수 있는 유력한 다이묘를 다른 영지로 강제 이전시키는 덴포転封를 시행, 특정 지역에서 세를 규합할 수 없게 하여 그들의 정치적 기반을 약화시켰다. 이로써 모든 사회 구성원을 '쇼군将軍-다이묘大名-사무라이侍-평민平民'으로 이어지는 거대한 피라미드 구조 안에 완벽하게 편입시켰다. 260년이 넘는 시간 동안 유지된 이 강고한 봉건적 위계질서 속에서 일본인은 '자신의 소속 집단과 그 안에서의 상하 관계'를 삶의 제1원리로 받아들였다.

'고닌구미五人組'을 통한 내부 통제와 연대 책임

에도 시대의 봉건 질서 속에서, 대다수를 차지하는 농민인 '햐쿠쇼百姓'는 자신이 태어난 마을에서 자유롭게 떠날 수도, 직업을 바꿀 수도 없었다. 벼농사를 중심으로 한 일본의 전통적인 농촌 사회인 무라村에서는 물관리, 모내기, 수확 등 모든 과정이 마을 전체의 긴밀한 협력으로 운영되었다. 개인의 일탈은 곧 공동체의 생존을 위협하는 행위였기에, 농경 공동체인 마을의 규칙과 관습에 순응하고 집단의 결정을 따르는 것이 무엇보다 중요했다.

더구나 에도 막부는 '고닌구미五人組'와 같은 개인의 일탈을 억제하고 집단에 대한 소속감을 강제하는 강력한 상호 감시 및 연대 책임 제도를 시행했다. '고닌구미五人組'는 다섯 가구를 하나의 단위로 묶어, 납세, 범죄 방지, 종교 통제 등 다양한 사안에서 상호 감시와 연대 책임을 지게 하는 제도였다. 고닌구미五人組의 구성원은 주로 토지를 소유한 혼뱌쿠쇼本百姓를 중심으로 이루어졌으며, 이들은 자신이 소속된 구미組의 구성원뿐만 아니라, 토지가 없는 미즈노미뱌쿠쇼水呑百姓나 예속 농민인 나고名子 등 하층 농민에 대한 감독 책임까지도 함께 졌다. 만약 구미組 안에서 범죄자나 기독교와 같이 금지된 종교의 신자가 발각될 경우, 나머지 구성원도 가혹한 연대 책임을 져야 했기에, 이 시스템은 농민의 자발적인 내부 통제를 극대화하는 효과적인 장치로 작동했다.

게다가 섬나라였던 일본의 주민은 기본적으로 해외 왕래가 쉽지 않았음에도, 에도 막부는 1633년부터 여러 차례 포고령을 내려 출국과 입국을 모두 금지했고, 이를 어기면 사형으로 다스렸다. 또한 1635년

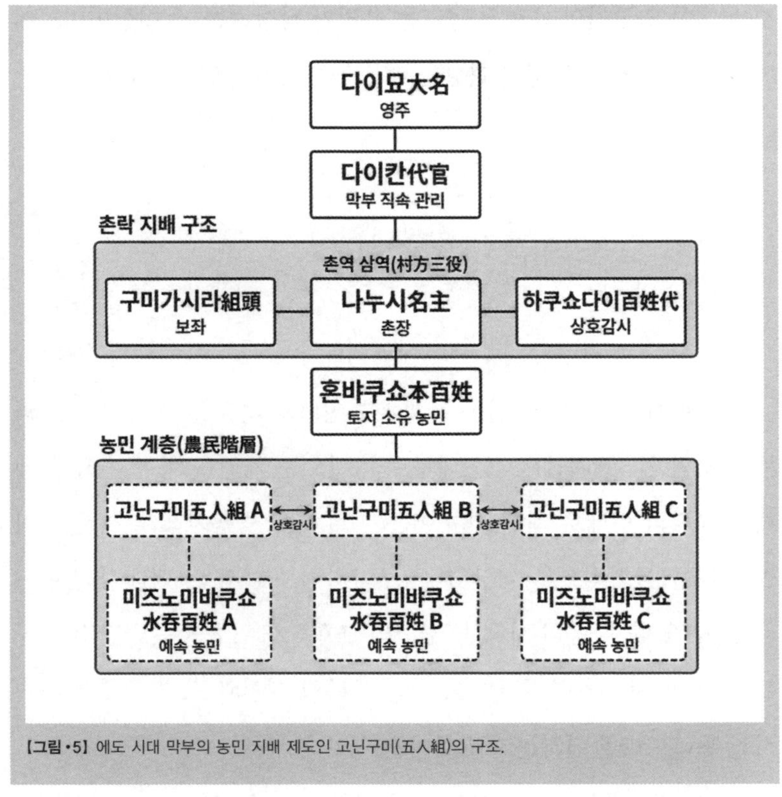

【그림 •5】 에도 시대 막부의 농민 지배 제도인 고닌구미(五人組)의 구조.

에는 대선건조금지령大船建造の禁을 내려 대형 선박의 건조를 막아, 출입국 수단 자체를 없앴다. 이러한 폐쇄적인 환경은 일본인에게 자신이 속한 집단, 즉 '장소場' 안에서 자신의 역할을 다하며 살아가는 것 외에는 다른 선택지가 없다는 일종의 운명론적 체념을 내면화시켰다. 따라서 당시 일본인에게는 집단에서 쫓겨나는 '추방追放'이나 마을 내 따돌림인 '무라하치부村八分'는 생존을 위협하는 가장 큰 형벌이었다.

현재까지도 이어지는 일본인의 집단주의 문화는 이러한 역사적·문화적 맥락 안에서 이해되어야 한다. '정해진 장소場에서 이탈'하는

것에 대한 일본인의 내면적 공포는 우리가 상상하는 것 이상이며, '이지메いじめ'와 같은 특징적 현상을 낳은 직접적인 원인이기도 하다.

뿌리 깊은 따돌림 문화의
기원과 발현

일본 사회의 집단주의는 현재에도 집단의 평온을 깨뜨리거나 '외부의 오염'인 '케가레穢れ'를 내부로 가져오는 개인을 향한 가혹한 배제와 공격의 형태로 재현된다. 이는 과거 촌락 공동체의 질서를 어지럽힌 자를 사회적으로 매장했던 '무라하치부村八分'의 현대적 발현이라 할 수 있다. 다음의 사례는, 집단의 조화和가 위협받는 극단적인 상황 속에서 '동조압력同調圧力'이 어떻게 특정 개인과 그 가족에게 파괴적인 폭력으로 돌변하는지를 보여준다.

1985년 8월 12일, 520명의 희생자를 낸 일본항공JAL 123편 추락 사고는 일본 역사상 최악의 항공 참사였다. 사고의 직접 원인은 보잉사의 부실한 정비였음이 훗날 밝혀졌지만, 사고 직후 혼란과 분노에 휩싸인 일본 사회와 언론은 대중의 분노를 돌릴 명확한 '희생양'을 필요로 했다. 그리고 그 분노는 조종간을 마지막까지 놓지 않았던 고故 다카하마 마사미高浜雅己 기장과 그의 유족을 향했다. 언론은 확인되지 않은 정보를 바탕으로 '기장의 조종 미숙' 가능성을 연일 제기했고, 이에 동조한 익명의 대중은 기장의 유족에게 상상할 수 없는 2차 가해를 저질렀다. 유족의 집에는 "살인자", "네 남편이 520명을 죽였다"는 등의 저주가 담긴 협박 편지와 전화가 쉴 새 없이 쏟아졌다. 장례식조차 언론의 무분별한 취재 경쟁으로 아수라장이 되었고, 유족은 슬픔을 나눌 겨를도 없이 사회적 비난의 한복판에 내던져졌다. 이는 집단이 거대한 충격과 불안에 직면했을 때, 차분히 원인을 분석하기보다 특정 개인에게 모든 책임을 떠넘겨버리고, 손쉽게 질서를 회복하려는 심리가 어떻게 잔인한 집단 폭력으로 나타나는지를 보여준 비극적인 사례였다.

또 하나의 사례는 2020년 초, 코로나19 팬데믹이 전 세계를 뒤덮었을 때, 요코하마橫浜 항에 정박한 크루즈 다이아몬드 프린세스호의 집단 감염 사태를 들 수 있다. 이 사건으로 일본 사회는 큰 충격에 빠졌고 이때 의료진은 외부와 격리된 배 안에서 감염병과 사투를 벌였다. 이들 의료진은 영웅으로 칭송받아야 마땅했지만, 현실은 정반대였다. 재해파견의료팀DMAT 소속으로 선내에서 헌신적으로 간호 활동을 펼치던 한 간호사가 안타깝게도 바이러스에 감염되고 말았는데, 그녀와 그녀의 가족은 위로는커녕 지역 사회로부터 극심한 따돌림과 차별에 시달렸다. 그녀의 자녀는 학교에서 "세균이 옮는다"며 이지메를 당했고, 가족은 이웃으로부터 노골적인 기피의 대상이 되었다. 외부의 위협(바이러스)이 '우치內'인 공동체 안으로 침투했다는 공포가, 그 위협을 막기 위해 헌신한 사람마저도 '오염穢れ의 근원'으로 간주하고 배척하는 비이성적인 형태로 발현된 것이다.

팬데믹 동안, 일본 각지에서는 사회적 '자숙自肅' 분위기를 강요하고 이를 어기는 사람을 공격하는 '자숙 경찰自肅警察' 또는 '코로나 경찰コロナ警察'이 법적 근거도 없이 자경단처럼 활동했다. 이들은 다른 지

역縣 번호판을 단 자동차를 공격 대상으로 삼기도 했는데, 이를 '타 현
자동차 사냥他県ナンバー狩り'으로 불렀다. '외부인이 우리 지역에 바이
러스를 퍼뜨릴 수 있다'는 불안감에 사로잡힌 일부 주민은, 다른 현의
번호판을 단 자동차를 향해 "당장 돌아가라", "도시의 바이러스를 옮
기지 마라"는 등의 협박성 쪽지를 붙이거나, 타이어를 펑크 내고 사이
드미러를 부수는 등 실제적인 폭력까지 행사했다. '우치(우리 현)'를 지
키기 위해 '소토(다른 현)'에 대해 극단적인 배타성과 공격성을 드러낸
것이다. 평범한 시민이 스스로 감시자와 처벌자가 되어 '집단의 규칙'
을 강제하는 모습은, 연대 책임을 기반으로 상호 감시를 수행했던 에
도 시대 '고닌구미五人組'의 현대적 재현이라 해도 과언이 아니다.

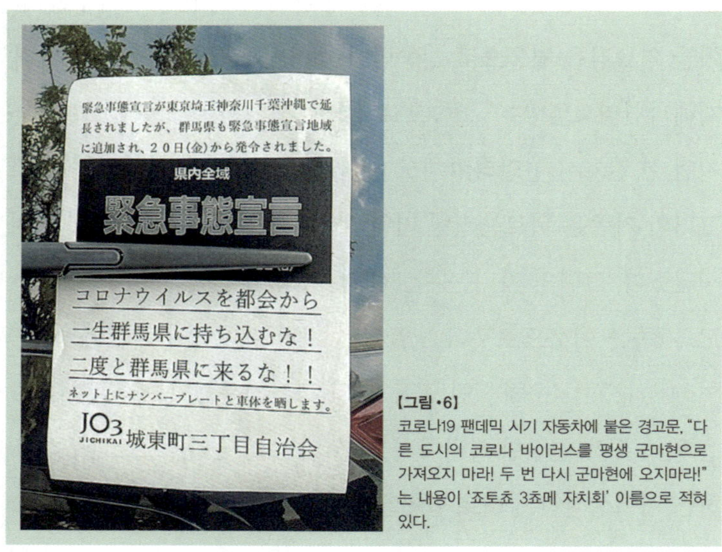

【그림 • 6】
코로나19 팬데믹 시기 자동차에 붙은 경고문. "다
른 도시의 코로나 바이러스를 평생 군마현으로
가져오지 마라! 두 번 다시 군마현에 오지마라!"
는 내용이 '죠토쵸 3쵸메 자치회' 이름으로 적혀
있다.

　　이런 사례들은 일본 사회의 집단주의가 평시에는 질서와 조화의
원리로 작동하지만, 위기 상황에서는 자신들과 조금이라도 다르거나,

[그림 · 7] "자동차에는 오사카 번호판, 마음속에는 일본 번호판을"이라는 내용으로 오사카역 내에 붙은 광고판. '타 현 자동차 사냥(他県ナンバー狩り)'을 자제하자는 공익 캠페인.

집단의 안전에 위협이 된다고 인식되는 소수자를 향해 얼마나 가혹하고 배타적인 모습으로 돌변하는지를 잘 보여준다.

'집단주의적 심성'은 일본을 대표하는 스포츠이자 국기国技인 스모相撲에서도 상징적으로 드러난다. 스모의 승패는 상대를 기술로 넘어뜨리는 것만 아니라, 상대를 씨름판인 '도효土俵' 밖으로 밀어내는 것으로도 결정된다. 정해진 '장소場'에서 이탈하는 것 자체가 곧 패배인, 일본적 인간관계를 여기에서도 발견할 수 있다.

같은 맥락에서, '장인 정신'으로 미화되는 일본의 수백 년 된 가게, 즉 '노포老舗' 문화 역시 다른 관점으로 이해할 수 있다. 대를 이어 하나의 기술을 연마하는 숭고한 정신의 이면에는, 직업 선택의 자유가 없고 가업을 잇는 것 외에는 다른 삶을 상상하기 어려웠던 봉건적 사회구조의 그림자가 짙게 드리워져 있다. 이는 '선택'의 결과라기보다는, 정해진 운명을 받아들이고 그 안에서 의미를 찾아야만 했던 사회적 조건이 '미화된 전통'으로 포장된 측면이 있음을 부정하기 어렵다.

'소속'과 '위계'를 중시하는 '다테 사회'와 집단주의 문화는, 일본 사회를 관통하는 또 다른 강력한 행동 원리인 '동조압력同調圧力'과 '분위기 파악空気を読む' 문화를 낳게 된다. 동조압력同調圧力은 단순히 주변 사람의 눈치를 보는 수준을 넘어, 집단의 조화인 '와和'를 깨뜨리지 않기 위해 자신의 의견이나 감정을 억누르고 암묵적인 다수의 의견이나 행동에 따라야만 한다는 강렬한 사회적 압박을 의미한다. 그리고 이러한 문화 속에서 가장 중요하게 요구되는 사회적 기술이 바로 '분위기 파악空気を読む' 능력이다. 이는 말로 표현되지 않는 집단의 분위기, 암묵적인 기대, 그리고 암묵적인 금기를 민감하게 감지하고 그에 맞춰 행동하는 것을 의미한다. 만약 이러한 '분위기空気'를 읽지 못하고 엉뚱한 말이나 행동을 하는 사람은 'KY空気が読めない奴'라는 낙인이 찍히며, 사회성이 부족하거나 이기적인 사람으로 취급받아 급기야는 이지메의 대상이 된다.

"모난 돌이 정 맞는다出る杭は打たれる"는 일본 속담도 동조압력同調圧力의 본질을 잘 보여준다. 집단 내에서 튀는 행동이나 개인주의적인 주장은 공동체의 조화를 해치는 '위협'으로 취급한다. 보이지 않는 압력과 제재를 통해 집단의 틀 안으로 되돌려놓으려는 힘이 언제나 강력하게 작동된다. 일본의 동조압력同調圧力 문화가 개인의 창의성과 성취에 미치는 영향을 가장 극적으로 보여주는 인물이 바로 현대 특수 분장계의 거장, 카즈 히로Kazu Hiro다. 1969년생인 그는 영화 〈다키스트 아워Darkest Hour〉(2018)와 〈밤쉘Bombshell〉(2020)로 아카데미 분장상 Academy Award for Best Makeup and Hairstyling을 두 번이나 수상한 세계 최

고의 아티스트다. 그러나 아이러니하게도, 그는 일본 영화계에서는 자신의 꿈을 이룰 수 없다고 판단, 미국으로 떠나야만 했고, 결국 2019년 일본 국적을 포기하고 미국 시민이 되었다.

카즈 히로는 여러 인터뷰를 통해 자신이 왜 일본을 떠나야만 했는지에 대해 명확하게 밝혀왔다. 그의 비판은 정확하게 일본의 수직적 위계질서와 동조압력同調圧力 문화의 핵심을 향하고 있다. 그가 경험한 일본 영화계는 "모난 돌이 정 맞는다"는 속담이 지배하는 곳이었다. 특수 분장이라는 한 분야의 전문가가 되려는 그의 열정은 존중받지 못했다. 오히려 동료나 상사들은 "왜 그것만 하려고 하느냐? 우리처럼 여러 가지를 다 할 줄 알아야 한다"며 그의 전문성을 깎아내리고, 집단이 요구하는 수준에 머무를 것을 강요했다. 이는 개인의 독창성이나 특출한 재능을 '조화를 깨뜨리는 행위'로 간주하고, 평준화를 강요하는 동조압력同調圧力의 전형적인 모습이었다. 그리고 카즈 히로는 일본의 인간관계가 "너무 순종적"이라고 비판했다. 그는 나이와 경력에 따른 상명하복上意下達 문화 속에서, 젊은 아티스트의 창의적인 의견은 묵살되기 일쑤였다고 회고한다. 아무리 좋은 아이디어가 있어도 선배나 상사의 의견에 거스르면 '건방지다'는 낙인이 찍히는 분위기 속에서는 자유로운 예술 활동이 불가능했다. 이는 '분위기를 파악하고空気を読む' 윗사람의 뜻에 거스르지 않아야 하는 '다테 사회'의 경직성을 정확히 보여준다. 그는 일본 영화계가 아티스트에 대한 존중이 부족하고, 정당한 대가를 지급하지 않는 등 "꿈을 이루기 힘든hard to make a dream come true" 곳이라고 단언했다. 그는 자신의 재능을 제대로 펼치고, 전문가로서 합당한 대우를 받기 위해 결국 자신을 알아주는 할리우드로 떠날 수밖에 없었다.

'동조압력同調圧力'이 일본 사회의 질서와 안정을 유지하고, 집단의 효율성을 높이는 순기능을 해온 것도 사실이다. 재난 상황에서 보여주는 일본인들의 침착하고 질서정연한 대응은 이러한 문화의 긍정적인 측면을 보여준다. 그러나 다른 한편으로, 동조압력同調圧力은 개인의 창의성과 자유로운 의사 표현을 억압하고, 사회 전체를 경직시키며, 집단 전체가 잘못된 방향으로 나아갈 때 이를 제지하기 어렵게 만드는 심각한 역기능도 가지고 있다. 일본인의 인간관계와 커뮤니케이션 방식을 이해하기 위해서는, 이 조화和를 강제하는 보이지 않는 압력의 존재를 반드시 이해해야만 한다.

위계 사회 속에서 피어난
일본만의 독창적인 문화

완고한 수직 사회와 동조압력同調圧力의 문화 속에서, 세계를 놀라게 하는 일본의 파격적이고 자유분방한 콘텐츠의 탄생은 어떻게 설명할 수 있을까? 개성을 폭발시키는 하라주쿠原宿의 패션, 잔혹하거나 매니악한 상상력으로 가득한 영화와 만화, 아시아권에서는 드물게 거대한 산업으로 성장한 성인 비디오AV 시장, 그리고 사회적 천민이었던 가부키歌舞伎 배우가 부와 명예를 얻은 역사적 장면까지…… 이러한 현상은 일본 사회가 단지 획일적이고 경직된 문화로만 이뤄진 것이 아니라 그 나름의 다층적인 창의적인 문화를 담지해왔다는 것을 시사한다. 이 이유를 결론부터 말하자면 엄격한 통제 시스템이 묵인한, '예외적 공간', 즉 '문화적 해방구' 때문이었다.

에도 시대 약 260년간이라는 오랜 평화 속에서 상인 계층인 조닌町人은 사무라이를 능가하는 경제력을 축적하며 독자적인 문화를 꽃피운다. 이들은 신분 상승은 불가능했지만, 자신들의 부를 문화 예술과 유흥에 쏟아부으며 '우키요浮世(덧없는 세상)' 속에서 독자적인 문화를 일궜다. 공연 예술인 가부키歌舞伎와 분라쿠文楽, 회화 장르의 우키요에浮世絵 등 다양한 예술 문화가 발전했고, 각 분야에서는 신분을 초월하여 실력만으로 '스승'이 될 수 있었다. 소설과 슌가春画(춘화)를 중심으로 출판 문화도 발전했는데, 이 같은 문화적 융성은 아이러니하게도, 사회 안정을 최우선으로 했던 에도 막부의 통치 방식 덕분이었다.

당시 사회는 에도 막부가 '사농공상士農工商'이라는 신분제 아래 엄격하게 통제했지만, '계급 안'에서의 성공과 자아실현까지 완전히 통제한 것은 아니었다. 엄격한 수직적인 사회를 견뎌내야 했던 이들에게 유흥과 예술은 유일하게 허락된 '자아실현의 해방구'가 되어주었다. 막부는 체제 전복과 같은 정치적 저항은 철저히 탄압했지만, 사회 질서를 어지럽히지 않는 선에서 대중 오락과 유흥은 어느 정도 용인했다. 마치 로마의 '빵과 서커스Panem et Circenses'1), 혹은 일본의 '3S 정

---

1) 로마 제정기(帝政期)의 시인 유베날리스(Juvenal, Decimus Junius Juvenalis)가 서기 100년경에 쓴 『풍자시집(Saturae)』 제10편에서 '로마 시민이 정치적 주권을 포기한 대가로 얻은 것이 고작 공짜 빵과 전차 경주뿐'이라는 냉소적 비판에서 등장하는 표현. 빵(Panem)은 무상 식량 배급 정책(Cura Annonae)을, 서커스(Circenses)는 검투사 시합과 같은 거대한 규모의 오락거리(Ludi)를 가리킨다.

책'2)과도 같이, 꽉 짜인 신분제 사회의 압박과 불만을 다른 곳으로 배출시키기 위한 일종의 '안전판 역할ガス抜き' 같은 것이었다. 즉 체제에 대한 도전은 철저히 억압하되, 통제된 '해방구' 안에서의 욕망 분출을 허용함으로써 사회적 불만을 잠재우고 안정 유지를 도모한 것이다.

이와 같은 막부의 통치 방식은 '사농공상'이라는 공식 신분에조차 속하지 못한 천민에게도 문화의 중심에 다가갈 수 있는 길을 열어주었다. 주로 행정권이 미치지 않는 강변 지역에 모여 살았던 이들을 '가와라모노河原者'라 불렀는데, 도축, 가죽 세공, 청소 등 당시 사회가 '부정不浄하다'고 여겼던 일이나, 예능, 공연 등 유흥에 종사하며 살았다. 사회적으로는 차별받는 천민 계급이었지만, 역설적으로 주류 사회의 엄격한 규범과 의무로부터는 비교적 자유로운 존재였기에 어릴 적부터 예술 분야에서 두각을 나타냈다. 당시 사회 최하층 천민 계급으로 분류되던 '가와라모노' 출신이었던 가부키 배우들은, 무대 위에서만큼은 신분을 초월한 슈퍼스타였다. 이치카와 단주로市川團十郎와 같은 배우는 활동 당시 유행을 선도하는 최고의 아이콘이었고, 막대한 부와 명예를 누렸다. 이는 정치적·사회적 질서는 철저히 통제하되, '무대'라는 '예외적 공간' 안에서는 가치가 전복되는 것을 용인했던 에도 막부의 통치 방식 덕분에 가능했으며, 결과적으로 이들은 대중의 관심을 쏠리게 함으로써 사회적 불만을 예술과 유흥 속에서 해소하게끔 유도했다.

---

2) Screen, Sex, Sports의 세 가지 "S"로 대표되는 대중문화 콘텐츠를 통해, 국민의 정치적 관심과 참여를 분산시키고 억제하고자 하는 정책.

또한 출판 문화가 발달하면서 그 소재 또한 다양해졌는데, 폭력적이고 기괴한 내용을 담은 소설이나, 노골적인 성행위를 묘사한 슌가春画와 같은 성인용 콘텐츠도 대중적으로 큰 인기를 끌며 유통되었다. 이는 지배계급의 통치 시스템을 흔들지 않는 한, 에도 막부가 사적인 욕망을 분출하는 영역에 대해서는 비교적 관대했음을 보여준다. 물론, 가부키가 매춘 등 풍기 문란의 온상이 되자 여배우와 미소년의 출연을 금지하는 등, 그 자유가 '체제 안정'이라는 일정한 선을 넘는 것은 용납하지 않았지만, 일단 '공적인 영역'의 엄격함과 '사적인 영역'의 자유로움이 분리되는 일본 문화의 기본적인 구조는 이때부터 고착된다.

'정해진 틀 안에서의 자유', '계급 안에서의 자유'라는 전통은 현

【그림 •8】 가츠시카 호쿠사이(葛飾北斎), 〈문어와 해녀(蛸と海女)〉. 춘화집 『喜能会之故真通』(1814)에 수록된 그림.

대 일본 사회에서 더욱 정교한 형태로 나타난다. 일본의 자유는 모든 영역에서 보편적으로 허용되는 것이 아니라, 특정 공간, 특정 시간, 특정 집단 안에서만 허용되는 '구획화Compartmentalization'된 특징을 보인다. 예를 들어, 도쿄의 하라주쿠原宿나 시부야渋谷 거리는 세계적으로도 유명한 개성 넘치는 스트리트 패션의 발신지다. 화려한 '갸루ギャル' 화장, 고딕 양식의 '로리타ロリータ' 패션 등은 개인의 정체성을 극한으로 표현하는 것처럼 보인다. 하지만 이들 중 상당수는 '주말'이나 '그들만의 공간'에서만 그 모습을 유지한다. 취업 시즌이 되면 일제히 검은 머리, 검은색 정장, 흰 와이셔츠의 '리쿠르트 수트リクルート・スーツ'를 차려입는 대학생들처럼, 이들 역시 학교나 직장이라는 주류 사회内에 들어가는 순간, 개성적인 모습을 완전히 숨기고 집단의 규칙에 순응한다. 자유는 '제도권 밖'이라는 비주류 사회外의 구획 안에서만 허용되는 것이다.

이러한 맥락 속에서 '대중을 위한' 매스 마켓mass market뿐만 아니라, '소수를 위한' 니치 마켓niche market 역시 사회적으로 용인되었으며, 이는 일본의 만화, 애니메이션, 비디오게임 산업이 다양성과 깊이를 기반으로 한 세계적 경쟁력을 갖추는 데 중요한 밑거름이 되었다. 다시 말하자면 사회 전체의 동조압력同調圧力에서 벗어나, 자신의 좁고 깊은 취향, 즉 마니악한 취향을 공유하는 '오타쿠オタク' 집단 안에서는 폭력의 수위가 높거나, 사회적으로 금기시되는 소재를 다루는 것이 묵인되었는데, 이와 같은 취향이 유통되는 시장은 사회의 근간을 흔들지 않으면서 계급 안에서의 한정된 자유가 허용된다는 논리가 작동하는 '구획화된' 공간이었기 때문이었다. 특히 일본의 성인 비디오AV 산

【그림 •9】 검은 머리와 검은색 수트로 통일된 일본의 신입 사원 취업 설명회.

업이 아시아의 다른 어떤 나라보다 거대한 규모로 양성화될 수 있었던 것 역시 이러한 '구획화'의 양상으로 설명할 수 있다. 성性이라는 개인의 사적 욕망을 '성인물'이라는 특정 산업의 틀 안에 가두고 상업적으로 분출시킴으로써, 공적인 사회 질서와는 분리하여 관리한 것인데, 이는 에도 시대의 슌가春画 문화와도 그 맥을 같이한다.

한국인과 일본인의
서로 다른 도덕률

일본 사회에 나타나는 '엄격한 규범'과 '파격적인 자유'의 공존은, 한국인의 시선에서 바라보자면, '이중성'이나 '자기모순'으로 비치기 쉽다. 여러 원인이 있을 수 있지만, 무엇보다 한국인과 일본인의 '도덕의 필터'가 서로 다르다는 점이 매우 크다.

한국인의 행동과 사고방식 깊은 곳에는, 종교적 신념과 무관하게 사회 전반의 윤리적 기저로 작동하는 유교儒教, 특히 성리학적性理学的 가치관이 짙게 배어 있다. 핵심은 '인간으로서 마땅히 지켜야 할 보편 적이고 절대적인 도리道理'에 대한 믿음이다. 이러한 도덕률은 외부의 시선이나 상황에 따라 변하는 것이 아니라, 개인의 내면에 확고히 자 리 잡고 있어야 할 마땅한 기준이다.

이러한 특성을 가장 잘 보여주는 개념이 바로 유교의 핵심적인 수양 덕목인 '신독愼獨'이다. 『대학大學』과 『중용中庸』에 등장하는 이 가 르침은, '홀로 있을 때에도 삼가고 도리에 어긋남이 없도록 한다'는 의 미를 담는다. 즉, 타인이 보고 있든 말든, 나의 행동을 규율하는 내면의 '양심'과 절대적 기준이 존재하며, 진정한 군자는 어떤 상황 속에서도 이 기준을 일관되게 지켜야 함을 말한다. 이러한 '절대적 윤리'의 필터 를 통해 세상을 보는 한국인에게, 한 개인의 가치관이나 행동이 상황 에 따라 급격하게 변하는 것은 '줏대'가 없거나 '지조'가 없는 부정적 인 모습으로 비친다. 공적인 자리에서의 모습과 사적인 자리에서의 모 습이 일치하는 '초지일관初志一貫'은 중요한 미덕이기에, 행동이 달라 진다면 '위선적'이라고 비판받는다.

만일 내면의 기준을 어겼을 경우, 한국 문화권의 개인은 깊은 '죄 의식guilt'을 느끼는데, 이 죄의식을 해결하는 방식 또한 지극히 내면적 이다. 종교가 있다면 신 앞에서의 '고백confession'과 '참회repentance'를 통해, 세속적인 맥락에서는 스스로 잘못을 인정하는 '반성反省'과 진심

어린 '사과'를 통해 내면의 죄책감을 씻어내고, 흐트러진 자신의 양심과의 관계를 회복함으로써 도덕적 평온을 되찾고자 한다.

반면, 앞서 살펴본 바와 같이 일본인의 행동 원리는 내면의 절대적 기준보다는 집단과의 관계 속에서 규정되는 경향이 강하다. '다테 사회'와 '우치/소토'라는 엄격한 구분이 존재하는 사회에서, 가장 중요한 도덕적 금기는 '남에게 폐를 끼치지 않는 것迷惑をかけない'이다. 이는 행위 자체의 옳고 그름을 따지기 이전에, 나의 행동이 소속된 집단의 조화和를 깨뜨리거나 타인에게 불편을 주는지를 먼저 고려하는 '상대적 윤리'에 해당한다. 따라서 일본인은 상황과 상대에 따라 행동 양식을 유연하게 바꾸는 것을 위선이 아닌, 사회적 관계를 원만하게 유지하기 위한 필수적인 기술이자 배려라고 여긴다. 즉, 도덕의 기준점이 '내 안'이 아닌 '타인의 시선'에 속에 있는 것이다. 이러한 윤리관은 루스 베네딕트가 분석한 '수치 문화shame culture'와도 직결된다. 루스 베네딕트는 어떤 행동의 선악을 판단하는 기준이 개인의 외부, 즉 타인이나 집단의 평가와 시선에 있는 문화를 '수치 문화'로 설명하면서, 일본 사회가 이 문화의 전형적인 특징을 보인다고 분석했다.

'수치 문화' 속에서 한 개인이 저지른 잘못이 발각되어 그 결과 공개적으로 망신을 당하고 집단의 명예에 먹칠을 한 경우, 깊은 '수치심shame'을 느끼게 되는데, 이를 해결하는 방식 또한 철저히 외부의 시선을 의식하는 형태로 나타난다. 수치를 당한 개인은 내면적인 참회보다는, 떳떳한 행동이나 성과를 통해 '오명을 씻고汚名をすすぐ', 사회적으로 잃어버린 명예를 회복하는 것에 집중한다. 만약 명예 회복이 불가능하다고 판단될 경우, 자신의 결백이나 의지를 외부에 증명하기 위한 극단적인 방법이 동원되기도 한다. 과거 무사 계급의 할복, 즉 하라키리腹切リ 혹은 셋푸쿠切腹가 바로 그 대표적인 예이다. 할복은 단순히 목숨을 끊는 행위가 아니라, 자신의 배를 갈라 속마음의 결백함을 증명해 보임으로써, 더럽혀진 자신의 이름과 가문의 명예를 회복하려는, 관중(타인)을 향한 지독하고 처절한 '자기 증명의 퍼포먼스'였다.

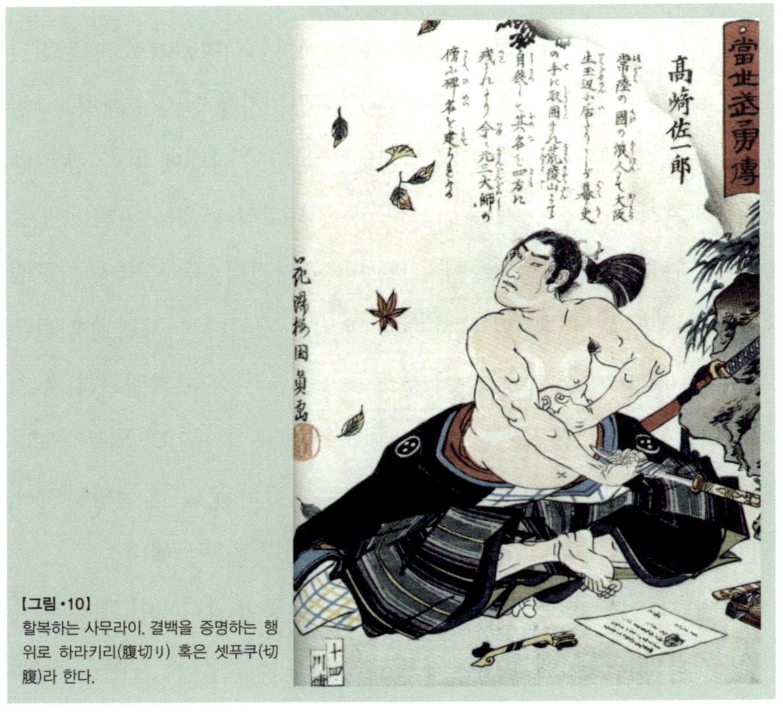

[그림·10]
할복하는 사무라이. 결백을 증명하는 행위로 하라키리(腹切リ) 혹은 셋푸쿠(切腹)라 한다.

바로 이 지점에서 '이중성'이라는 오해가 발생한다. '내면의 절대적 윤리'라는 필터를 가진 한국인의 눈으로, '사회관계 속 상대적 윤리'라는 필터를 가진 일본인을 바라볼 때, 그들의 상황에 따른 행동 변화는 도무지 이해하기 어려운 '모순'이자 '이중성'으로 비치게 된다.

예를 들어, 손님外에게는 극진한 예의를 다하던 점원이, 관계가 바뀌어 동료內나 아랫사람目下에게는 전혀 다른 권위적인 태도를 보이는 것은 일본의 '상황 윤리' 속에서는 자연스러운 역할 전환일 수 있지만, '신독'의 가치관 속에서 이는 인격의 일관성이 부족한 '표리부동表裏不同'한 모습일 뿐이다.

공공장소에서 아이가 뛰어다닐 때, 많은 한국 부모는 "뛰면 다친다"와 같이 아이의 안전을 걱정하거나 "나쁜 행동이다"라며 행위 자체의 옳고 그름을 가르친다. 하지만 일본 부모는 "다른 사람들에게 폐가 되니까 뛰면 안 돼他人の迷惑になるから"라며 '타인과의 관계'를 기준으로 아이를 훈계한다. 이처럼 '내재된 절대적 윤리'와 '사회관계 속 상대적 윤리'라는 근본적인 차이는, 같은 상황에서도 전혀 다른 행동과 판단을 낳는다.

결국, '도덕률'의 차이가 낳은 상황 윤리라 할 수 있다. 일본 사회와 일본인의 행동을 무조건 적으로 '이중적'이라고 단정 짓기 전에, 그들의 행동을 규율하는 사회적 문법과 도덕의 필터가 한국인과는 근본적으로 다를 수 있음을 이해한다면, 불필요한 오해를 막을 수 있다. 일본인의 행동 양식을 이해하는 열쇠는 그들이 '이중적'이라서가 아니라, 그들의 행동을 규율하는 사회적 문법이 우리와 근본적으로 다르기 때문이다. 수백 년에 걸쳐 형성된 '다테 사회'의 견고한 위계질서와 '우치/소토'의 명확한 경계선은, 일본인에게 '언제, 누구에게, 어떻게' 행동해야 하는지를 결정하는 보이지 않는 좌표축으로 작동한다. 윗사람에게는 예를 다하고, 아랫사람에게는 권위를 보이며, 외부인外에게는 정중한 가면을 쓰고, 내부인內에게는 편안한 민낯을 드러내는 것은,

그들의 세계에서는 위선이 아닌 사회적 생존을 위한 지혜이자 경험치의 약속이다.

따라서 '일본인은 원래 그래'라는 낡고 위험한 질문을 던지는 대신, 우리는 이제 "그들은 왜 '그때', '그 사람에게', '그렇게' 행동하는가?"라는 새로운 질문을 던져야 한다. 이 질문의 답을 찾아가는 과정이야말로, '이중성'이라는 낡은 안경을 벗어 던지고, 한 사회의 내면을 있는 그대로 존중하며 이해하는 '새로운 세대'의 일본 읽기가 될 것이다.

제3장

일본인의 미의식과 포르노그래피

다도(茶道)의 나라 일본은

왜 AV 대국이 되었을까

일본인은 무엇을 '아름답다'고 느낄까. 덧없이 지는 벚꽃에서 느끼는 애틋한 정서 '모노노아와레(ものの あわれ)'에서부터, 절제된 어둠 속에서 감지되는 깊이 있는 아름다움 '유겐(幽玄)', 그리고 불완전 속에서 발견하는 소박한 멋 '와비사비(わびさび)'에 이르기까지, 이러한 미의식은 일본의 예술과 문학, 나아가 일본인의 일상적인 삶의 태도에까지 깊이 스며들어 있다. 반면 일본은 포르노그래피가 거대 산업이 된 대표적인 나라이기도 하다. 깊이 있는 미적 취향과 적나라한 성문화의 공존을 우리는 어떻게 이해해야 할까.

완고한 신분제 사회 속에서 피어난
역설의 미학

젠Zen禅 스타일의 원조로, 한때 세계인을 매료시켰던 일본의 독특한 미의식은 갑자기 생겨난 것이 아니다. 덧없이 지는 벚꽃에서 느끼는 애틋한 정서 '모노노아와레もののあわれ'에서부터, 절제된 어둠 속에서 감지되는 깊이 있는 아름다움 '유겐幽玄', 그리고 불완전 속에서 발견하는 소박한 멋 '와비사비わびさび'에 이르기까지, 이러한 미의식은 일본의 예술과 문학, 나아가 일본인의 일상적인 삶의 태도에까지 깊이 스며들어 있으며, 생활 양식이나 풍습과 마찬가지로 이 또한 역사적·문화적 산물이다.

일본의 미의식은 각 시대를 지배했던 사회 계층의 세계관과 밀접한 관련을 맺으며 발전해왔다. 그 흐름은 크게 세 단계로 이어진다. 첫째는 헤이안 시대平安時代(794~1185)의 귀족이 문학을 통해 표현했던 감성적인 미의식, 둘째는 중세의 무사 계급이 선禅불교의 영향 아래 추구했던 정신적인 미의식, 그리고 마지막은 에도 시대江戸時代

(1603~1867)의 도시의 상인과 장인 계급인 조닌町人이 유흥 문화 속에서 발전시킨 도시적이고 세련된 미의식이다.

연대	한국	중국	일본
B.C. 2000~1200		하·상(夏·商)	죠몽(繩文時代)
B.C. 1200~300	고조선	주(周)	죠몽(繩文時代)
B.C. 300~100		진·한(秦·漢)	야요이(弥生時代)
B.C. 100~A.D. 300	삼국(고구려·백제·신라)	한(漢)	
A.D. 300~500		위·진·남북조(魏·晉·南北朝)	고분시대(古墳時代)
A.D. 500~700	삼국 → 통일 신라	수·당(隋·唐)	아스카(飛鳥時代)
A.D. 700~900	통일 신라·발해	당(唐)	나라(奈良時代) 헤이안(平安時代)
A.D. 900~1200	고려	송(宋)	헤이안(平安時代)
A.D. 1200~1400		원·명(元·明)	가마쿠라(鎌倉幕府)
A.D. 1400~1500		명(明)	무로마치(室町幕府)
A.D. 1500~1600	조선		무로마치(室町幕府) 모모야마(桃山)
A.D. 1600~1800		청(淸)	에도(江戶幕府)
A.D. 1800~1900	조선 → 대한제국		에도(江戶幕府) 메이지(明治)
A.D. 1900~1945	일제강점기	중화민국(中華民國)	일본(日本)
A.D. 1945~현재	대한민국	중화인민공화국(中華人民共和國)	

【표·1】 한·중·일 시대 구분과 비교를 위한 개괄적 역사 연표.

섬세한 귀족 문화 속에서 피어난 애수와 위트

'모노노아와레もののあわれ'는 헤이안 시대의 귀족 문화를 상징하는 가장 핵심적인 미의식이다. '모노[物]もの'는 사물이나 인간 등 세상의 모든 것을, '아와레[哀れ]あわれ'는 마음 깊은 곳에서 우러나오는 찡

한 감동이나 정서를 의미한다. 즉, '모노'와 '아와레'를 안다는 것은 세상 만물과 교감하며 그 본질적인 정취를 느끼고 이해하는 섬세한 감수성을 갖췄음을 뜻한다.

이 개념은 세계 최고最古의 장편소설로 불리는『겐지모노가타리源氏物語』를 통해 문학적으로 완성되었다. 소설 속 인물들은 아름다운 자연 풍경, 계절의 변화, 사랑하는 이와의 만남과 이별 등 스쳐 지나가는 모든 순간 속에서 깊은 정서적 울림, 즉 '아와레'를 느낀다. 특히 덧없이 피고 지는 벚꽃을 보며 느끼는 애틋함, 저무는 달을 보며 느끼는 쓸쓸함처럼, 모든 것은 결국 변하고 사라진다는 사실, 즉 무상無常을 인지할 때 느끼는 애상적인 아름다움이 바로 '모노노아와레もののあわれ'의 정수이다.

이러한 고대의 미의식은, 외래문화의 영향에서 벗어나 일본 고유의 정신을 찾으려 했던 에도 시대의 국학자国学者들이 재정립해, 일본의 핵심 정체성으로 밀어 올렸다. 특히 국학자 모토오리 노리나가本居宣長는 한학漢学의 유교적 도덕률을 '남성적이고 인위적인 것'으로 비판하며, 그 대안으로『겐지모노가타리』에 나타난 섬세하고 자연스러운 감정의 발현, 즉 '모노노아와레もののあわれ'야말로 일본 고유의 순수한 마음인 '마고코로真心'의 정서라고 주장했다. 이는 일본 문화의 독자성을 확립하려는 근대적 자의식의 발로였다.

'모노노아와레もののあわれ'가 애상적이고 정적인 미의식이라면, '오카시をかし'는 그와 대조되는 밝고 경쾌하며 지적인 미의식이다. 『겐지모노가타리源氏物語』와 함께 헤이안 시대를 대표하는 여성 문학인『마쿠라노소시枕草子』에서 이 개념이 두드러지게 나타난다. '오카시

をかし'는 사물이나 현상에서 느껴지는 '흥미로움', '재미', '멋짐', '센스 있음' 등을 총칭하는 말이다. 이는 단순히 '웃기다'는 감정을 넘어, 사물을 예리하게 관찰하여 그 재치 있는 측면을 발견했을 때 느끼는 지적인 쾌감과 감탄을 포함한다. "봄은 새벽녘, 여름은 밤, 가을은 저녁 무렵, 겨울은 이른 아침"이라며 계절마다 가장 멋진 시간대를 꼽거나, "가슴 설레는 것", "꼴사나운 것" 등 사소한 일상의 순간을 자신만의 독특한 시선으로 모은 『마쿠라노소시』의 문체는 바로 이 '오카시をかし'의 미학을 보여주는 대표적인 예이다.

칼끝에서 피어난 여백과 절제의 미, 그리고 무상無常

헤이안 시대의 귀족 권력이 쇠퇴하고 무사 계급이 집권하는 중세의 가마쿠라 시대鎌倉時代와 무로마치 시대室町時代로 접어들면서, 일본의 미의식은 선禪불교의 영향 아래 더욱 깊고 정신적인 차원으로 발전한다. 이때 핵심 개념으로 등장한 '유겐幽玄'은 직접적으로 드러나지 않는, 그윽하고 신비로우며 깊이 있는 아름다움을 의미한다. 화려하고 명료한 아름다움이 아니라, 사물의 이면에 감추어진 본질이나 무한한 여운을 암시하는 미의식이다. 짙은 안개 속에 희미하게 보이는 산봉우리, 달빛 아래의 소나무 숲처럼, 다 드러내 보여주지 않고 숨김으로써 상상력을 자극해 더 깊은 감동을 선사하고자 했다.

'유겐幽玄'이라는 용어는 본래 불교나 노장사상에서 '심오하고 신비한 진리'를 가리키는 말이었으나, 일본에서는 헤이안 시대 후기 시가詩歌를 통해 독자적인 미학 개념으로 발전한다. 특히 와카和歌 시인인 후지와라노 도시나리藤原俊成와 같은 가인歌人들은, 대상을 보고 즉각적

으로 느끼는 애상적인 감정, 즉 '모노노아와레もののあわれ'를 넘어, 그 감정을 마음속에서 삭이고 정제하여 더욱 깊고 상징적인 정취를 표현하고자 했다. 이것이 '유겐幽玄'의 시작이었다.

예를 들어, '모노노아와레もののあわれ'가 '덧없이 지는 벚꽃을 보니 마음이 찡하고 애처롭다'는 직접적인 감정의 발현이라면, '유겐幽玄'은 '깊은 산속, 저무는 가을 저녁에 들려오는 사슴의 울음소리'와 같은 시구를 통해, 말로는 다 표현할 수 없는 우주적인 고독감과 신비로운 분위기를 암시한다. 즉, 직접적인 감정 표현에서 한 단계 더 나아가, 상징과 암시를 통해 감상자의 마음에 깊은 여운을 남기는 것이 바로 '유겐幽玄'의 미학이다.

이러한 '유겐幽玄'의 미학은 14세기 전통 가면극 '노能'를 집대성한 제아미世阿弥(1363~1443)에 의해 예술의 경지로 승화되었다. 제아미에게 '유겐幽玄'은 배우가 도달해야 할 최고의 미적 경지이자, 노能 예술의 정수였다.

노能의 배우는 감정이 거의 드러나지 않는 무표정한 가면을 쓰고, 극도로 절제된 움직임과 상징적인 동작만으로 인물의 깊은 슬픔과 고뇌를 표현한다. 예를 들어, 소매를 살짝 들어 손을 눈가에 가져가는 것만으로 내면의 통곡을, 가면의 각도를 미세하게 조절하는 것만으로 기쁨과 슬픔의 미묘한 변화를 암시한다. 관객은 배우의 연기 너머에 있는 '보이지 않는 것'을 상상력으로 채우고 마음으로 느끼며 '유겐幽玄'의 세계에 깊이 빠져들게 된다. 무대 위에서 모든 것을 설명하는 대신, 의도적인 여백과 절제를 통해 관객의 참여를 유도하고 무한한 감동을 이끌어내는 고도의 기예技藝라 할 수 있다.[1]

‘무상無常’은 “모든 것은 영원하지 않고 끊임없이 변화한다”는 불교의 핵심 사상에서 비롯된 미의식이다. 이 개념은 특히 잦은 전란과 권력의 흥망성쇠를 목도해야 했던 중세 사무라이의 세계관에 깊이 뿌리내렸다. ‘무상관無常観’을 가장 극적으로 표현한 문학작품이 바로 겐페이源平 전쟁을 다룬 군기문학軍記文学 『헤이케모노가타리平家物語』2) 이다. “기원정사의 종소리, 제행무상의 울림3)”이라는 유명한 첫 구절처럼, 이 작품은 한때 천하를 호령했던 헤이케平家 가문이 하루아침에 멸망해가는 과정을 통해, 인생의 덧없음과 권력의 무상함을 비장하게 그려낸다. 일본인은 이처럼 사라지고 스러져가는 것들 속에서 단순한 허무함이 아닌, 비장하고 숭고한 아름다움을 발견했고, 이는 무상無常이라는 미의식으로 자리 잡게 된다.

투박함에서 발견하는 쓸쓸한 아름다움, 미니멀리즘의 기원

‘무상無常’, 즉 ‘모든 것은 변하고 영원하지 않다’는 세계관은 일본인 미의식에 또 다른 중요한 미학을 탄생시켰다. 바로 ‘와비わび’와 ‘사비さび’이다. 이 두 개념은 종종 ‘와비사비わびさび’라는 하나의 단어처럼 사용되지만, 본래는 다른 뉘앙스를 가진 미의식으로, 불완전하고 낡고 소박한 것들 속에서 깊이 있는 아름다움을 발견하려는 일본인 특유의 심미안을 보여준다.

---

1) 일본의 전통예술, 노(能)에 대한 자세한 설명은 제9장을 참고.

2) 작자 미상. 헤이케(平家) 가문의 영화와 몰락 그리고 무사 계급의 태동을 그린 가마쿠라 시대(鎌倉時代)의 작품.

3) 祇園精舎の鐘の声 / 諸行無常の響きあり……『헤이케모노가타리(平家物語)』제1권에 수록된 구절.

'와비わび'는 본래 '부족하고 쓸쓸한 상태'를 의미하는 부정적인 단어였으나, 선禪불교의 영향을 받아 그 의미가 긍정적으로 전환되었다. '와비わび'의 미학은 물질적인 풍요나 화려함을 의도적으로 멀리하고, 소박하고 단순하며 조용한 것 속에서 내면의 충족감과 아름다움을 찾는 정신을 의미한다. 부족함 그 자체를 즐기고, 불완전함 속에서 본질적인 가치를 발견하려는 태도라 할 수 있다.

'와비わび'의 미학을 예술의 경지로 끌어올린 인물은 16세기 다도茶道를 완성한 센노 리큐千利休다. 오다 노부나가織田信長의 다도 선생으로 알려진 그는 당시의 권력자들이 황금 다실이나 완벽한 형태의 중국 도자기를 선호한 것과는 정반대로, 두세 평 남짓한 작고 어두운 흙벽의 다실茶室에서 거칠고 투박하며 일그러진 라쿠야키楽焼 다완茶碗을 사용했다. 최소한의 장식과 불완전한 도구를 통해, 오히려 차를 마시는 행위 자체와 사람과의 만남이라는 본질에 더욱 집중하게 함으로써 '와비차わび茶'의 정신을 완성한 인물이다.

[그림 • 1]
라쿠야키(楽焼) 다완(茶碗). 거칠고 투박한 미가 돋보이는 일본 전통 도자기이다.

깨진 도자기를 옻과 금가루로 수리하여 그 상처를 오히려 아름다운 무늬로 승화시키는 '긴츠기金継ぎ' 기법 역시 '와비わび'의 미학을 보여주는 훌륭한 예이다. 흠집을 숨기는 대신, 그 역사를 존중하고 불완전함에서 새로운 아름다움을 창조해내는 와비わび의 미의식은 오늘날 복잡한 장식을 없애고 단순한 선과 여백을 강조하는 Zen禅 스타일과 미니멀리즘으로 이어져, 스티브 잡스의 애플, 무인양품無印良品, 유니클로ユニクロ 등 디자인과 건축, 패션 분야 등에 지대한 영향을 끼쳤다.

'사비さび'의 어원은 쓸쓸함을 나타내는 '사비시이寂しい'로, 시간의 흐름 속에서 사물이 낡아가며 자연스럽게 드러내는 고요함과 그 시간의 깊이를 예술적 정취로 승화함을 뜻한다. 화려함이 사라진 자리에 남는 본질적인 아름다움이자 오래된 것들이 품고 있는 시간의 흔적, 즉 '파티나patina의 미학'4)이다.

---

4) '파티나'는 본래 금속 표면에 화학 작용으로 생기는 얇은 녹이나 피막을 뜻하는 어휘인데, 오랜 시간 사용한 흔적이 자연스럽게 만들어내는 고색창연(古色蒼然)한 멋과 깊이를 의미하는 미학 용어로 확장되었다. 새것의 인위적인 광택과는 반대로, 손때 묻은 목가구의 부드러운

예를 들어, 교토京都의 사찰 료안지龍安寺의 '돌의 정원石庭'에 놓인 15개의 오래된 돌과 하얀 모래의 고요한 풍경, 이끼苔가 낀 석등, 그리고 대나무 통에 물이 차올라 돌을 치며 내는 소리 장치인 '소즈添水' 등은 모두 '사비さび'의 정서를 대표하는 이미지이다. 하이쿠俳句의 대가 마쓰오 바쇼松尾芭蕉가 읊은 "고요하구나, 바위에 스며드는 매미의 울음閑さや岩にしみ入る蝉の声"이라는 구절은, 적막한 자연 속에서 들리는 매미 울음을 통해 우주적 고요함과 영원한 시간의 흐름을 느끼게 하는 '사비さび'의 세계를 완벽하게 보여준다.

【그림 •3】 료안지(龍安寺)의 돌의 정원(石庭).

윤기, 비바람을 맞은 청동상의 푸른 녹, 이끼 낀 돌의 질감 등은 결코 인위적으로 흉내 낼 수 없는 시간의 이야기를 담고 있다. '사비(さび)'의 미학은 바로 이 '파티나'를 통해, 낡고 스러져 가는 것들이야말로 진정한 아름다움임을 역설한다.

‘와비わび’가 소박하고 긍정적이며 따뜻한 이미지의 미의식이라면, ‘사비さび’는 그보다 고요하고 때로는 차가운 이미지를 가진다. 그러나 이 두 개념은 분리될 수 없는 교집합을 가지며, 종종 함께 어우러져 ‘와비사비わびさび’라는 하나의 미의식으로 표현된다. 모든 것은 변하고 사라진다는 ‘무상無常’의 진리를 받아들이고, 그 불완전함과 덧없음 속에서 오히려 깊이 있는 아름다움과 정신적 충만함을 찾으려는 ‘와비사비わびさび’의 미의식은 일본 문화의 독특하고 심오한 세계관을 상징한다.

유흥 문화 속에서 자생한 언더그라운드의 멋과 풍류

260여 년간 평화가 이어진 에도 시대에는, 경제력을 갖춘 조닌町人이 새로운 미의식의 주체로 등장한다. 이들의 미의식은 엄격한 신분제의 제약 속에서, 귀족의 우아함이나 무사의 비장함과는 다른, 도시적이고 세련된 현실적인 멋을 추구했다. 그리고 그 중심 무대는 바로 막부가 공인한 거대한 공창公娼이자 유흥 도시였던 ‘유곽遊郭’이었다.

공창公娼 제도는 16세기 말, 도요토미 히데요시豊臣秀吉가 교토에 유곽을 설치하며 그 기틀을 마련했고, 17세기 초 도쿠가와 막부德川幕府에 의해 국가적인 시스템으로 정착된다. 막부는 도시에 산재한 매춘업을 특정 구역에 강제로 집결시켰는데, 여기에는 여러 가지 목적이 있었다. 첫째는 풍기 문란을 통제하고, 둘째는 막대한 세금을 거두어들이며, 셋째는 무사들의 다툼과 사회 불안을 유곽이라는 통제된 공간 안에 가두어 효율적으로 관리하기 위함이었다.

이러한 목적으로 에도의 요시와라吉原, 교토의 시마바라島原, 오사카의 신마치新町라는 3대 공인 유곽이 탄생했다. 유곽 구역은 담을 높이 치고 해자로 둘러싸 도시와 분리했는데, 말 그대로 '치외법권'적인 도시 속의 섬이었다.

【그림 • 4】 해자로 둘러싸여 섬처럼 관리되었던 에도의 요시와라(吉原). 현재의 도쿄 다이토구(台東区) 센조쿠(千束) 3, 4쵸메(丁目) 구역에 있었다.

유곽이 특별했던 이유는, 그곳이 에도 시대의 엄격한 신분 질서가 일시적으로 정지되는 유일한 공간이었기 때문이다. 유곽의 문턱을 넘는 순간, 지배계급인 사무라이는 자신의 신분을 상징하는 두 자루의 칼을 입구에 맡겨야만 했다. 칼이 사라진 공간에서 개인의 가치를 증명하는 것은 태생적인 신분이 아니라, 오직 '돈'과 '멋粋'뿐이었다.

따라서 경제력을 갖춘 조닌町人들은 이곳에서만큼은 가난한 무사를 압도하며 왕처럼 행세할 수 있었다. 이처럼 현실 세계의 가치가 전복되는 유곽은, 신분 상승이 불가능했던 서민에게 부와 세련됨을 과시할 수 있는 유일한 해방구이자, 그들만의 독자적인 미의식을 발전시킬 훌륭한 무대가 되었다.

【그림 •5】 에도의 유곽 요시와라(吉原)의 기녀 모습.

물론, 이 화려한 세계의 중심에는 '유조遊女'라 불리는 유녀들이 있었다. 대부분 가난 때문에 어린 나이에 유곽으로 팔려 온 이들의 삶은 철저한 계급 사회 일본의 어두운 이면이었다.

갓 들어온 소녀는 '가무로禿'라 불리며 선배 유녀의 시중을 들었고, 견습생인 '신조新造' 단계를 거쳐 손님을 받는 유녀가 되었다. 그중에서도 미모와 교양, 기예(시·서예·악기 연주)를 모두 갖춘 최상급 유녀는 '오이란花魁' 또는 '다유太夫'라 불리며 경외의 대상이 되었다. 이들의 행차는 '오이란도추花魁道中'라 불릴 만큼 화려했고, 아무리 돈 많은 손님이라도 유녀의 마음에 들지 않으면 만남을 거부할 수 있는 권리를 가졌다. 하지만 이는 극소수의 이야기일 뿐, 대부분 유녀는 빚에 얽매여 평생 유곽을 벗어나지 못하는 비참한 삶을 살았다.

그런데 유조遊女는 게이샤芸者나 마이코舞子와는 명확히 구분되어야 한다. 유조遊女의 본질적인 역할은 성적인 접대를 포함한 유흥이었던 반면, '게이샤芸者'는 '기예를 하는 사람'으로 연회석에서 춤, 노래, 악기 연주 등 '기예'를 팔아 흥을 돋우는 전문 엔터테이너였다. 교토의 어린 견습 게이샤인 '마이코舞子' 역시 마찬가지다. 물론 일부 게이샤가 특정 후원자인 '단나旦那'와 깊은 관계를 맺기도 했지만, 성적인 서비스가 그들의 공적인 업무는 아니었다는 점에서 유녀와는 근본적인 차이가 있었다.

【그림 • 6】 다이쇼 시대(大正時代)의 오이란(花魁)의 모습. 1915년 촬영된 사진이다.

'스이粹'와 '츠通'는 이러한 유곽이라는 특수한 공간에서 탄생한 미의식이다. 에도 지역을 중심으로 하는 미의식 '츠通'는 유곽의 복잡한 규칙, 풍속, 인간관계의 이면까지 모든 것을 꿰뚫고 있는 '통달通達'의 경지를 의미한다. 어떤 유조遊女가 최고이며, 어떻게 환심을 사고, 어떤 식으로 돈을 써야 촌스럽지 않은가를 아는 '전문가'가 바로 '츠진通人'이었다.

반면 '스이粹'는 '츠通'를 기반으로 하되, 그것을 겉으로 드러내지 않는 절제되고 세련된 태도가 겸비되어야 한다. 돈이 많다고 과시하거나 지식을 뽐내는 것은 '야보野暮' 즉 '촌스러움'의 극치로 경멸받았다. 진짜 '스이粹'한 남자는 금전이나 신분에 얽매이지 않는 담백함, 의리와 인정을 중시하는 태도, 그리고 미련 없이 깔끔하게 물러설 줄 아는 쿨한 멋을 가진 사람이었다. 특히 '스이粹'는 교토나 오사카와 같이 오랜 문화적 전통을 가진 가미가타上方의 지역적 기질과 어우러져 더욱 중시되었다.

'이키いき'는 에도 후기, 요시와라吉原의 화려함과는 다른, 보다 서민적이고 시크한 멋을 추구했던 비공인 유흥가인 '오카바쇼岡場所', 특히 후카가와深川 지역의 게이샤에게서 발견되는 미의식이다. 후카가와의 게이샤들은 '하오리 게이샤羽織芸者'라고도 불렸는데, 남자 옷인 하오리羽織를 걸치는 등 중성적이면서도 소탈한 멋을 추구했다. 이들은 요시와라의 유조遊女들과 달리, '기예는 팔아도 몸은 팔지 않는다芸は売っても身は売らぬ'는 원칙을 고수했다. 철학자 구키 슈조九鬼周造(1888~1941)는 그의 저서 『이키의 구조いきの構造』에서 '이키'를 "아양을 떠는 듯한 관능미인 '비타이媚態'와 쉽게 굴복하지 않는 자존심인 '이키지意気地'라는 두 요소의 긴장 관계 속에서 나타나는 아름다움"이라고 정의했다. '이키'한 게이샤는 손님에게 매력적으로 다가가면서도,

결코 돈이나 권력에 굴복하지 않는 팽팽한 자존심을 유지했다. 유객遊
客의 입장에서는 이러한 '이키'를 이해하고 그 게이샤의 마음을 얻는
과정이야말로 유흥의 최고 경지였다. 돈만으로 살 수 없는 그녀의 마
음을 얻는 것은, 곧 자기 자신이 그만큼 세련되고 멋진 남자, 즉 '츠진
通人'임을 증명하는 길이기 때문이다.

미의식의 역사적 맥락과
일본의 성문화

　현대 일본의 대중문화인 만화, 애니메이션 등에는 파격적인 성 묘
사가 자주 등장한다. 합법적인 성인물AV 시장의 규모가 엄청난 것 또
한 한국인에게는 낯선 풍경이다. 일본인이 단지 성적으로 문란해서일
까. 그렇게 예단한다면, 그 이면에 작동하는 일본 사회의 복잡한 사회
구조와 문화적 논리를 간과하는 것이다. 오히려 일본의 독특한 성 의
식은, 제2장에서 논의한 '통제된 해방구'와 '서로 다른 도덕의 필터'라
는 사회적 틀 안에서, 그리고 앞서 살펴본 일본 고유의 미의식과 상호
작용하며 형성된 복합적인 문화 현상으로 이해해야 한다. 예를 들어,
에도 서민의 미의식이었던 '이키いき'가 유곽이라는 성적 욕망의 공간
에서 탄생했듯, 일본의 미의식과 성 의식은 동전의 양면처럼 서로를
비추고 규정해왔다. 지배계급의 통치 이념이었던 유교가 서민의 세계
관에는 깊이 스며들지 못한 채, 수직적 사회구조와 엄격한 신분제 속
에서 절대적 도덕률보다는 상황과 관계를 중시하는 윤리관이 우세했

던 점도 기억해야 한다.

일본인의 성 의식을 이해하기 위한 첫 단서는 일본 최고最古의 역사서인 『고사기古事記』와 『일본서기日本書紀』에 기록된 건국 신화에서 찾을 수 있다. 이 신화는 단순한 옛이야기를 넘어, 일본인의 심성 깊은 곳에 문화적 원형으로 자리 잡은 성 의식의 근원적인 출발점이기도 하다.

신화에 따르면, 태초의 신들 중 마지막으로 나타난 남신男神 이자나기イザナギ[5]와 여신女神 이자나미イザナミ[6]는 다른 신들로부터 아직 형태가 없는 세상을 완성하라는 명을 받는다. 이에 그들이 처음으로 한 일은 바로 성적인 결합을 위한 신성한 결혼 의식이었다. 그들은 섬 중앙에 거대한 '하늘의 기둥天の御柱'을 세우고, 서로 반대 방향으로 돌아 기둥 뒤에서 만난 후 서로의 몸을 칭찬하며 결합을 시도하는데, 이때의 묘사가 매우 직설적이다.

> 이자나기: "그대의 몸은 어떻게 만들어져 있는가?"
>
> 이자나미: "저의 몸에는 다 자라지 않아서 합쳐지지 않은 곳이 한 군데 있습니다."
>
> 이자나기: "나의 몸에는 다 자라고도 남아서 튀어나온 곳이 한 군데 있다. 그러니 나의 이 남는 곳으로 그대의 부족한 곳을 찔러 막아서 국토를 낳으려 하는데, 어떠한가?"[7]

---

5) 『고사기(古事記)』에선 '이자나기(邪那岐神)'로 표기. 이자나미와 함께 일본 덴노(天皇)의 조상신인 아마테라스(アマテラス), 스사노오, 츠쿠요미 등 많은 신을 낳은 아버지로 알려져 있다. 이자나기는 진무텐노(神武天皇)의 7대 선조에 해당한다.

6) 『고사기(古事記)』에선 '이자나미(伊邪那岐神)'로 표기. 이자나기의 여동생이자 부인으로 이자나기와 함께 일본의 신들을 낳았으며, 사후 황천을 관장하는 신이 된다.

이 대화는 남녀의 결합을 창조와 생산을 위한 신성한 것으로 인식했음을 명확히 보여준다. 한편, 이와 같은 신들의 첫 결합은 실패로 끝났지만, 고대의 다른 신들에게 조언을 구한 두 신은 '남성이 먼저 말을 거는 것'이 올바른 순서임을 깨닫고 다시 의식을 거행한다. 이번에는 이자나기가 먼저 말을 건네고, 이 '올바른 절차'에 따른 성행위를 통해 비로소 일본의 여러 섬인 아와지시마淡路島, 시코쿠四国, 큐슈九州, 혼슈本州 등과 산, 강, 바람 등 삼라만상을 주관하는 수많은 신들을 성공적으로 '낳게' 되는데, 이를 '구니우미国産み' 즉 '국토 창세'라고 한다.

이 신화는 크게 두 가지 측면에서 일본인의 성 의식에 큰 영향을 주었다. 첫째, 일본이라는 세계의 탄생 자체가 남신과 여신의 명백한 성적 결합의 결과물이라는 점이다. 그 결과 성性은 부끄럽거나 숨겨야 할 행위가 아니라, 세상을 창조하는 신성하고 강력한 힘의 원천이 된다. 둘째, 첫 번째 결합의 실패 원인이 도덕적 타락이나 '원죄Sin'가 아닌, '절차상의 오류'였다는 점이다. 이는 인류의 첫 성적 자각이 '원죄'가 되어 낙원에서의 추방으로 이어진 기독교 문화권의 창세 신화와 근본적인 차이를 보인다. 아담과 이브의 이야기에서 성은 금기를 어긴 대가이자 벌거벗음을 부끄럽게 여기는 수치심의 시작으로 묘사되지만, 이자나기와 이자나미의 이야기에서 성행위의 실패는 더 나은 결과

---

7) 『고사기(古事記)』의 원문은 아래와 같다.

イザナギ：「汝が身は如何に成れる」

イザナミ：「我が身は成り成りて、成り合はざる処一処あり」

イザナギ：「我が身は成り成りて、成り余れる処一処あり。故、此の吳が身の成り余れる
　　　　　処を、汝が身の成り合はざる処に刺し塞ぎて、国土を生み成さむと以為ふ。
　　　　　生むこと奈何」

를 얻기 위해 수정해야 할 '과정'일 뿐이다.

　이러한 일본의 신화적 세계관은 일본인의 심성 깊은 곳에 성에
대한 긍정적이고 자연주의적인 인식을 심어주는 중요한 기반이 되었
다. 이러한 흔적은 현대 일본의 축제에서도 찾아볼 수 있다. 예를 들어,
매년 4월 가나가와현 가와사키川崎에서 열리는 '가나마라 마쓰리かな
まら祭り'나 아이치현 고마키小牧의 '호넨 마쓰리豊年祭'에서는 거대한 남
근男根 모양의 가마인 '미코시神輿'가 등장한다.

[그림 • 7]
일본을 만들고 있는 이자나기와 이자나미.

【그림 •8】 성병의 치유, 후손의 번영 등을 기원한 것에서 유래한 가와사키(川崎) 시의 가나마라 마츠리(かなまら祭リ).

일본인에게 이것은 외설이 아니라, 신화 시대부터 이어져온 성에 대한 긍정적 인식을 바탕으로 자손 번영, 순산, 부부 화합, 사업 번창을 기원하는 신성하고 유쾌한 축제이다. 즉 일본 문화의 기저에는 성에 대해 죄의식을 갖기보다는 생명력과 풍요의 상징이자 자연스러운 것이라는 성 의식이 자리 잡고 있다.

일본의 모계 전통과 동성애: 처방혼妻問い婚과 슈도衆道

신화 속에 나타난 성性에 대한 긍정적이고 자연스러운 인식은 실제 역사 속 귀족과 무사 계급의 삶에서도 자연스럽게 녹아들었다. 특히 헤이안 시대平安時代(794~1185) 귀족의 결혼 풍습은 처방혼, 즉 '쓰마도이콘妻問い婚'라 불렸는데, 중세 무사 사회의 동성애 문화인 '슈도衆道'와 함께 일본의 사회구조와 세계관을 이해하는 중요한 단서가 된다.

헤이안 시대 귀족 사회의 일반적인 혼인 형태는 남성이 여성의 거처를 방문하여 사랑을 나누는 '처방혼妻問い婚'이었다. 단순히 남성이 여성을 찾아가는 것을 넘어, 여성의 의사가 존중받는 매우 정교하고 세련된 연애 문화였다. 우선, 남성은 직접 여성을 만날 수 없었다. 대신 궁중의 궁녀인 '뇨보女房' 등을 통해 특정 여성의 재능이나 미모에 대한 소문을 듣고, 자신의 마음을 담은 연애시和歌를 비단이나 아름다운 종이에 적어 보냈다. 편지를 받은 여성은 남성의 시가 담고 있는 교양과 감성, 그리고 글씨체를 보고 응답 여부를 결정했다. 만약 남성이 마음에 들지 않으면 답장을 보내지 않거나, 완곡한 거절의 시를 보내는 것으로 관계를 끝낼 수 있었다. 여성에게는 연애의 시작을 결정할 명백한 선택권이 있었던 것이다. 시를 통해 서로의 마음을 확인한 후에야 남성은 야간 방문을 허락받았다. 이때 남성이 3일 밤 연속으로 여성을 방문하고 여성이 이를 받아들이면, 두 사람의 관계는 공인된다. 3일째 밤이 지난 아침, 여성의 부모는 두 사람이 함께 먹을 떡인 '밋카요노모치三日夜の餅'을 내어놓으며 남성을 사위로 공식 인정했다.

'처방혼'은 연애가 여성의 주도로 이루어졌다는 것을 보여주는데, 당시는 결혼 후에도 여성이 부모의 집에서 거주하며 아이들 또한 엄마 집안에서 양육하는 모계母系 중심 사회였다. 이는 여성이 경제적·사회적으로 독립적인 지위를 누렸기에 가능한 문화였다.

무사 계급이 일본의 지배자로 부상한 중세 시대에는 '슈도衆道' 혹은 '와카슈도若衆道'라 불리는 동성애 문화가 무사들 사이에서 널리 퍼졌다. 이는 단순한 성적 관계를 넘어, 연장자인 무사 '넨자念者'가 전사로서의 기술과 정신, 미학적 교양까지 미소년인 '와카슈若衆'에게 전수하는, 스승과 제자 관계를 넘어선 끈끈한 유대 관계를 포함하는 개념이었다. 잘 알려진 대로 슈도가 일본만의 독특한 풍습은 아니다. 고

대 그리스에서 성인 남성 시민, 에라스테스Erastes가 소년 에로메노스
Eromenos를 교육하고 시민으로 성장시키는 '소년애Pederasty'나, 로마
군대 내에서 존재했던 동성애적 유대 관계처럼 다른 문화권에서도 비
슷한 예시는 얼마든지 찾아볼 수 있다.

'슈도'는 특히 생사가 오가는 전란의 시대였던 전국 시대戰国時代
(1467~1577)에 절정에 달했다. 오다 노부나가織田信長가 총애했던 '고
쇼小姓' 모리 란마루森蘭丸의 이야기는 주군과 가신을 넘어선 깊은 관계
로 유명하며, 다이묘가 미소년을 시동小姓으로 곁에 두는 것은 공공연
한 관습이었다.

[그림 • 9]
무사들의 동성애를 묘사한
그림.

이러한 일본의 성문화가 당시 유교적 세계관을 가졌던 조선인의 눈에는 어떻게 비쳤는지를 보여주는 흥미로운 일화가 있다. 1719년(숙종 45년), 조선통신사의 일원으로 일본을 방문했던 학자 신유한申維翰은 그의 기록인 『해유록海游錄』에 당시 일본의 저명한 유학자였던 아메노모리 호슈雨森芳洲와의 일화를 남겼다. 신유한이 일본의 남색 풍습에 대해 비판적으로 묻자, 일본 측에서는 "매우 아름다운 일이며, 무사들 사이에서는 의리를 더욱 굳건히 하는 방법"이라며 오히려 이를 긍정적으로 설명했다. 신유한은 이를 보고 "짐승과 같은 풍속"이라며 개탄했다. 인간의 욕망에 엄격하고 내면의 절대적 도덕률을 중시했던 조선의 성리학적 관점과 인간의 욕망을 비교적 자연스럽게 받아들이고 '우치內/소토外'와 같은 상대적인 관계 속에서 윤리를 규정했던 일본식 문화의 차이를 극명하게 보여주는 사례라고 할 수 있다.

엄격함과 자유분방함이 공존했던 일본의 성문화

고대의 비교적 자유로웠던 일본의 성 의식은, 강력한 중앙집권적 봉건 사회인 에도 시대江戸時代(1603~1867)에 이르러 계급에 따라 전혀 다른 모습으로 분화하며 '통제와 분출'이라는 이중적인 형태로 재편된다. 이는 일본 사회의 성 윤리가 단일한 것이 아니라, 각 계급의 사회적 역할과 필요에 따라 다르게 적용되었음을 보여준다.

전란의 시대가 끝나고 행정 관료로 변모한 무사 계급에게는 새로운 통치 이념이 필요했다. 그들이 선택한 것은 바로 유교, 특히 주자학朱子学이었다. 그러나 이는 개인의 인격 수양을 위한 철학으로서가 아니라, 봉건 질서를 유지하기 위한 가장 효율적인 통치 도구로서 수용되었다. 주군에 대한 절대적인 '충忠'과 엄격한 상하 관계를 강조하는 유교적 윤리는, 막부와 다이묘의 지배 체제를 정당화하고 무사단의 기강을 확립하는 데 더할 나위 없이 편리한 사상이었다.

이러한 유교적 질서는 필연적으로 가부장제家父長制의 강화로 이어졌고, 무사 남성은 유교의 여러 가르침 중 남성 중심의 가부장적 권위와 여성에게 정조를 요구하는 부분만을 취사선택했다. 가문家의 안정적인 상속과 계승을 중시해, 여성의 역할은 후계자를 낳아 가문을 잇고 가정을 지키는 것에 한정되었다. 헤이안 시대 귀족 사회에서 여성이 누렸던 연애의 주도권은 완전히 사라졌으며, 경제적 독립성 또한 약화되었다.

그 결과, 남성들의 성性은 두 개의 영역으로 완벽하게 분리되었다. 즉, 가문의 유지와 후계자 생산을 위한 '가정 내에서의 의무적인 성性'과, 개인의 쾌락과 욕망을 충족시키기 위한 '유곽에서의 유흥으로서의 성性'이 공존하게 된 것이다. 이는 남성에게만 허락된 이중적인 성 윤리이자, 자신들에게 유리한 부분만 취하는 '선별식' 이념 수용의 전형적인 모습이었다.

반면, 무사 계급이 유교적 도덕률을 내면화하는 동안 대다수 서민에게는 그 영향력이 깊이 미치지 못했다. 대신 이들의 세계관을 지배한 것은 오랜 평화가 가져온 경제적 풍요와 그럼에도 결코 넘을 수 없는 엄격한 신분제라는 모순적인 현실이었다. 이러한 상황은 '덧없는 이 세상, 즐길 수 있을 때 즐기자'라는 '우키요浮世'의 세계관을 낳았고, 서민 사회 전반에 걸쳐 쾌락적이고 향락적인 분위기가 급속하게 번져 나갔다.

특히 '조닌町人' 중에서도 경제력을 갖춘 상인과 장인은 엄격한 신분제의 억압을 풀고 자신들의 부와 멋을 과시할 수 있는 '해방구'로서 유곽遊郭과 같은 유흥 문화를 적극적으로 향유했다. 그 결과, 도시 서민 사이에서는 헤이안 시대부터 이어져온 비교적 자유롭고 자연주의적인 성 의식이 유지될 수 있었다.

다만, 이러한 도시의 개방적인 분위기와는 달리, 외부와 단절된 폐쇄적인 농촌 사회에서는 고대의 풍습이 전혀 다른 형태로 변질되기도 했다. 그 대표적인 사례가 바로 '요바이夜這い'이다. '요바이'는 표면적으로는 헤이안 시대의 '처방혼'처럼 남성이 밤에 여성의 처소를 찾아가는 형태를 띠었지만, 그 본질은 완전히 달랐다. 이는 개인의 자유로운 연애가 아니라, 마을의 미혼 남성들로 구성된 청년단 조직인 '와카모노구미若者組'가 마을 내의 결혼과 성性을 통제하고 관리하는 집단적인 시스템이었다.

'와카모노구미若者組'는 마을의 축제, 노동, 치안 등을 담당하는 강력한 자치 조직이었고, 결혼 상대의 결정권까지 독점했다. 이들은 "아무개는 아무개와 결혼한다"는 식으로 짝을 정해버렸고, 당사자인 여성은 물론 그 부모조차 이 결정을 거부하기 어려웠다. 만약 이를 거부할 경우, 마을 공동체에서 배제되는 '무라하치부村八分'와 같은 보복을 당했기 때문이다. 결국 '요바이夜這い'는 헤이안 시대의 낭만적인 연애 풍습이, 폐쇄적인 농촌 사회의 집단주의와 남성 중심적 권력 구조 속에서 여성의 의사를 억압하고 결혼을 강제하는 폭력적인 성 통제 관습으로 변질된 것이라 할 수 있다.

이처럼 에도 시대의 성 의식은 지배계급과 서민 계층 사이에서 뚜렷한 단절을 보이며 발전했다. 무사들은 통치를 위해 유교적 가부장제를 선택하고 남성 중심의 이중적 성 윤리를 확립했으며, 도시의 서민은 '우키요浮世'의 가치관 아래 쾌락을 추구했고, 일부 농촌의 서민은 고대의 풍습이 집단주의와 결합하여 변질된 형태로 그들만의 성 문화를 이어갔다.

역설의 역설,
패전국의 가부장제가 성장시킨 AV 산업

1868년 메이지유신明治維新 이후, 일본은 '부국강병'을 기치로 급진적인 서구화에 나선다. 그러나 이 과정에서 아이러니하게도 여성의 지위와 성에 대한 인식은 오히려 보수적이고 억압적으로 변모했다. 메이지 유신 이전인 에도 시대의 이혼율을 살펴보면, 그 수치가 현대인의 상상을 초월할 정도로 높았다는 점에 놀라게 된다. 〈표 2〉의 그래프에서 볼 수 있듯, 1883년 당시 일본의 이혼율은 3.38로, 2004년의 서구 선진국들을 상회하는 수준이었다(프랑스 2.1, 영국 2.5 등). 심지어 도사번土佐藩의 경우, '7회 이상 이혼하는 것을 허가하지 않는다'는 법령을 내릴 정도로 이혼과 재혼이 빈번했다.

에도 시대에 이혼율이 높았던 이유는 기본적으로 앞서 언급한 것처럼 지배계급이었던 무사 계급과 달리 유교적 가치관이 서민에게까지 널리 적용되지 않았고, 서민 사회 전반에 쾌락적이고 향락적인 분위기가 만연해 있었기 때문이었다. 그리고 무엇보다 당시 여성이 상당

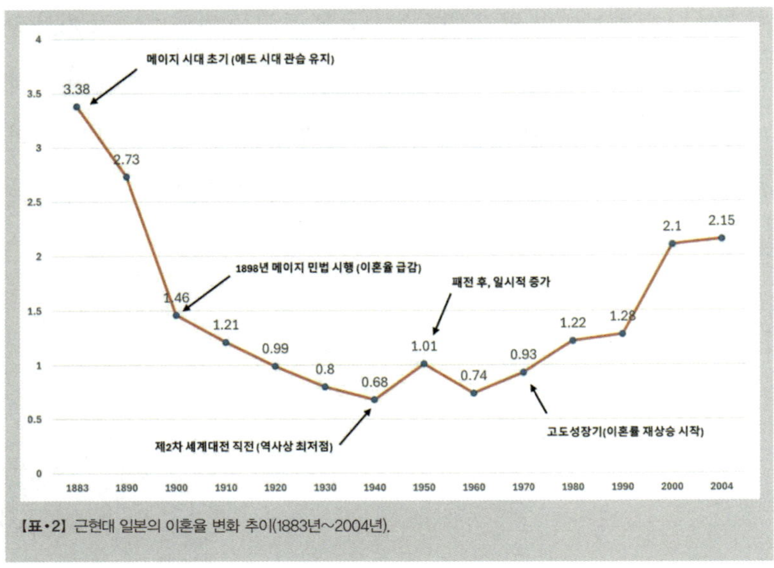

【표·2】 근현대 일본의 이혼율 변화 추이(1883년~2004년).

한 수준의 경제적 자립과 법적 권리를 누렸던 점을 빼놓을 수 없다. 에도 시대는 도시와 농촌을 막론하고 맞벌이가 일반적이었으며, 특히 방직, 양잠, 제지 등 가내수공업은 여성의 중요한 수입원이 되어주었다. 또한 여성은 결혼할 때 가져온 자신의 재산(의복·가구·지참금 등)에 대한 소유권을 인정받았고, 남편이 이를 함부로 처분할 수 없었다. 이혼 역시 남편의 부인에 대한 일방적인 축출이 아니라, '미쿠다리한三行半'8) 이라 불리는 간단한 이혼장을 통해 합의로 이루어졌다. 게다가 여성이 이혼을 원하지만 남성이 반대할 경우에도, 여성은 '엔키리데라緣切

---

8) 에도 시대에 남편이 아내에게 이혼을 통보하기 위해 작성했던 간단한 형식의 이혼장. 글의 내용이 보통 '세 줄 반'으로 구성되기 때문에 이러한 이름이 붙었다. 남편이 작성하여 건네는 형식이었으나 여성이 요청할 수 있었으며, '이혼 증명서'이자 '재혼 허가증'이기도 했다.

寺'[9]라는 사찰로 피신한 뒤 이혼할 수 있는 제도적 장치까지 마련되어 있었다.

그러나 메이지유신이 있고 31년이 지난 1898년에 시행된 '메이지 민법明治民法'은 이러한 관습을 완전히 뒤엎었다. 서구 열강과 대등한 '문명국'으로 보이기 위해 프로이센의 민법을 모델로 한 이 법은, 가장인 고슈戸主에게 절대적인 권한을 부여하는 무사 계급의 이에家 제도를 전 국민에게 확대 적용했는데, 구체적 내용은 아래와 같다.

아내의 무능력자 규정: 아내는 법적으로 '무능력자'로 취급되어, 남편의 동의 없이는 재산 처분, 계약, 소송 등 어떠한 법률 행위도 할 수 없다.

불평등한 간통죄: 아내의 간통은 이혼 사유이자 형사 처분의 대상이었지만, 남편의 간통은 상대 여성이 유부녀일 경우에만 문제가 된다.

친권의 남성 독점: 자녀에 대한 친권은 전적으로 아버지에게 귀속된다.

---

9) 에도 시대 남성의 동의가 없어 이혼이 어려운 여성이 이혼을 진행할 수 있게 도와주는 사찰이었으며, 가마쿠라(鎌倉)의 도케지(東慶寺)와 군마(群馬)의 만도쿠지(満徳寺) 등이 유명했다. 여성이 사찰에 들어가면, 사찰 측은 배우자인 남성과 이혼 합의를 주선했다. 이혼 합의가 원만히 이루어지지 않을 경우, 여성은 일정 기간 사찰에 머물 수 있었고, 그 기간이 지나면 이혼이 자동 성립된 것으로 인정받았다.

그 결과, 여성은 경제적·법적으로 남성에게 완전히 종속되었고, 그래프에서 보이듯 메이지 민법 시행 이후 이혼율은 급락했다. 또한 메이지 정부는 국가에 충성하는 병사를 길러내기 위해, 여성을 '좋은 아내, 현명한 어머니'인 '료사이켄보良妻賢母' 즉 '양처현모'로 교육했으며, 서구의 엄격한 빅토리아 시대적 성도덕을 수입하여 동성애나 춘화春画 등, 에도 시대까지 비교적 관대했던 성문화를 '미개한' 풍습으로 규정하고 탄압했다.

이러한 메이지 시대의 강력한 가부장제는 제2차 세계대전 패전 이후 새로운 전환기를 맞는다. 미군정GHQ은 일본의 군국주의 사상을 해체하기 위해 민주주의로의 개혁을 단행했고, 여성에게 참정권을 부여하는 등 법적인 평등을 보장했다. 그러나 다른 한편으로, 대중의 정치적 불만을 잠재우기 위해 '3S 정책Screen, Sex, Sports'을 도입해 대중 오락 산업을 부흥시켰다. 이는 에도 막부의 유곽 정책처럼, 성性을 사회 안정을 위한 불만 해소 장치로 활용한 것이었다. 바로 이러한 분위기에서 일본의 성인 콘텐츠 산업은 세계적으로 유례를 찾기 힘든 거대한 규모로 성장했다. 이는 단순히 성性에 대한 개방적인 태도를 넘어, 복잡한 역사적 배경과 사회구조적 문제가 얽혀 있는 현상이다.

현대 일본 성인 콘텐츠의 직접적인 뿌리는 1960년대부터 1970년대에 걸쳐 유행했던 저예산 에로 영화, 즉 '핑크 영화ピンク映画'에서 찾을 수 있다. 당시 대형 영화사들이 텔레비전의 등장으로 고전하는 틈을 타, 독립 프로덕션들이 제작한 핑크 영화는 성인 관객의 욕구를 충족시키며 하나의 거대한 시장을 형성했다.

【그림 •10】 일본의 에로 영화 상영관의 모습.

이후 1980년대, 가정용 비디오카세트-리코더VCR의 폭발적인 보급은 산업의 판도를 완전히 바꾸어놓았다. 극장이라는 공적인 공간을 벗어나, 개인의 사적인 공간에서 성인물을 소비할 수 있게 되면서 성인 비디오AV: Adult Video 산업이 탄생하고 기하급수적으로 성장했다. 'AV 여배우'라는 새로운 직업이 등장했고, 이들은 아이돌과 같은 인기를 누리게 되었다. 이는 패전 후 '3S 정책'을 통해 대중의 욕망을 정치와 무관한 영역으로 유도했던 사회적 분위기와, 에도 시대부터 이어져 온 '통제된 해방구'로서의 유흥 문화가 현대 영상 기술과 결합한 필연적인 결과였다.

그러나 화려해 보이는 산업의 이면에는 심각한 착취 구조가 존재했다. 일부 소수의 인기 AV 배우들은 큰 성공을 거두기도 했지만, 기본적으로 AV 배우라는 직업이 사회적으로 존중받지 못하는 현실 속에서, 많은 여성이 기만적인 스카우트와 심리적 압박을 통해 원치 않는 촬영을 강요당했다. 길거리 캐스팅은 대부분 "모델이나 아이돌로 데뷔시켜주겠다"는 거짓 약속으로 시작된다. 이후 소속사는 계약을 빌미로 프로필 사진 촬영 등을 진행한 뒤, "이미 돈을 투자했다", "위약금을 물어야 한다"는 식으로 압박하며 점차 노출 수위가 높은 촬영으로 유도한다. 피해자 구제 NPO 단체인 '라이트하우스Lighthouse' 등의 보고에 따르면, 소속사는 피해자를 합숙 생활 등으로 외부와 고립시킨 후, "너 하나만 참으면 스태프 모두가 편해진다", "이미 계약하지 않았느냐"는 식의 가스라이팅과 집단주의적 동조압력을 통해 심리적으로 성인물 촬영을 거부할 수 없는 상태로 만든다는 것이다.

이러한 촬영 강요 문제는 오랫동안 사회적으로 공론화되지 못했다. 그러나 피해자들의 용기 있는 고발과 지원 단체의 노력으로, 2022년 6월에 이르러서야 출연자의 의사에 반하는 촬영을 막고, 계약 후에도 일정 기간 내에 무조건 계약을 해지할 수 있도록 하는 'AV 출연 피해 방지·구제법AV出演被害防止·救済法', 통칭 'AV 신법AV新法'이 제정되었다. 이는 부족하나마 AV 산업의 구조적 문제를 국가가 인정했다는 점에서 중요한 진전이라 할 수 있다.

일본 성인 콘텐츠 시장의 또 다른 심각한 문제는, 18세 미만 청소년을 대상화하는 '주니어 아이돌ジュニアアイドル' 또는 'U-18/U-15 그라비아グラビア' 시장이 합법적으로 존재한다는 점이다. 법적으로는 친권자의 동의만 있으면, 초등학생이나 중학생이라 할지라도 수영복이나 속옷 차림의 사진집이나 DVD를 촬영하고 판매하는 것이 가능하다. 제작사 측은 '아이돌 활동의 일환'이며 '성적인 의도가 없다'고 주장하지만, 그 내용은 명백히 미성년자의 신체를 성적 대상으로 만

든 콘텐츠로 가득 차 있다. 이는 아동 성 착취에 대한 일본의 법적·사회적 안전망이 매우 취약함을 보여주는 동시에, 로리타 콤플렉스Lolita Complex와 같은 왜곡된 성적 취향을 상업적으로 조장하는 일본 사회의 폐단이자 심각한 사회문제가 아닐 수 없다.

'남에게 폐를 끼치지 않는 한 개인의 선택'이라는 일본 특유의 상대적 윤리관은, 미성년자의 원조교제援助交際가 그렇듯, 최근에 이르러 새로운 형태의 거리 매춘, 즉 '다칭보立ちんぼ' 현상이 유행하는 배경이 되기도 한다. 특히 코로나19 팬데믹 이후, 도쿄 신주쿠新宿의 가부키초歌舞伎町 도호TOHO 빌딩 주변의 '토요코ト一横'나 오쿠보 공원大久保公園 일대에는 많은 젊은 여성이 길거리에 서서 호객행위에 나서고 있는데, 이 또한 보통 문제가 아니다.

거리 매춘과 호객행위가 느는 원인은 복합적이다. 장기 불황과 물가 상승으로 인한 경제적 빈곤이 가장 큰 원인으로 꼽힌다. 가정불화나 학대로 집을 나온 가출 청소년(토요코 키즈)들을 말할 것도 없고, 정신 질환을 앓고 있는 청소년 등이 생계를 위해 성매매에 유입되는 사례도 있다. 물론 가부키초의 악질적인 호스트 클럽ホストクラブ에 빠져 거액의 사채 '우리카케킨売掛金'을 지게 된 여성이 빚을 갚기 위해 다칭보로 내몰리기도 하며, 폭력배와 연계된 직업적 매춘 여성 또한 적지 않다. 일본에서 매춘은 엄연한 범죄이기 때문에 경찰은 정기적인 단속을 강화하고 있지만, 단속 일변도의 대응으로는 근본적인 해결이 어려운 것이 현실이다. '다칭보' 현상은 개인의 도덕적 일탈 문제만으로 한정 지을 수 없는, 일본 사회가 직면한 경제적 불평등과 사회 안전망의 붕괴가 낳은 구조적인 문제이기 때문이다. 그나마 다행인 점은

'Colaboコラボ'와 같은 여성 지원 NPO 단체들이 성 착취와 빈곤의 고리에서 벗어날 수 있도록 이들에게 쉼터와 상담, 법률 지원 등을 제공하는 등 다양한 노력을 기울이고 있다는 것이다.

상품화된 성 의식,
일본 정치·사회·문화의 복잡한 유산

전후戰後 고도 성장기를 거치며 여성의 사회 진출이 늘고 경제력이 향상되면서, 〈표 2〉에서 보이듯 1970년대부터 일본의 이혼율은 다시 V자 형태로 급격히 반등한다. 이는 '여성의 경제적 자립'이라는 중요한 토대 위에 가족관의 근본적인 변화, 결혼에 대한 기대치 변화, 특정 세대의 인구학적 특성, 그리고 법률 제도의 개정이라는 복합적인 사회 변동의 결과이다.

가장 근본적인 원인은 전후 일본 사회를 관통한 가족관의 구조적 변화에 있다. 메이지 시대 일본의 전통적인 가족 제도인 '이에家'는, 개인보다 가문의 유지와 번영을 최우선으로 하는 강력한 가부장적 공동체였다. 결혼은 개인 간의 결합이 아닌 '가문과 가문의 결합'이었고, 이혼은 가문의 수치라는 이유로 극도로 억제되었다. 그러나 패전 후 제정된 일본의 신헌법, 특히 제24조는 "혼인은 양성의 합의에만 기초하여 성립된다"고 명시하여, 개인의 존엄과 양성평등을 천명했다. 이는 '이에家' 제도의 법적 근간을 완전히 무너뜨리고, 결혼의 주체를 '가문'에서 '개인'으로 전환하는 결정적인 계기가 되었다. 그 후 일본 사회는 고도 경제성장기를 거치며 농촌 공동체가 해체되고 도시 중심의 핵가족이 보편화되면서, 개인의 행복과 자아실현이 가문의 유지보다 더 중요한 가치로 떠오르기 시작했다. 1970년대는 바로 이러한 새로운 가족관이 사회 전반에 정착되기 시작한 시점이었다.

가족관의 변화는 자연스럽게 결혼의 목적과 의미에 대한 인식 변화로 이어졌다. '연애는 자유'라는 인식이 확산하면서, 가문의 이해관계를 우선시하던 '중매결혼お見合い結婚'의 비율은 급격히 감소하고, 당사자 간의 애정을 기반으로 한 '연애결혼'이 대세가 되었다. 1960년대 후반에 이미 연애결혼의 비율이 중매결혼을 추월하게 된다. 그리고 결혼의 전제 조건이 '사랑과 정서적 유대감'이 되면서, 역설적으로 '사랑이 식었거나 존재하지 않는 결혼'은 더 이상 유지할 명분이 없어졌다. 과거 '이에家' 제도하에서는 상상할 수 없었던 '성격 차이'나 '애정 상실'이 정당한 이혼 사유로 받아들여지기 시작한 것이다.

1990년대 이후 이혼율을 다시 한번 끌어올린 중요한 사회 현상은 바로 황혼 이혼, 즉 '주쿠넨리콘熟年離婚'의 증가였는데, 이는 일본의 베이비붐 세대인 '단카이 세대団塊の世代(1947~1949년생)'와 깊은 관련이 있다. 단카이 세대의 남성은 고도 성장기의 '기업전사企業戦士'로서, 가정을 돌보지 않고 회사에 모든 것을 바치는 삶을 살았다. 그동안 아내는 가정과 자녀 양육을 전담하며 남편과는 다른 자신만의 생활 세계와 인간관계를 구축했다. 수십 년 후, 남편이 정년퇴직하여 하루 종일 집에 머물게 되자, 부부 사이의 갈등이 폭발하기 시작했고, 은퇴 생활 리듬에 적응하지 못하고 아내를 졸졸 따라다니기만 하는 은퇴한 남편을 '젖은 낙엽' 즉 '누레오치바濡れ落ち葉'라 부르는 신조어가 유행할 정도였다.

앞서 여성의 경제적 자립이 이혼율 증가의 중요한 배경이라고 언급한 바 있는데, '황혼 이혼'을 가능하게 한 결정적인 요인도 결국 2007년에 도입된 '연금분할제도年金分割制度'였다. 이전까지 전업주부였던 아내는 이혼할 경우, 남편의 후생연금厚生年金(한국의 국민연금에 해당)에 대한 권리가 전혀 없어 노후 파산의 위험성에 직면해야 했다. 이것이 많은 여성이 불행한 결혼 생활을 참고 견디는 가장 큰 이유였다. 그러나 2007년 4월부터 시행된 연금분할제도는, 이혼 시 혼인 기간에 해당하는 남편의 후생연금 수령 금액의 최대 50%까지를 아내가 받을 수 있도록 법적으로 명시했다. 이는 전업주부의 가사 노동의 가치를 인정한 획기적인 제도로, 많은 중장년 여성에게 경제적 불안 없이 이혼을 결심할 수 있는 '마지막 열쇠'를 쥐여준 셈이었다. 실제로도 제도 시행 직후 황혼 이혼 신청 건수가 급증하는 현상이 나타났다.

결론적으로, 1970년대 이후 일본의 이혼율 급증은, 전후 헌법이 보장한 '개인'의 발견에서 시작하여, 결혼의 의미가 '가문 유지'에서 '사랑과 행복 추구'로 바뀌고, 특정 세대의 라이프 사이클과 맞물려 누적된 갈등이, 최종적으로 연금 분할과 같은 법적·경제적 제도의 뒷받침을 통해 폭발적으로 표출된, 일본 사회의 구조 변동의 결과라 할 수 있다.

그러나 이러한 변화에도 불구하고, 메이지 시대에 국가 차원에서 강제한 가부장적 사고방식은 여전히 현대 일본 사회의 근저에 깊은 그림자를 드리우고 있다. 이는 오늘날 일본 여성이 직면한 구조적 불평등과 성폭력 고발 운동인 '미투#MeToo 운동'이 다른 나라만큼 활발하

게 전개되지 못하는 근본적인 원인으로 작용한다. 메이지 정부가 유교적 가부장제를 법적으로 명문화했던 메이지 민법은 패전 후 1947년 신헌법으로 대체되었지만, 100년 가까이 일본 사회를 지배했던 만큼, 이후에도 강력한 사회 규범으로 작용했다. '성희롱Sexual Harassment'을 의미하는 세쿠하라セクハラ라는 단어는 1989년에야 유행어 대상을 수상하며 사회적 이슈로 떠올랐다. 이는 그 이전까지 직장 내 성희롱이 문제로 인식되지 않았음을 보여주는 것으로, 직장 내에서는 남성 직원을 '사무실의 신사'라고 부르지 않는 것과는 대조적으로, 여성 직원은 동등한 직업인이 아닌 '사무실의 꽃'이나 보조적인 존재로 여기는 OLOffice Lady이라는 성차별적 호칭으로 불렸다. 그리고 이들에게는 차를 따르거나 복사 업무 등, 오차쿠미お茶汲み(잡무)를 맡기는 것이 당연시되기도 했다. 또한 여성이 결혼과 함께 퇴사하는 것을 '축하할 만한 寿 퇴사'라고 해서 '고토부키타이샤寿退社'라고 불렀는데, 여성의 경력이 결혼 전까지의 일시적인 과정이라는 당시의 사회적 통념을 잘 보여주는 사례이다.

이러한 구조적 문제에 더해 일본 사회에 내재해 있는 '집단의 조화和를 깨뜨려서는 안 된다'는 강력한 동조압력은, 성폭력 피해자가 목소리를 내기 극도로 어려운 환경을 만들었다. 2017년, 저널리스트 이토 시오리伊藤詩織가 당시 총리의 측근으로 알려진 유력 언론인으로부터 성폭행을 당했다고 실명으로 고발한 사건은 이를 상징적으로 보여준다. 그녀는 경찰의 미온적인 수사와 불기소 처분에 맞서 민사 소송을 제기하며 힘겨운 싸움을 시작했다. 그러나 그녀에게 돌아온 것은 지지와 연대가 아닌, "꽃뱀", "유명해지려는 관종", "일본의 수치다"라

는 끔찍한 2차 가해와 사회적 비난이었다. 이는 피해 사실을 공론화하는 행위 자체가, 개인의 고통을 치유하는 과정이 아니라 '집단의 조화和를 깨뜨리고 폐를 끼치는迷惑をかける' 문제 행위로 치부하는 일본 사회의 단면을 극명하게 보여준다. 결국 2019년, 이토 시오리는 민사 소송에서 승소하며 일본 미투 운동사에 남을 상징적인 승리를 이끌어냈다. 하지만 그녀가 겪어야 했던 고통스러운 과정은, 왜 수많은 피해자가 침묵을 선택할 수밖에 없는지를 역설적으로 증명한다. '튀어나온 돌은 정 맞는다'는 속담처럼, 구조적 폭력에 저항하는 개인은 집단의 안정을 위협하는 '이물질'로 취급받아 제거의 대상이 되기 때문이다.

지금까지 일본 문화의 두 축인 미의식과 성 의식을 살펴보았다. 헤이안 귀족의 감성적인 '모노노아와레もののあわれ'에서 중세 무사의 정신적인 '유겐幽玄'과 '와비사비わびさび'를 거쳐, 에도 서민의 도시적인 '이키いき'에 이르기까지, 일본의 미의식은 단일한 개념이 아닌, 각 시대의 가치관이 켜켜이 쌓인 역사임을 확인할 수 있었다. 마찬가지로 성 의식 또한, 창조 신화 속 신성한 행위와 고대의 비교적 자유로웠던 풍습에서 출발하여, 에도 시대의 통제된 이중 구조를 거쳐 근대의 가부장적 억압에 이르기까지 복잡한 변천을 겪어왔다.

이 두 흐름을 관통하는 하나의 핵심적인 원리가 있다면, 그것은 바로 일본의 견고한 사회구조가 개인의 감정과 욕망을 다루는 방식과 모두 관련된다는 점이다. 불완전한 다완茶碗 하나에서 아름다움을 찾는 '와비わび'의 정신이든, 유곽이라는 정교한 규칙 속에서 허용된 쾌락이든, 일본 사회는 개인의 미적 감성과 원초적 욕망을 언제나 특정 '틀' 또는 '해방구' 안에 가두고 통제하는 방식으로 다루어왔다. 이는

일본인의 가치 체계에 공적이고 표면적인 세계인 '오모테表'와 사적이고 이면적인 세계인 '우라裏'를 철저히 분리하는 이중적 구조를 심어주었다.

결론적으로, 우리가 일본 문화에서 발견하는 '개방성'은 보편적 자유가 아니라, 사회구조 안에서 세심하게 구획되고 관리된 자유에 가깝다. 미의식은 정신적인 경지로까지 승화되었지만, 성 의식은 상품화와 억압이라는 이중적 굴레에 놓이게 된 이 복잡한 유산은, 오늘날 일본 사회를 이해하고 앞으로 우리가 마주할 일본의 모습을 분석하는 데 있어 중요한 과제를 던져준다. 새로운 세대가 오늘날 접하는 일본의 만화, 애니메이션, 영화 속에서 발견하는 파격적인 상상력과 성적 코드는, 이러한 복잡한 역사적 유산 위에서 피어난 꽃이자 그늘이었다는 것을 이해할 때, 비로소 우리는 일본 문화를 피상적인 오해 없이 깊이 있게 읽어낼 수 있을 것이다.

제4장

기모노와
오리엔탈리즘

일본의 상징,

기모노에 담긴 이중의 욕망

세계인의 사랑을 받는 기모노는 우리의 한복처럼 남녀가 모두 입는 일본의 전통 의복이지만, 일반 대중에겐 '여성의 옷'으로 더 잘 알려져 있다. 이것은 우연일까? 이는 서양을 따라잡으려 노력했던 일본인의 과시 욕망과 신비로운 동양 여성의 이미지를 대상화하며 소비했던 서양인의 욕망이 교차하며 만들어진 현상이다. '부국강병'을 꿈꿨던 메이지 정부, 그들은 가부장제에 순응하는 전통적인 여성상을 일본 여성에게 요구했고, 이 과정에서 기모노는 '양처현모(良妻賢母)'라는 순종적인 여성성을 상징하는 국가적 유니폼이 되었다. 이렇게 만들어진 여성성을 서구인이 적극 소비하면서, 오늘날의 기모노는 일본을 대표하는 아이콘이 된다.

단순한 옷이 아닌
일본의 상징물이 된 기모노

기모노着物는 일본의 전통 복장으로, 19세기 인상파 화가의 작품에 등장할 정도로 세계인의 마음을 사로잡은 일본의 자랑거리이다. 그런데 우리가 일본의 '기모노'를 떠올릴 때, 머릿속에서 연상되는 이미지는 어떤 것일까. 대부분 여성이 입은 기모노를 떠올리게 될 것이다. 그러나 '기모노着物'의 사전적 의미를 통해서도 알 수 있듯이, 기모노着物는 입을(着る[kiru])+ 것(物[mono])의 통칭으로 그저 '옷'이라는 뜻이기 때문에 한복이 여성의 옷에 한정되지 않는 것처럼 기모노 역시 입는 사람의 성별에 구분을 두고 있지 않다. 그럼에도 많은 사람이 기모노를 여성 의복으로 인식하고 있는 것도 사실인데, 그 이유는 과연 무엇일까.

한국 전통 의복 한복이 고대로부터 복식 문화의 계승과 발전을 거쳐 조선시대(1392~1910)에 완성된 의복이듯, 기모노 또한 에도 시대江戸時代(1603~1868)에 격식화된 의복이다. 기모노의 기원은 4~8세기

일본의 고분 시대古墳時代(250~500), 아스카 시대飛鳥時代(592~710), 나라 시대奈良時代(710~794)로 거슬러 올라간다. 이 시기에 왼쪽 옷깃을 위쪽으로 해서 여민다든지 하는 중국의 한漢·당唐 왕조의 복식이 일본에 전해지면서 기모노의 초기 형태가 형성되었다. 이후 헤이안 시대平安時代(794~1185)에 접어들면서 귀족 복식인 남성의 소쿠타이束帶, 여성의 쥬니히토에十二單 안에 방한 목적으로 입던 코소데小袖를 겉옷으로 입기 시작했는데, 이것이 가마쿠라 시대鎌倉時代(1185~1333)와 무로마치 시대室町時代(1336~1573)를 거치며 앞여밈을 고정하기 위한 얇은 오비帶와 함께 사용되면서 지금의 기모노의 원형이 되었다. 이후 아즈치

모모야마 시대安土桃山時代(1568~1600)에는 임진왜란의 영향으로 조선의 매듭 기술이 전해져 나고야 오비名古屋帯의 구미히모組み紐에 영향을 주는 등, 그 이전까지의 전통을 깬 참신한 변화가 추가되었다. 그리고 이어지는 에도 시대江戸時代(1603~1867)에는 전란이 끝나고 안정과 평화가 찾아와 이로 인한 경제적 풍요 그리고 쇄국鎖国 등의 영향으로 일본의 독자적 문화가 발전하면서 지금의 기모노와 같은 형태의 의복이 정립되었다. 특히 허리에 두르는 넓은 폭을 가진 기모노의 허리띠인 오비帯는 전 세계적으로도 유니크한 스타일로 일본인 스스로도 자부심이 큰데, 화려함과 장식성의 극대화를 위해 폭이 40cm에 이를 만큼 넓어지기도 했으나 지금은 평균 약 30~34cm 정도로 정착되었다.

【그림 •3】 헤이안 시대 남성의 정장 소쿠타이(束帯)와 여성의 정장 쥬니히토에(十二単).

【그림 •4, 5】 기모노의 오비(帶). 오비 위에 묶거나 단 매듭을 구미히모(組み紐)라 한다.

기모노는 입는 계절에 따라, 안감을 덧댄 기모노인 아와세^{袷}, 안감을 제거한 히토에^{単衣}, 그리고 고온다습한 일본의 한여름을 나기 위해 모시와 삼베와 같은 여름 전용 직물을 사용하여 통기성을 강화한 우스모노^{薄物}로 크게 구분할 수 있다. 기모노의 안쪽에는 원피스 스타일의 속옷인 하다주반^{肌十番} 혹은 투피스 스타일의 상의 하다기^{肌着}와 하의 스소요케^{裾よけ}를 입는 것이 보통이다. 속옷은 보온 기능도 있지만 땀과 피지 등으로부터 기모노를 보호하는 기능도 맡는다.

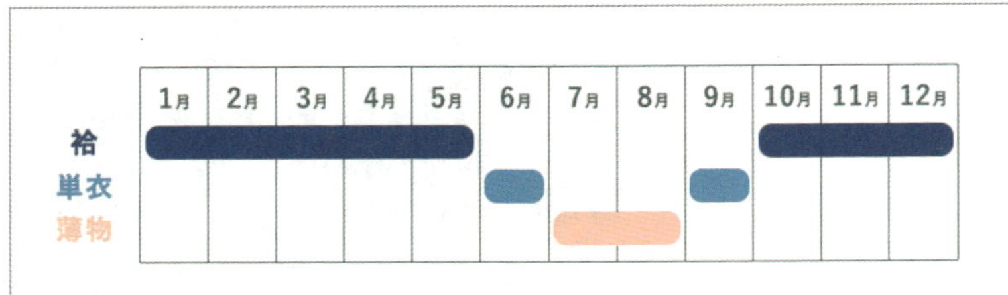

【표•1】 일본의 계절별 기모노의 종류표: 위에서부터 아와세(袷), 히토에(単衣), 우스모노(薄物).

[그림·6] 기모노 아래에 입는 속옷 및 안쪽 장신구. 남성의 경우 폭이 넓은 오비용 소품인 마에이따, 다테지메 등은 사용하지 않았다.

격식 있는 기모노와 구분되는 유카타浴衣는 목욕 후 물을 흡수하고 몸이 잘 마를 수 있도록 통기성을 향상한 홑겹의 가운으로, 온천 등 공중 목욕이 유행하던 에도 시대부터 크게 대중화되었다. 여름 일상복이나 마츠리祭り 의상으로 지금까지도 일본인이 즐겨 입는 복식이다. 참고로 에도 시대의 유카타에는 속옷을 입지 않거나 유모지湯文字라고 하는 사각형의 천을 허리에 둘렀다고 한다.

기모노는 전통 복식답게 그 종류가 매우 다양한데, 성별에 따라 그리고 자리의 격식에 따라 세분화되어 있다.

【그림·7, 8, 9, 10】여름 일상복이나 목욕용 겉으로 사용된 유카타(浴衣).

【그림·11, 12】기모노에 우치카케를 걸친 여성(좌)과 구로몬츠키 하오리 하카마(黑紋付羽織袴)를 입은 남성(우).

구분	종류	착용 상황 및 특징
격식	시로무쿠 白無垢 우치카케 打掛	시로무쿠는 순백색의 결혼식 예복이며, 우치카케는 결혼식에서 신부가 겉에 걸치는 화려한 겉옷을 가리킨다. 귀족이나 무사 가문의 혼례복이었으나 현재에는 신전식(神前式)* 결혼식과 웨딩 촬영 때 착용한다.
	후리소데 振袖	소매의 길이가 100cm 안팎이 될 만큼 긴 소매가 특징인 기모노로, 미혼 여성이 입는 최고로 격식이 높은 의복. 성인식과 친족의 결혼식 등에서 착용한다.
	구로토메소데 黑留袖	검은 바탕의 색상에 문양은 허리 아래만 들어간 기모노로, 새겨진 가문의 개수에 따라 격식의 높낮이가 정해지며, 상견례나 공식 석상 및 만찬 등 격식 있는 자리의 정장. 토메소데(留袖)는 기혼 여성의 기모노를 뜻한다.
준격식	이로토메소데 色留袖	여러 색상의 바탕 색상에 문양은 허리 아래만 들어간 기모노로, 새겨진 가문의 개수는 3개 이하. 축하 연회 및 친지 결혼식 등 적당한 격식이 요구될 시에 착용한다. 기혼 여성이 입는다.
	호몬기 訪問着	한 폭의 그림처럼 어깨에서 솔기, 소매까지 이어지는 무늬가 특징. 일반적인 외출부터 방문, 입학, 졸업식 등 폭넓게 활용되는 기모노로 결혼 유무에 상관 없이 입는다.
	츠케사게 付下げ	근대에 만들어진 의상으로 어깨와 소매, 옷깃에 독립적인 문양을 집어넣어, 착용 시에만 무늬가 이어지는 실용적인 기모노. 호몬기보다 다소 격식이 낮다.
	이로무지 色無地	검은색을 제외한 단색의 기모노로, 주로 다도를 할 때 착용. 가문을 넣어서 호몬기처럼 입을 수도 있고, 검은 오비를 둘러서 상복으로도 착용한다. 염색한 비단에 무늬를 넣기도 한다.
캐주얼	코몬 小紋	잔 무늬가 전체에 반복적으로 들어간 기모노로, 일상복, 외출복 등 폭넓게 활용된다. 오비에 따라서 예복으로도 사용한다.
기타	유카타 浴衣	홑겹 면으로 만들어 안감이 없으며 양말에 해당하는 다비(足袋)를 신지 않는다. 여름의 마츠리(祭り)나 불꽃놀이(花火) 때, 료칸과 온천의 실내복 등으로 사용하며, 기본적으로 남녀 공용이나 여성용은 리본 모양의 오비를 쓰기도 하며 색상이 화려하다.
	모후쿠 喪服	기모노 전체가 검은색으로 5개의 가문을 넣는다. 상주나 직계 유족이 장례식이나 49재에 입는 기모노. 소품인 오비도 모두 검은색 계통으로 착용. 상복이 검은색으로 통일된 것은 메이지 시대 이후이며 그 이전 시대까지는 흰색이었다.

【표·2】 격식 및 용도에 따른 여성용 기모노. 신전식(神前式)은 일본의 전통혼례 양식 중 하나로, 신사(神社)에서 거행하는 신토(神道)식 결혼식을 가리킴.

구분	종류	착용 상황 및 특징
격식	구로몬츠키 하오리 하카마 黑紋付羽織袴	5개의 가몬이 들어간 검정 기모노에 하카마(袴)와 하오리(羽織) 그리고 액세서리로 하오리히모(羽織紐)를 착용한다. 결혼식, 성인식, 공식 석상 등 의례용으로 입는다.
	이로몬츠키 하오리 하카마 色紋付羽織袴	보통 3개의 가몬이 들어간 색상이 있는 기모노로, 결혼식 및 격식 있는 자리의 손님이 착용한다.
준격식	하오리 하카마 羽織袴	다도, 졸업식, 신사(神社)의 제례 등에 입는 기모노로, 가몬의 개수로 격식을 표현할 수 있다.
캐주얼	기나가시 着流し	하오리와 하카마 없이 기본 기모노인 나가기(長着)를 단독으로 착용하는 약식 외출복이다.
	츠무기 紬 코몬 小紋	츠무기(紬)에는 무늬가 없으나, 코몬(小紋)에는 작은 무늬가 전체적으로 반복되어 들어가 있다. 일상복으로 사용된다.
기타	유카타 浴衣	한 겹의 면으로 만든 의복으로 여름 마츠리(祭り)나 불꽃놀이 그리고 온천과 료칸(旅館)의 실내복으로 입는다. 여성용과 달리 색상과 무늬가 차분하다.
	모후쿠 喪服	검은색 기모노에 검은 하카마와 하오리를 착용한 장례용 예복이다.

【표・3】 격식 및 용도에 따른 남성용 기모노.

기모노에는 가문의 문장인 가몬家紋을 새겨 넣을 수 있는데, 이를 통해 기모노가 의복의 기능을 뛰어넘는 사회적·문화적 상징물이자 징표임을 알 수 있다. 가몬家紋은 가문의 혈통과 가계, 그리고 착용한 이의 지위 등을 나타내며, 현재 일본에는 241종 약 5, 116몬 이상의 가몬이 존재하는 것으로 알려졌다. 가몬은 기모노의 격식에 따라 등 뒤에 1개, 양쪽 소매에 2개, 가슴에 2개, 총 최대 5개까지 넣을 수 있다.

여성의 기모노는 격식과 필요에 따라 하오리羽織와 하카마袴 그리고 오비帶를 착용한다. 겉옷인 하오리羽織는 예장용 목적뿐만 아니라

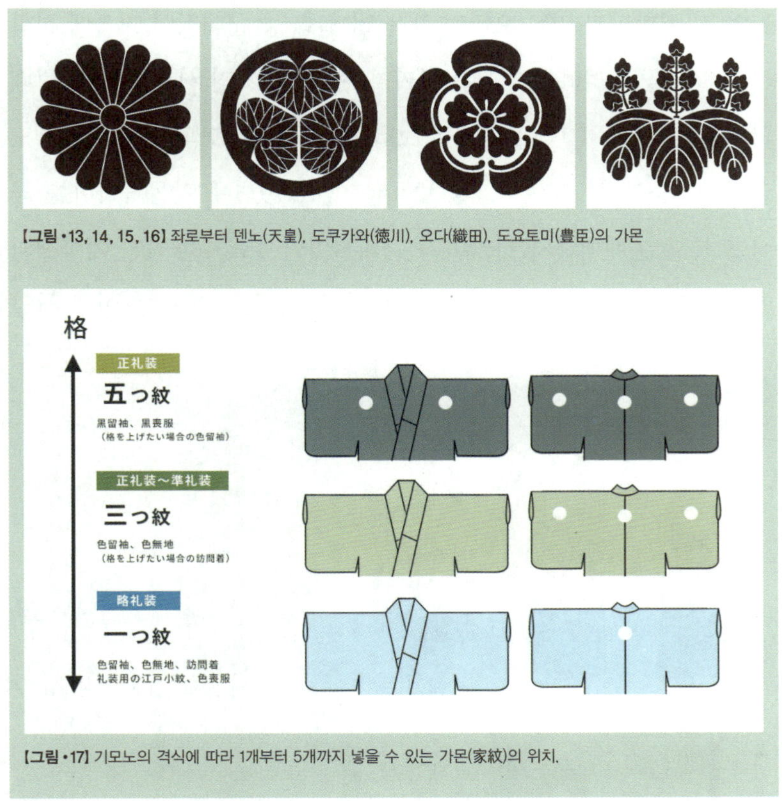

【그림・13, 14, 15, 16】 좌로부터 덴노(天皇), 도쿠카와(德川), 오다(織田), 도요토미(豊臣)의 가몬

【그림・17】 기모노의 격식에 따라 1개부터 5개까지 넣을 수 있는 가몬(家紋)의 위치.

방한과 외부 오염으로부터 기모노를 보호하는 실용적인 목적으로도 입는데, 남녀 모두 실내외에서 겉옷처럼 입을 수 있다. 그러나 예장용으로도 입는 남성과는 달리, 여성은 실용적인 목적으로만 입기 때문에 여성은 격식 있는 자리에서 하오리羽織를 걸치지 않는다.

하카마袴는 여성용 치마바지를 일컫는다. 원래 남성이 기본 기모노 위에 덧입는 치마바지인 나가기長着를 차용한 것으로, 승마와 같이 다리를 벌리거나 활동적인 움직임이 필요한 경우 입는 옷이었다. 그런데 1880년대 여성 교육의 선구자 시모다 우타코下田歌子가 여성 기모노의 긴 치맛단과 넓은 오비가 체육 및 실습 등 근대적인 교육에 적합하지 않음을 우려하여 외형은 하카마와 동일하지만 사실상 치마 형태의 안돈하카마行灯袴를 고안하여 보급했고, 일본 최고의 여학교였던 도쿄여자고등사범학교(현 오차노미즈여대)가 1899년에 안돈하카마를 공식 교복으로 채택하자 하카마가 근대적이면서도 주체적인 여학생의 패션으로 알려져 전국적으로 확산되었다. 물론 1920년대 이후 서양

【그림·18】
하카마를 입는 방법과 안돈하카마(行燈袴)의 구조(우). 여성은 나가기(長着)를 오비위로 접어 올려 밑단을 올린 후 그 위에 하카마를 입음(좌). 남성은 나가기(長着)를 말아 올려 바지 뒤춤에 끼우고 그 위에 하카마를 입음(가운데).

【그림·19】
대학 졸업식용 안돈하카마(行燈袴).

식 교복이 보급되면서 하카마袴 교복은 사라졌으나, 졸업식에서만큼은 전통 복장을 재현하고자 하는 유행이 자리 잡아 여대생의 졸업 의례복으로 지금까지 착용되고 있다.

오비帶는 허리 위에 묶는 일종의 허리띠이다. 체구를 가려 하체가 길어 보이게 하고자 하는 미적 욕구에서 비롯된 것으로, 무엇보다도 길이가 무려 4.3m에 이르는 긴 천을 허리에 말아 고정시킨다는 점에서, 기모노만의 가장 독특한 특징이라고 할 수 있다. 오비帶에도 다양한 종류가 있는데, 성별과 특징 그리고 상황별로 그 종류를 정리하자면 아래와 같다.

여성 기모노의 오비				
종류	격식	길이/폭	특징	어울리는 기모노
마루오비 丸帶	최고	4.0m / 30cm	앞뒷면 모두 화려한 문양이 있으며, 무게는 2kg 안 팎	우치카케 시로무쿠 구로도메 소데
후쿠로오비 袋帶	높음	4.2m / 30cm	앞면만 화려하고, 뒷면은 수수하며 문양이 없고 가벼움	후리소데 이로·구로도메소데 호몬기
나고야오비 名古屋帶	준격식 ～ 캐주얼	3.6m / 30cm	말아서 보이지 않는 앞부분 1/3은 폭이 좁고, 보이게 되는 뒤 2/3는 본래 넓이로 실용적임	호몬기 코몬 츠무기
헤코오비 兵児帶	캐주얼	3.5m / 15cm	폭이 절반. 가볍고 다양한 리본 매듭이 특징	유카타 젊은 여성의 코몬
후쿠로오비 袋帶	매우 캐주얼	4m / 50～70cm	주름진 부드러운 재질의 오비로 색상과 매듭이 자유로움	유카타 및 홈웨어
다라리오비 だらり帶	특수	6～7m / 30cm	오비 뒤를 꼬리처럼 길게 늘어뜨림. 소속 오키야(置屋)의 가몬을 넣음	게이샤나 마이코의 기모노

【표·4】 격식과 용도에 따른 여성 기모노의 오비(帶) 구분.

남성 기모노의 오비				
종류	격식	길이/폭	특징	어울리는 기모노
카쿠오비 角帶	최고 ~ 캐주얼	4m / 10cm	폭이 좁으며 겹으로 된 오비로 문양 및 소재에 따라 최고 격식에서 캐주얼까지 다양한 상황에 착용됨	사무라이 예복에서 현대 몬츠키 하오리 하카마까지 전 범위
산자쿠오비 三尺帶	캐주얼	2.5~3m / 8~9cm	부드러운 면 혹은 모직 재질	에도 시대 서민 외출복으로·현대에는 마츠리(祭り) 때 착용
헤코오비 兵児帶	매우 캐주얼	4m / 70cm	주름진 부드러운 재질의 오비로 색상 및 매듭이 자유로움	유카타, 실내복, 아동과 청년의 평상복

[표·5] 격식과 용도에 따른 남성 기모노의 오비(帶) 구분.

일본 군국주의의 또 다른 얼굴, 기모노 외교

남녀 모두의 옷이었던 기모노는 메이지 시대(1868~1912)에 접어들며 큰 변화를 겪게 된다. 메이지 정부는 1871년 일본식 상투인 촘마게丁髷 대신 서양식 단발을 장려하고 칼의 휴대를 제한하는 법령散髮脱刀令을 선포한다. 이는 일본 사회에 매우 큰 파장을 몰고 왔다. 메이지 정부는 서구식 근대국가를 모방해 남성 관료와 군인에게 서양 복식을 입혔다. 이듬해인 1872년 메이지 덴노明治天皇는 프랑스 군사고문 알베르트 뒤 부스케Albert du Bousquet의 "프랑스 황제도 군복을 입는다"는 건의를 받아들여 공식 석상에서 군복형 의장복御軍服을 입기 시작했고 궁정과 정부의 공식 예복도 '유럽식 군복과 조복'으로 바꿨다. 창설된 지 불과 5년밖에 지나지 않은 근대식 군대를 덴노天皇 중심으로 결집하려는 의도였다. 계급과 훈장이 명확히 드러나는 서양식 군복은 덴노天皇가 군의 수장이라는 이미지와 그 권위를 어필하는 데 매우 효과적이었다. 일본은 자국의 군주가 서양 열강의 군주와 '동등한' 복장을 갖추어 문명국이자 주권 국가임을 과시하려 했으며, 이를 통해 우선 일본이 맺은 불평등조약의 개정 교섭에 유리한 분위기를 조성하고자 했다. 결국 일본은 덴노天皇부터 의복을 바꿈으로써 서양 열강과 어깨를 나란히 하려는 국가적 의지를 대내외에 알린 것이다.

공식적으로는 신분제가 폐지되고 단발령이 포고된 상황 속에서도 대다수 국민은 기모노를 입고 생활했던 일본인에게 새로운 서양식 군복을 입은 덴노天皇의 모습은 그 자체로 '새로운 국가 질서'를 의미하는 프로파간다였다. 즉 덴노天皇의 서양식 군복 착용은 단순한 의복의 변화가 아닌 근대국가의 이미지 제고, 군 통수권의 상징화, 외교 전략, 국민 통합 등 다양한 측면에서의 노림수였다고 할 수 있다.

그러나 근대적 복식 전환은 어디까지나 남성에 한정된 이야기였다. 덴노天皇 내외와 일본 최초의 내각(1885년 12월 출범)의 1886년 초상화에서 확인할 수 있는 것처럼, 서양식 군복 차림이었던 덴노天皇, 왕세자와는 달리 여성 배우자인 기사키后(황후)는 전통 의복인 기모노를 입고 있다. 즉, 덴노天皇가 서양식 군복으로 근대적 국민 계몽을 꾀했던 것과 마찬가지로, 공식 석상에서 기사키后가 전통 의상인 기모노를 입은 것 또한 국민에게 전하는 메시지가 분명했다. 메이지 정부는 여성에게 '양장을 입는 근대적이며 활동적인 여성'이 아닌 '기모노를 입고 전통적인 가치관을 기반으로 가정을 지키고 배우자에게 순종하는 여성'이 되기를 원했다. 나란히 선 남성의 군복과 여성의 기모노는 왕실

【그림 • 20】 덴노(天皇) 내외(그림 중앙)와 제1차 이토 히로부미(伊藤博文)(상단 우측에서 두 번째) 내각의 각료 초상화(1886년 2월(메이지 19년) 판화).

과 국가 행사와 의례뿐만 아니라 홍보 사진과 우키요에 浮世絵로 그려져 전국의 학교와 신문 등 각종 미디어에 반복적으로 유포되면서 자연스럽게 남성은 근대, 여성은 전통이라는 이미지를 일본 국민에게 각인했다.

메이지 정부는 나아가 여성의 기모노를 가정에 충실한 여성의 '정숙·순종'의 덕목이자 상징물로 삼아, 양처현모 良妻賢母[1]의 이미지를 만들어냈다. 대외적으로는 해외 박람회, 선물, 기념 엽서 등 다양한 전시와 미디어에 기모노 입은 여성을 등장시켜 부드러운 국가 이미지 형성과 일본 상품의 해외 판촉을 동시에 꾀했다. 메이지 정부는 1873

---

1) 1875년 나카무라 마사나오(中村正直)가 서양 계몽서의 '어머니가 국가 인재의 모태'라는 'Domestic Womanhood' 담론을 일본식으로 번안한 4자 성어로, '기독교 교양'에 '유교적 모성'을 결합한 용어. 참고로 메이지 시대 초기 여성 교육의 필요성을 역설하던 시기에는 '현모(賢母)'의 역할이 강조되었으나, 점차 여성에게 기대되는 역할이 가정 내 역할, 즉 남편을 돕고 가사를 돌보는 '좋은 아내(良妻)'로서의 기능에 초점이 맞춰지기 시작했는데, 1899년 고등여학교령 제정을 기점으로 일본에서는 '현모양처'가 아니라 '양처현모'라는 용어로 정착되게 된다.

년 비엔나Vienna 만국박람회에 참가, 일본관을 신사神社와 정원 그리고 산수화 무대 등으로 꾸몄는데, 그 당시 '동양적 이국미를 부각'할 것을 조언한 오스트리아 공사관 직원 H. 시볼트와 독일인 고문 W. 바게너의 의견을 수용해 기모노 차림의 미인도가 그려진 부채와 우키요에浮世絵를 진열하여 일주일 만에 부채만 수천 점을 판매했다. 1877년 도쿄 제1회 내국권업박람회에서는 기모노를 입은 젊은 여성에게 지역 특산품 홍보를 맡기고 이 모습을 인쇄해 외국인 관광객과 바이어에게 기념품으로 판매했으며, 1893년 시카고 세계박람회에서는 일본식 정원에 다도 시연용 차실을 짓고 기모노 차림의 여성 모델을 상주시켰는데, 그 결과 미국의 신문에서는 일본 정원을 '우아한 기모노 여성이 살아 움직이는 동양의 극장'이라고 표현하기도 했다. 또한 1910년 런던 일영박람회Fair Japan에서도 기모노 차림의 게이샤나 여성 도공을 소개하고 이를 엽서와 사진집으로 대량 배포하여 해외 관람객이 '기모노를 입은 여성', '예술적이고 평화로운 일본'이라는 이미지를 소비하도록 하는 등, 메이지 정부는 조직적으로 서구 언론과 서구인에게 기모노는 여성이 입는 옷이라는 인식과 일본 여성의 기모노는 동양적 우아함을 상징한다는 이미지를 함께 수출했다.

　게다가 일본 개항(1854) 이후, 유럽에 대량으로 유입된 일본의 우키요에와 도자기, 직물 등 다양한 공예품은 당시 서구의 회화와 인테리어 그리고 음악과 패션 등 예술 전반에 새로운 바람을 일으켰다. 서구 사회는 미지의 세계였던 동양, 특히 그중에서도 세계 무대로 이제 막 나오기 시작한 일본 문화에 폭발적인 관심과 호기심을 보였는데, 이 현상과 사조를 자포니즘Japonisme이라 부를 정도였다.

【그림·21】 조지 에드워즈가 영국에서 제작한 뮤지컬 〈게이샤〉의 1906년 스카버러 공연 포스터. 이 작품은 1896년 4월 25일 런던 데일리 극장에서 초연을 시작해 760회 연속 공연되었다.

【그림·22】 안도 히로시게(安土広重)의 〈가메이도의 매화(亀戸梅屋舗)〉(1857)(좌)와 이 그림을 모작한 빈센트 반 고흐의 〈플럼 꽃이 피는 나무(the blooming plumtree)〉(1887)(우).

일본이 수출한 기모노의 이미지는 이와 같은 자포니즘 열풍 속에서 서구인에게 강렬하고 매혹적인 시각적 상징 중 하나로 떠올랐다. 우키요에 속 여성들은 다채로운 색상과 문양의 기모노를 입고 섬세한 자태를 뽐냈으며, 이는 서구 남성의 오리엔탈리즘적 환상을 자극했다. 자포니즘은 클로드 모네, 빈센트 반 고흐, 에드가 드가, 제임스 애벗, 맥닐 휘슬러 등, 인상주의와 후기 인상주의 화가로부터 아르누보 양식의 장식 미술, 공예, 패션에 이르기까지 많은 영향을 끼쳤는데, 예를 들어 클로드 모네Claude Monet는 그의 아내 카미유를 모델로 한 〈기모노를 입은 카미유La Japonaise〉(1876)에서 화려한 붉은색 기모노를 입고 부채를 든 모습을 묘사했고, 구스타프 클림트Gustav Klimt는 기모노풍의 의상과 패턴을 사용하여 관능적이고 장식적인 효과를 극대화했다. 그러나 이러한 과정에서 기모노는 종종 본래의 문화적 맥락과 의미가 탈색된 채, 서구인의 시각에서 재해석되고 소비되었는데, 기모노의 넉넉한 실루엣, 섬세한 비단 재질, 다채로운 문양 등은 서구의 코르셋으로 조여진 경직된 복식과는 대조적으로, 이국적인 관능미와 신비감을 불러일으키는 요소로 작용했다. 특히 일본이 수출하거나 이에 영향을 받아 현지에서 재창조된 게이샤를 그린 엽서나 사진 등의 대중적인 이미지는 기모노를 입은 여성을 성적 대상화하거나 신비로운 존재로 고착화하는 경향을 보였고, 이는 기모노가 '여성적이고 에로틱한 옷'이라는 고정관념을 형성하는 데 일조했으며, 여기서 한발 더 나아가 기모노를 단순한 의복을 넘어 '신비롭고 이국적인 동양 여성성'을 대표하는 아이콘으로까지 각인시켰다.

코모 푸치니Giacomo Puccini의 오페라 〈나비부인Madama Butterfly〉

(1904)도 동양 여성의 이미지가 서구 오리엔탈리즘의 시각에서 어떻게 소비되고 왜곡될 수 있는지를 극명하게 보여주는 사례였다. 〈나비부인〉의 여주인공 초초는 순수하고 헌신적이지만, 결국 본처가 있는 서양 남성에게 버림받고 기모노를 입은 채 자결하는 연약하고 수동적인 동양 여성으로 그려진다. 그녀가 입고 등장하는 기모노는 그녀의 이국적인 매력과 동시에 그녀가 게이샤라는 사회적 지위를 암시하며, 동시에 서구 관객들에게는 신비롭고 매혹적인 볼거리로 활용되었다.

기모노를 여성의 옷으로 강조했던 이유

메이지 시대 이후 1920~1930년대는 세계적으로 해외여행이 점차 활성화되던 시기였다. 당시 일본은 외화 획득과 국가 이미지 제고를 위해 외국인 관광객 유치에 적극적으로 나섰는데, 이때 제작된 수많은 관광포스터는 서구인의 시선을 사로잡기 위해 일본의 이국적인 매력을 전면에 내세웠다. 이러한 포스터에서 기모노를 입은 일본 여성은 거의 빠지지 않고 등장하는 핵심적인 시각 요소였는데, 예를 들어, 'Visit Japan'이나 'Beautiful Japan'과 같은 슬로건과 함께, 화려한 기모노를 차려입고 전통적인 건축물이나 아름다운 자연 풍광을 배경으로 서 있는 여성의 이미지는 빈번하다 못해 상투적인 홍보 방식이었다. 이 여성들은 수줍은 듯 미소를 짓거나, 우아한 몸짓으로 부채를 들고 있거나, 혹은 신비로운 눈빛으로 먼 곳을 응시하는 모습으로 묘사

【그림 •23, 24】 1930년대 일본 정부의 관광포스터(좌)와 일본항공(日本航空)의 홍보 포스터(우).

되었는데, 이러한 이미지는 일본을 '때 묻지 않은 순수함과 전통적인 아름다움을 간직한 동양의 낙원'으로 이상화하는 동시에, 기모노를 입은 여성을 그 낙원의 신비롭고 매혹적인 안내자처럼 보이게 만들었다. 기모노의 화려한 색채와 문양, 그리고 그것을 입은 여성의 정적인 자태는 서구인이 동양에 대해 가지고 있던 오리엔탈리즘적 환상, 즉 고요하고 평화로우며, 일상에서 벗어난 특별한 경험을 할 수 있는 곳이라는 기대를 충족시켰다. 이렇게 일본은 기모노를 전략적으로 이국적인 아름다움과 여성적 매력을 극대화하는 홍보 수단으로 적극 소비했다.

　제2차 세계대전이 끝나고 1950년대로 접어들게 되자, 전범국이

었던 일본은 한반도의 6·25 전쟁 등을 배경으로 점차 경제 부흥에 성과를 내면서 다시금 국제사회로의 복귀를 꾀했는데, 이 시기 일본항공JAL은 단순한 항공사를 넘어 전후 일본의 현대화된 이미지와 서비스 정신을 세계에 알리는 첨병 역할을 했다. 특히 1950년대부터 1960년대에 걸쳐 JAL이 해외 시장을 겨냥해 제작한 광고가 큰 주목을 받았는데, 이 광고에서 가장 두드러진 이미지는 단연 기모노를 입은 일본인 여성 승무원이었다. 'JAL Hostess'로 불린 이들은 전통적인 기모노를 우아하게 차려입고, 특유의 정중하고 세심한 서비스를 제공하는 모습으로 묘사되었다. 광고 속에서 그녀들은 서양인 승객에게 따뜻한 미소와 함께 차를 대접하거나, 비행 안내를 하는 등 '일본식 환대'인 '오모테나시おもてなし'를 상징하는 존재로 묘사되었다. 이러한 JAL의 광고 전략은 서구 사회에 일본 여성에 대한 긍정적이면서도 특정화된 이미지를 다시금 각인시키는 데 성공했는데, 기모노가 일본 여성이 아름답고, 순종적이며, 극진한 서비스를 제공하는 이상적인 존재라는 이미지를 시각적으로 강화하는 역할을 톡톡히 수행했다. 그 결과 기모노는 단순한 유니폼을 넘어, '타임캡슐을 타고 온 것만 같은 동양의 신비'와 '현대적인 항공 서비스의 안락함'을 동시에 제공하는 JAL만의 독특한 매력으로 포장되었다. 그러나 이는 기모노를 입은 일본 여성을 '보살핌'과 '안락함'을 제공하는 대상, 혹은 이국적인 여행의 판타지를 충족시켜주는 존재로 대상화해, '여성적이고 순응적인 동양 여성'이라는 스테레오타입을 서비스 산업 분야에 교묘하게 활용했다는 비판에서 자유로울 수 없다고 하겠다.

　1997년에 출간되어 세계적인 베스트셀러가 된 아서 골든Arthur

【그림·25】
1970년대. 기내 서비스를 수행하고 있는 일본항공의 승무원.

【그림·26, 27】 기모노 입은 모델을 등장시킨 일본항공(日本航空)의 광고. 1960년(좌) 1966년(우).

Sulzberger Golden(1956~)의 소설 『게이샤의 추억Memoirs of a geisha』[2]과 이를 바탕으로 2005년에 제작된 동명의 영화는 기모노와 게이샤 문화에 대한 서구 사회의 오랜 환상을 현대적으로 재현하며 또다시 '관능적이고 신비로운 동양 여성'이라는 이미지를 대중적으로 확산시켰다. 그러나 작품의 인기와는 별개로, '게이샤의 추억'은 실제 게이샤 문화와 역사를 왜곡하거나 지나치게 서구 중심적인 시각에서 낭만적으로 포장했다는 비판을 피할 수 없다. 게이샤의 삶이 주로 남성(특히 서양인)의 시선에서 매혹적이고 애틋한 사랑 이야기로 각색되면서, 게이샤들이 겪었을 수 있는 고된 수련 과정, 엄격한 규율, 그리고 때로는 착취적일 수 있었던 사회경제적 현실 등은 상대적으로 간과되거나 미화되었고 완전히 잘못된 정보도 많았기 때문이다. 이러한 맥락에서 영화 속에서 여주인공 사유리를 비롯한 게이샤들이 입는 기모노는 그들의 아름다움과 예술적 기예를 돋보이게 하는 동시에, 그들을 신비롭고 때로는 비극적인 운명의 주인공으로 보이게 만드는 핵심적인 장치로 작용했다. 특히 기모노를 입고 눈물을 흘리거나, 사랑하는 이를 애틋하게 바라보는 장면 등은 관객의 감성을 자극하며 동양 여성에 대한 연민과 환상을 동시에 불러일으키는데, 이는 결국 19세기 말 〈나비부인〉에서 그려졌던, 서구 남성의 시선으로 대상화되고, 아름답지만 수동적이며, 궁극적으로는 비극적인 사랑의 희생양이 되는 동양 여성의 이미지가 현대의 대중문화를 통해 변주되고 반복된 것일 따름이다.

---

2) 참고로 'Memories(추억)'이 아니라 'Memoirs(회상)'이기 때문에 '게이샤의 추억'은 오역이다.

기모노는 이러한 서사 속에서 여전히 '신비롭고, 아름다우며, 어딘가 연약하고, 그래서 더욱 매혹적인 동양 여성'이라는 오랜 스테레오타입을 시각적으로 강화하는 역할을 수행해왔던 것이다. 오늘날 우리가 당연하게 여기는 '기모노=일본 여성의 전통 의상'이라는 공식은 결코 자연 발생적인 것이 아니다. 그것은 근대 일본과 서구 사회의 정치적·문화적 욕망이 상호 교차하며 기획된 '만들어진 전통'에 가깝다. 그 시작은 '부국강병'을 꿈꿨던 메이지 정부였다. 그들은 서구화된 남성과 전통적인 여성이라는 이중적인 이미지를 통해 근대국가의 정체성을 구축했고, 이 과정에서 기모노는 '양처현모良妻賢母'라는 순종적인 여성성을 상징하는 국가적 유니폼이 되었다.

이후 바통을 이어받은 것은 미지의 동양에 대한 환상을 품었던 서구 사회였다. 19세기 자포니즘에서 시작된 기모노에 대한 서구 사회의 시선은 20세기를 거쳐 21세기에 이르기까지 관광포스터, 항공사 광고, 그리고 문학과 영화 등 다양한 매체를 통해 재생산되었다. 그 과정에서 기모노는 본래의 맥락을 잃고 '신비롭고 이국적인 동양 여성성'이라는 오리엔탈리즘적 프레임 속에 갇혔다. 관광포스터 속 수줍은 여성, 일본항공JAL의 상냥한 스튜어디스, 그리고 〈나비부인〉과 〈게이샤의 추억〉 속 비극적인 여주인공에 이르기까지, 기모노는 서구인의 시선으로 재단된 '이상적인 동양 여성'의 유니폼으로서 끊임없이 재생산되고 소비되어온 것이다.

'누가 기모노를 여성의 옷으로 만들었는가?'라는 질문에 이제 우리는 답할 수 있다. 그것은 바로 근대국가를 꿈꿨던 일본의 야망과 이국적인 판타지를 욕망했던 서구의 시선, 그 둘 주체가 공모한 쓸쓸한 결과물이었다.

제5장

천재지변과 더불어 사는 삶

여름은 견뎌내고

지진은 흘려보내는 순응의 지혜

일본인은 스스로 재해 대국(災害大国)에 산다는 표현을 자주 쓴다. 환태평양조산대의 최전단에 있는 일본은 크고 작은 규모의 지진과 해일, 화산 분화를 거의 매일 겪는다. 여름철의 태풍과 폭우, 겨울철의 폭설까지 국토 전체가 안온할 날이 별로 없다. 인류 문명사가 그렇듯, 일본인 또한 주어진 자연환경을 극복해오면서, 자신들만의 정서와 문화를 함양해왔다. 따라서 수천 년간, 일상화된 자연재해 속에서 체화된 일본인의 정서와 그 생활양식은 상대적으로 재해 안전지대에 자리잡은 한국인이 정서와는 이질적인 점이 분명히 있다. 이번 장에서는 험한 자연환경과의 상호작용 속에서 일본인은 어떠한 가치관과 문화양식을 갖게 되었는지 알아보도록 한다.

남한 4개의 크기,
섬나라 일본의 스펙터클한 자연환경

일본은 한반도의 동쪽, 태평양에 연해 있는 섬나라로, 최북단의 홋카이도北海道, 도쿄東京와 교토京都 그리고 오사카大阪 등이 자리 잡은 가장 큰 섬인 혼슈本州, 오사카 서쪽의 시코쿠四国, 시코쿠의 아래쪽으로 한국과도 가까운 규슈九州, 이렇게 4개의 큰 섬으로 구성되어 있으며, 여기에 오키나와沖縄 제도, 오가사와라小笠原 제도 등 여러 부속 도서를 포함하고 있다. 섬나라답게 일본은 기본적으로 해양성 기후를 띠고 있지만, 영토가 남북으로 긴 형태이기 때문에 아열대부터 아한대까지 다양한 기후가 나타난다.

북쪽의 홋카이도北海道 같은 경우 여름은 시원하고 쾌적하지만, 겨울은 매우 추우며 많은 적설량을 보이는데, 홋카이도 안에서도 중부 산악 지대이자 분지인 아사히카와시旭川市는 1902년에 영하 41℃까지 떨어진 기록이─지금까지 관측된 일본 내 최저 기온이라고 한다─있을 정도록 혹독한 곳이다. 그러나 해양성 기후 탓으로 홋카이도의 겨울은 상대적으로 습해서 같은 기온의 한반도와 비교할 때 오히려 따뜻하게 느껴지기도 한다. 반면 최남단의 오키나와沖繩는 연평균 기온이 22~23℃로 온난하고 습윤해서, 아열대 기후 또는 열대 몬순 기후를 보인다. 이곳에서는 여름의 무더위와 잦은 태풍이 문제가 된다.

니가타현新潟県, 도야마현富山県, 이시카와현石川県, 후쿠이현福井県 등 호쿠리쿠北陸와 도호쿠東北 지방 일부는 한반도의 동해에 면한 일본의 산간 지역으로, 매년 폭설로 고통을 겪는다. 니가타현 츠난쵸津南町는 2006년 2월, 무려 4m가 넘는 눈이 내렸고 겨우내 이 지역 누적 적설량도 20m를 넘겼다. 그해 폭설로만 일본 전역에서 152명의 사망과 2천145명의 부상자가 발생했는데, 니가타현에서만 피해 사망자가 32명에 달했다. 이 지역에선 폭설이 지진 못지않은 중대한 자연재해 중 하나인 셈이다. 반면 혼슈本州를 가로지르는 산맥을 기준으로 태평양 연안 쪽의 대부분 지역은 겨울이 상대적으로 건조하며 맑은 날씨가 길게 이어지는 등 동해 방면의 산간 지역과 매우 극명한 차이를 보인다.

다양한 겨울 기후가 공존하는 일본이지만, 여름에는 일본 대부분 지역이 장마와 태풍 등의 영향으로 비가 많이 내리고 태평양에서 불어오는 습한 해풍의 영향으로 매우 고온다습하다. 열사병과 일사병 등 온열 질환이 많이 발생할 수밖에 없는 조건으로, 보통의 일본인에게는 그 어느 계절보다도 덥고 습한 여름을 어떻게 무사히 보낼 것인가가 중요한 과제가 된다.

일본의 영토는 약 37만 8천㎢이며, 이는 남한의 약 3.8배, 한반도 전체의 약 1.7배의 크기에 해당한다. 환태평양조산대 중에서도 가장

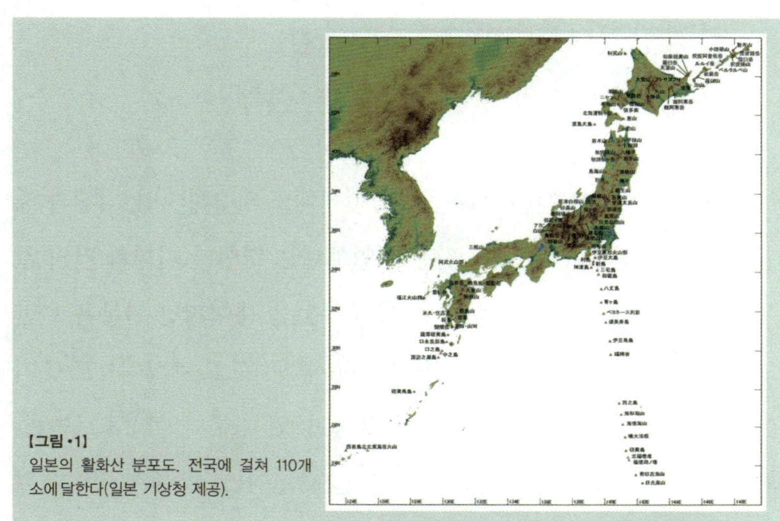

[그림 •1]
일본의 활화산 분포도. 전국에 걸쳐 110개
소에 달한다(일본 기상청 제공).

지각이 불안정한 위치에 속해 있는 일본은 '침몰'이라는 말이 수식어로 붙을 만큼 지진과 화산의 나라로 유명하다. 일본 기상청에서 제공한 공식 자료(《그림 1》)를 보면, 언제 분화해도 이상하지 않은 활화산이 전 국토에 걸쳐 고루 분포해 있음을 알 수 있다. 지진은 늘상 있는 일이며, 일본 서쪽에서 발생하는 지진은 종종 한국 남동부 지역에 간접적인 영향을 줄 정도이다.

　　인터넷에 가십으로 지진과 화산으로 일본이 가라앉고 있다는 이야기가 떠돌지만, 활발한 화산활동으로 실제로는 그 면적이 늘고 있다. 예를 들어 일본 도쿄에서 남쪽으로 약 1,200km 떨어진 이오지마硫黃島 남쪽 앞바다에는 해저 화산활동으로 인해 새로운 육지가 생겨나고 있는데, 실제로 2015년에서 2023년 사이 약 6km^2가량의 면적이 늘어났다. 그럼에도 화산 분화와 지진의 결과물이라는 점에서 마냥 기뻐할 수만은 없는 일일 것이다.

멀쩡한 땅이 솟아오르는 경험,
한국인은 이해 못 할 정서의 기원

태풍과 홍수와 같은 재해는 한국인에게도 익숙하지만, 지진과 해일 그리고 특히 화산 분화와 같은 자연재해는 경험할 기회가 거의 없어 생소할 수밖에 없다. 동해를 사이에 두었을 뿐이지만 일본은 한반도와 완전히 다른 자연재해를 겪는다. 전 세계적으로 매그니튜드 6 이상의 지진의 약 20%가 일본에서 발생하며, 언제 분화할지 모르는 활화산은 무려 110개에 달하는데(2025년 기준), 이는 전 세계 활화산의 약 7%에 해당한다. 지금도 가고시마현鹿児島県의 사쿠라지마桜島, 규슈九州 구마모토현熊本県의 아소산阿蘇山, 나가노현長野県의 아사마산浅間山 등은 화산이 분화하고 있어, 이들 지역에서는 아침저녁으로 화산 분화를 보면서 학생들이 등하교하는 등, 일본에서 지진과 화산은 일상적인 재해이다.

일본은 활화산뿐만 아니라 휴화산마저도 조심해야 할 상황이다. 지질학적 시간으로는 비교적 최근인 2014년 9월 27일, 휴화산으로 분류되어 많은 사람이 등산을 즐기던 온다케산御嶽山이 갑작스럽게 분화했다. 이날 등산객 등 58명이 사망하고 부상자와 실종자가 속출하는 등, 화산 재해로는 드물게 엄청난 인명 피해를 남겼다. 나가노현長野県과 기후현岐阜県의 경계에 걸쳐 있는 온다케산은 여름에 분화했는데, 엎친 데 덮친 격으로 18호 태풍 판폰Phanfone이 상륙해 규슈 남부와 오사카를 지나 수도권을 관통하면서 전국적으로 침수 피해와 산사태가 발생했다. 이 태풍의 영향으로 전국적으로 356만 명에게 피난 권고,

【그림 • 2】
규슈(九州) 가고시마현(鹿児島県)의 사쿠라
지마(桜島) 화산 분화.

【그림 • 3】
구마모토현(熊本県)의 아소산(阿蘇山)
분화로 헬멧과 마스크를 착용하고 등
교하는 초등학생(위). 화산 분화에 대
비해 가방을 머리 위로 올리고 대피 훈
련을 하는 일본 도치기현(栃木県)의
초등학생(아래).

약 5만 9천 명에게는 직접 피난 지시가 내려졌으며, 주일 미군 병사 1명이 오키나와에서 파도에 휩쓸려 사망했고, F1 일본 그랑프리에 참가했던 프랑스인 선수가 우천 레이스 도중 사고를 당해 결국 사망하는 등 많은 인명 피해와 재산 피해가 발생했다. 일본은 몽골 제국의 침략으로부터 태풍이 일본을 지켜주었다고 믿어 태풍을 '가미카제神風'라 부르지만, 매년 일본이 입는 태풍 피해는 만만치가 않다.

　겨울에는 시베리아의 건조한 대륙성 한기가 비교적 따뜻한 동해를 지나면서 수증기를 흡수해 대량의 눈구름대가 형성되어, 일본의 서쪽 지역에 눈 폭탄을 쏟아붓는다. 화산활동으로 만들어진 섬은 분화로 인해 섬의 중심으로 갈수록 높은 산맥 지대가 형성되는데, 일본의 가장 큰 섬인 혼슈本州도 마치 척추와도 같은 높은 산맥이 남북으로 길게 자리 잡고 있다. 동해에서 습기를 머금고 형성된 구름대는 일본으로 건너가 혼슈의 높은 산맥(남·북알프스와 중앙산맥 등)과 부딪히면서 엄청난 양의 눈으로 바뀌는데, 이 지역은 해마다 폭설로 몸살을 앓게 된다. 다테야마 구로베 알펜루트立山黒部アルペンルート와 같은 지역은 2024년 초봄까지 쌓인 눈의 높이가 약 17m에 이를 만큼 엄청난 폭설이 내리는 것으로 유명하다.

　자연환경만 놓고 보면, 일본을 '재해 대국災害大国'이라 부르는 것이 이상하지 않다. 재해 대국에서 살아온 일본인의 심성은 장마나 태풍의 수해 정도가 큰 재해인 우리와는 많은 차이가 있다. 종교를 대하는 기본적인 태도에서 이를 비교적 분명하게 확인할 수 있다. 섬나라인 일본은 근대 이전까지는 아시아의 중심과는 거리가 먼 변방이었고, 그 결과 대륙과 한반도를 통해 넘어오는 선진 문화를 천천히 소화하

【그림 •4】 다테야마 구로베 알펜루트(立山黒部アルペンルート)의 폭설 풍경.

여 자기화하는 과정을 거쳐 그들 나름의 독자적인 문화를 만들 수밖에 없었다. 고등 종교도 마찬가지였다. 고대에 대륙과 한반도에서 건너간 불교문화의 영향으로 지금까지도 일본인 대다수는 불교식 의례에 따라 장례를 치른다. 한국인에게 유교가 그러하듯 일본인은 불교를 제도적인 종교로 인식하고 있다기보다 관습 혹은 풍습과 같은 생활문화의 하나로 향유하고 있다는 점이 특징이다. 불교와 같은 선진 종교가 전해져 토착화하기 이전, 일본의 고유 신앙은 신토神道였다. '야오요로즈노 가미가미八百万の神々'라 하여 무려 팔백만의 신과 영혼이 자연물에 깃들어 있다는 다신교적인 종교관으로, 잦은 자연재해에 정서적으로 적응하기 위한 일본 특유의 종교 문화이다. 환태평양조산대에 정확하게 걸쳐 있어 화산 분화와 지진, 그리고 이로 인한 해일과 화재와

같은 생명을 위협하는 공포가 상시 존재하는 자연. 습한 여름에는 홍수와 이로 인한 산사태 그리고 매년 발생하는 강력한 태풍과 수해 뒤에 찾아오는 역병. 겨울에는 지역적 폭설과 한파 그리고 이로 인한 기근……. 근원을 알 수 없는 거대한 힘으로 인간을 압도하는 자연의 예측할 수 없는 변화 속에서, 일본인은 다양한 신의 존재를 상기하며 각각의 공포에 대응하는 방식을 취해왔다.[1]

'지진'과 '폭염',
일본의 주거 문화를 이해하는 키워드

해양성 기후, 즉 덥고 습한 여름에 대응하는 방식으로 일본인은 기모노着物를 발전시켜왔듯이, 일본만의 독특한 주거 환경은 그들이 자연재해에 대응하는 방식과 밀접한 관련성을 가진다.

한반도의 전통 가옥은 기본적으로 남향과 온돌, 흙과 돌을 사용한 두꺼운 벽과 낮은 천장 등의 구조를 통해 춥고 건조한 대륙성 기후에서 가혹한 겨울을 견뎌낼 수 있도록 발전했다. 방과 방 사이에 나무 마루를 설치하여 생활 공간을 확장하고, 들문(들어 올릴 수 있는 문)을 추가해 통기성을 높이는 방법으로 덥고 습한 여름도 지낼 수 있도록 했다. 주로 한국인은 4계절 중 가장 혹독한 환경인 겨울을 견디는 가옥 구조에 초점을 맞춘 뒤, 추가로 여름에 대응하는 방식으로 주거 환경을 발

---

1) 일본의 종교 문화와 신토(神道)와 관련된 자세한 내용은 8장에서 다룬다.

전시켜왔다.

그러나 일본은 한반도와 완전히 반대의 길을 걸어왔는데, 이는 고온다습한 여름이 더 견디기 어려웠기 때문이다. 거기에다가 태풍과 장마, 지진, 해일, 화산, 폭설 등의 자연재해도 함께 고려해야 하는 그 나름의 극한 환경을 극복해야만 했다.

일본의 전통 주택은 목재로 기둥을 세운 뒤 일종의 '탈부착식 벽(장지)'을 사용해 필요에 따라 공간을 나누기도 하고 트기도 하면서 계절의 변화에 대응해왔다. 이러한 벽체 구조를 '후스마襖'라 하는데 장지 문인 '쇼지障子'와 덧문인 '아마도雨戸'를 따로 두어 기능성과 효율성을 높였다. 가옥 구조의 가장 큰 특징은 개방성이다. 실내외의 경계가 유동적이므로, 공기 순환에 매우 유리하여 고온다습한 여름을 보내는 데에 적합하다.

주요 자재로는 목재를 사용했다. 목재는 습도 조절에 유리하고 지진 등의 충격에 강한 데에다가, 고온다습한 일본에선 목재가 가장 구하기 쉬운 건축 자재였기 때문이다.

온돌 문화인 한국과는 다른 일본 주택의 또 하나의 특징은 가옥의 바닥을 지면으로부터 일정 공간 띄워서 지었다는 점이다. 지면으로부터 올라오는 습기를 차단하고 통기성을 확보하기 위해서였다. 실내의 바닥은 짚으로 짠 다다미疊로 마감했다. 다다미는 습기를 조절하고 발에 달라붙지 않기에 지금까지도 보편적인 바닥 마감재로 사랑받고 있다.

일본 가옥은 대륙이나 한반도의 전통 가옥과 비교해 처마가 넓은 것이 특징인데, 이는 직사광선을 최대한 막고자 한 결과물이다. 또한 집 안에 정원과 연못 등을 두어 공기 순환과 시원함을 얻으려 노력하는 등, 일본의 주택은 그 어느 계절보다 여름을 극복하는 데에 특화되어 있다.

【그림·5】 통풍을 우선하는 일본의 교토(京都) 지역의 전통 가옥 구조. 바닥이 높아, 바닥 밑으로 공기가 순환되고, 바람이 방과 거실을 통과하는 구조. 맨 우측의 설치물은 '데고시(出格子)'로, 외부의 시야는 가리면서도 통풍이 가능한 구조였다.

이렇듯 여름에 특화된 주택에서 일본인은 어떻게 추운 겨울을 보낼 수 있었을까? 이는 온돌 문화에 익숙한 한국인이 가장 궁금해하는 점이기도 하다. 한국인에게 한겨울 일본 전통 가옥의 실내는 상당히 춥게 느껴지기 때문이다. 여름에 특화된 가옥 구조에서 겨울 추위에 대응하고자 일본인이 택한 방법은 화로이다. 이로리囲炉裏라는 화로를 방 한가운데에 놓아 주된 난방 수단으로 사용했는데, 마루로 된 바닥을 일정 크기로 따내어 테두리를 만든 뒤 모래를 깔고 화덕을 두어 실내 온도를 조절했다. 화로의 불로 물을 끓이고 전골이나 구이와 같은 요리에도 사용하는 등 쓰임새도 많았다. 온기가 남은 이로리囲炉裏 위에 덮개를 덮은 후 침구를 깔아 사용하기도 했는데, 이불이 달린 탁자를 덮고 그 아래 들어가 앉아 추위를 견디는 방식이 바로 잘 알려진 고타츠炬燵이다.

그러나 화로로는 집 전체를 데울 수 없어, 실내 기온이 낮을 수밖에 없었다. 실내에서도 옷을 겹겹이 껴입거나 두꺼운 이불을 사용해 겨울을 나는 것이 보통인데, 온수 팩인 유탄포湯たんぽ를 사용하거나, 수면 바지와 수면 양말을 신는 등 체온 유지에 신경을 써야 한다. 이 지점에서 일본인이 왜 목욕을 그토록 좋아하는지 알 수 있다. 추운 겨울 뜨거운 욕조에서 몸을 데워 체온을 올리고 습도를 조절한 뒤 잠자리에 드는 것이 겨울을 나기에 훨씬 유리했기 때문이다. 고온다습한 여름에 열을 식히고 청결을 유지하는 데에도 목욕은 당연히 필요한 것이니, 일본인의 목욕 문화는 자연에 적응하면서 자연스럽게 생겨난 문화라 할 수 있다. 활발한 화산활동으로 전국 어디에서나 큰 비용 없이 온천수를 쓸 수 있다는 이점도 작용한 듯싶다.

현대에 와서는 이로리囲炉裏를 대체하여 에어컨 겸용 히터를 주로 사용하는데, 이와 같은 난방 수단만으로는 주택의 부족한 단열을 해결할 수 없기에 온돌 문화에 익숙한 한국인이 일본의 겨울은 집 밖보다 집 안이 더 춥다고 느끼는 것도 무리가 아니다.

건축 기술이 발전한 현대에 와서도 실내의 냉기가 개선되지 않는 또 다른 이유는 일본 주택의 낮은 단열 성능 때문이다. 대표적으로 주택에서 열 손실이 가장 많은 곳은 창문인데, 단열 성능이 매우 낮아 결

로가 쉽게 발생할 뿐만 아니라 방음 성능도 낮은—미국 50개 주 중
24개 주에서 사용 금지인— 알루미늄 창호가 일본에서는 가격이 저
렴하고 강도가 높다는 이유로 선호되어 전체 창호의 약 80% 이상을
점유하고 있다. 단열에 대한 사회적 무관심에 더해 건축 비용 절감에
유리하기 때문인데, 근본적으로는 국가 법령이 느슨하기 때문이다. 한
국(2.7W/㎡, 강화 예정), 핀란드(1.0W/㎡) 등은 법적으로 창문의 단열 성능

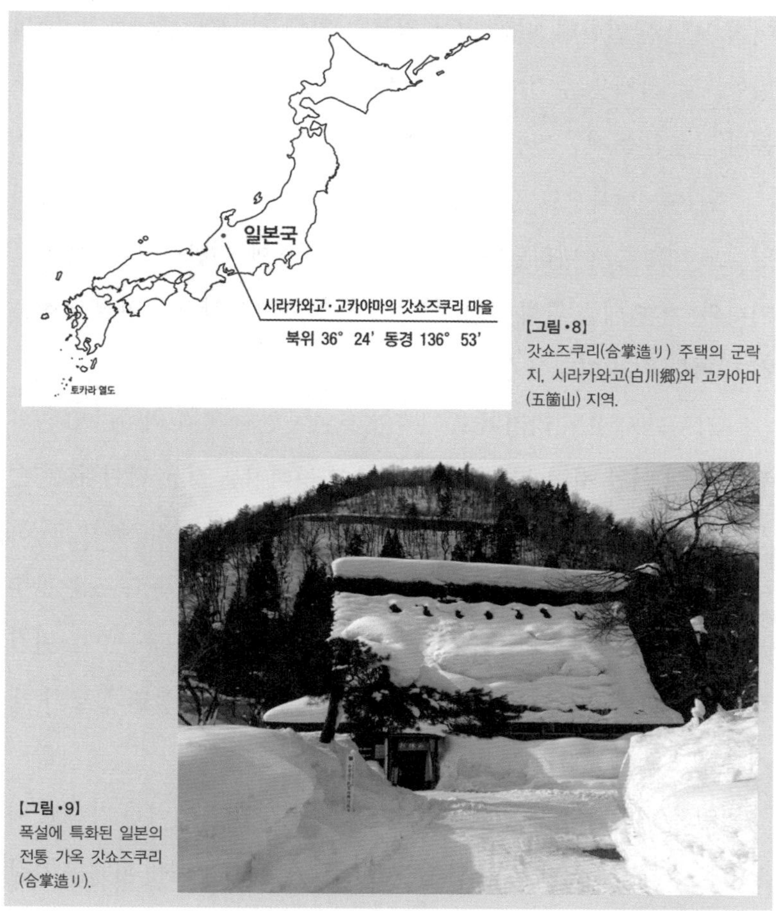

【그림 ·8】
갓쇼즈쿠리(合掌造リ) 주택의 군락지, 시라카와고(白川郷)와 고카야마(五箇山) 지역.

【그림 ·9】
폭설에 특화된 일본의 전통 가옥 갓쇼즈쿠리(合掌造リ).

을 나타내는 최소 Uw값[2]을 설정하여 단열 성능을 관리하는 반면 일본에서는 Uw값에 대한 법적 기준조차 없다. 이처럼 저렴한 알루미늄 창호 그것도 대부분 단창 구조인 일본의 주택이 단열에 취약한 것은

---

2) 창 전체(유리+창틀)의 열관류율 수치. 창 전체로 1시간 동안 1㎡당 몇 와트의 열이 이동하는지 나타내며, 낮을수록 단열 성능이 높음을 뜻한다.

어찌 보면 당연한데, 다만 일본 정부는 최근 ZEH^{Zero Energy House}의 방향으로 정책을 추진하고 있어, 사정은 나아질 것으로 기대되지만, 돈과 관련된 문제인 만큼 어떻게 바뀔지는 지켜봐야 할 일이다.

일본은 남북으로 길고, 큰 바다를 끼고 있어 지역에 따라 재해의 양상도 다양하게 나타난다. 동해 연안은 폭설에 시달리고, 남쪽의 오키나와沖縄는 태풍 피해가 그 어느 지역보다 크다. 각각의 환경에 적응하기 위한 주거 형태 또한 매우 다르다.

기후현岐阜県 시라카와고白川郷와 토야마현富山県 고카야마五箇山와 같은 동해 연안 지역에는 폭설로 지붕이 무너지는 것을 막기 위해 손을 합장合掌한 모양의 지붕을 채택했다. 이를 '갓쇼즈쿠리合掌造り'라 하는데, 현대에 와서는 관광 상품이 될 정도로 독특한 건축 구조를 갖추고 있다. 폭설로 고립되는 경우를 대비해 집과 집 사이를 끈으로 연결해두는 문화도 있었다. 눈에 파묻힌 상태에서 끈을 흔들면 통로가 생겨 옆집으로 이동할 수 있었다고 한다.

일본의 최남단 오키나와현沖縄県은 태풍의 발생 지역과 가깝고 태풍이 북상하는 길목에 있어 일본의 그 어느 지역보다 태풍 피해를 가장 먼저 그리고 가장 강력하게 받는 곳이다. 따라서 많은 비와 강한 바람에 잘 견딜 수 있도록 주택 양식이 발전했다. 바람에 견디려면 층고가 낮아야 했으며 지붕도 날렵한 형태를 띠게 된다. 무거운 기와를 강력하게 고정해 강풍에 대비하면서 동시에 뜨거운 햇빛과 많은 비를 효과적으로 막았다. 여기에 더해 지붕을 이중으로 만들고 넓은 처마를 두어 기능성을 더욱 높였다. 본토와는 다르게 목재보다는 석재와 기와를 선택한 것은 소금기 많은 바람과 엄청난 강수량 탓에 부식에 약한 목재가 부적합

【그림 •10, 11】 오키나와(沖繩)의 낮고 날렵한 지붕과 튼튼한 돌담.

했기 때문이다. 그리고 집과 마을은 돌담을 지그재그로 배치하여 거센 바람의 직접적인 충격을 막아내면서도 바람을 흘려보냈는데, 이러한 건축 양식은 바람이 심한 제주도에서도 쉽게 발견할 수 있다.

삼국시대 이전부터도 한일 간에 활발한 교류가 있었던 점을 생각하면 일본에서는 온돌과 같은 바닥 난방 문화가 왜 발전하지 않았을까 하는 궁금증이 든다. 결론부터 말하자면 잦은 지진 때문이다. 돌과 흙을 사용해 지은 정교한 구들은 땅이 조금만 흔들려도 구조적 문제가 생기고, 설령 보수한다 해도 집을 다 들어낼 정도로 복잡한 일이라, 일본의 자연환경과는 맞지 않았다. 무엇보다 아열대 기후의 건물들이 그렇듯이, 건물 바닥을 띄워 올려 여름철 고온 다습의 문제를 해결하려 했던 일본의 목조 가옥은 근본적으로 온돌과 지향하는 바가 달랐다. 물론 건축 기술이 발전한 현대의 일본 주택에는 온돌과 같은 원리의 전기식 바닥 난방인 '유카단보床暖房'가 보급되고 있으나 고급 주택에 한정된 면이 있다.

일본인은 이해 못 하는
한국의 고층 아파트 열풍

한국의 전체 주택에서 단독주택이 차지하는 비율은 20.2%이고 공동주택이 차지하는 비율이 무려 78.7%에 이른다(2022년 통계). 일본은 단독주택이 차지하는 비율이 40.3%이고 공동주택이 59.7% 정도이다. 단독주택이 차지하는 비율이 한국의 약 2배가 넘는다(2024년 통계).

일본의 단독주택 선호 현상은 크게 세 가지 관점에서 분석할 수 있는데, 첫째, 토지 소유에 강한 애착을 들 수 있다. 이는 지금까지도 일본인 대다수가 문화적·심리적으로 토지 소유를 가장 확실한 재산으로 인식하고 있다는 뜻이다. 둘째, 일본에서는 서로 폐를 끼지 않는 것이 중요한데, 층간·측간 소음 등 공동주택에서 발생하는 불편한 일 자체를 회피하고 싶어 한다. 셋째, 경제적 관점에서 볼 때, 일본은 법률적으로 토지에 비해 건물의 감가가 상대적으로 높다. 일본의 주택은 법정 내구 연한이 지나면 잔존 가액이 0엔이 되어버려 토지 가치만 남게 되는데, 예를 들어 목조 주택의 경우 내구연한이 22년이기 때문에 22년 후 건물의 가치는 완전히 사라진다.

그 밖의 주택 관련 법이나 행정 편의 등에서도 단독주택을 선호할 수밖에 없는 환경이다. 소규모 주거 용지(200㎡ 이하)의 경우 고정자산세가 1/6로 경감되며, 주택 자금은 1천만 엔까지 증여세가 면제되는 등 단독주택에 대한 세제 혜택도 다양하다. 목조 2층 주택은 건축비가 저렴하면서도 지진에 상대적으로 강한 장점이 있어, 수요가 많고 따라서 공급도 많다. 그리고 일본 수도권의 공동주택은 '장기수선충당금'[3]을 감당해야 하는데, 2023년 기준 매월 평균 11,907엔 정도로, 임대료에 관리비가 추가되는 구조이기 때문에 큰 부담이 된다. 또한 관리비는 매년 상승하며 지진 등 큰 재해 후에는 건물 보수에 드는 비용까지 내야 하니 급격하게 치솟을 가능성이 있고, 피해가 심하면 아예 공동주택 자체의 가치가 사라질 수도 있는 위험성이 존재한다. 마지막으로 결혼과 출산 이후에는 육아 환경과 교육 환경을 중시할 수밖에 없는데, 일본의 공동주택은 평균적으로 상당히 협소하다는 것이 문제가 된다. 도쿄의 예를 들자면 비중이 높은 단독주택을 포함해서 전체 주택의 평균 크기가 65㎡ 수준인 반면, 서울은 공동주택 비중이 높

---

3) 공동주택의 수명을 늘리고 안전성을 높이기 위해 수립된 장기 수선 계획에 따라 주요 시설물의 수리·교체하는 데 필요한 금액을 말하며, 관리 주체가 해당 주택의 소유자로부터 매월 관리비에 포함하여 징수·적립하는 법적 충당금.

음에도 평균 70㎡ 안팎인 점을 고려하면 일본의 공동주택이 매우 좁은 것을 알 수 있다. 가족 구성원이 늘어나면 자연스럽게 2층짜리 단독주택으로 이주를 고려하게 되는 것이다.

지진이 잦은 일본에서 고층 아파트보다는 저층의 목조 주택이 인기가 있다는 것은, 지극히 당연한 현상으로 보인다. 내진 시공 기술이 발전했다고는 하나, 대형 참사가 언제 일어날지 모르는 상황에서 누구나 더 안전한 곳에서 살고 싶어 할 것이기 때문이다. 이런 점에서 한국과 일본의 주거 문화는 상당한 차이를 보이는 것이 사실이다. 만약, 한국이 환태평양조산대에 속해 있었다면, 한국의 아파트 선호 현상은 다른 모습으로 나타났을지도 모른다.

한편, 임대인의 비중이 높은 일본의 임대차 사정에 대해서도 알아볼 필요가 있다. 우선 일본에서는 세입자(임차인)가 집을 빌려 입주할 때, 집주인(임대인)에게 감사의 의미로 보통 1~2개월분의 임대료(월세)에 해당하는 사례금인 레이킹^{礼金}을 지불하는 특이한 문화가 존재한다. 일본 정부에서도 계도에 나서고 있어 모든 부동산 거래가 그러한 것은 아니지만 관습적으로 뿌리 깊게 자리 잡고 있어 아직도 대부분 레이킹^{礼金}을 요구하고 있다. 그리고 세입자는 처음 입주할 때, 레이킹^{礼金}에 더해 1~3개월분의 임대료에 해당하는 반환 가능한 보증금과 선불 임대료, 그리고 1개월분 임대료의 50~100%에 해당하는 부동산 중계료를 지불해야 하므로 초기에 부담해야 하는 비용이 상당하다. 게다가 반환 가능한 보증금은 세입자가 이사를 나갈 때, 생활하는 동안에 손상된 부분에 대한 수리 비용과 청소 비용으로 공제하고 반환되기 때문에, 집주인은 약간 과장하자면 말 그대로 세입자에게서 받은 돈만으로 임대차를 유지할 수 있다. 그리고 세입자에겐 원상 복구 의무 조항이 있어, 인터넷 및 냉난방 기기 등의 설치 시 반드시 집주인의 사전 허가를 받아야 한다.

　이렇게 보자면 일본의 임대차 상황은 세입자에게 절대적으로 불리한 듯 보이기도 하지만, 실제로는 세입자의 거주에 대한 권리도 매우 강력하게 보호되고 있다. 법률에 따라 정확한 임대차 기간을 정한 '정기 임대차'가 아닌 경우를 제외하고는 집주인은 세입자를 정당한 이유(임대인의 거주, 건물의 노후화 등) 없이 퇴거시킬 수 없다. 설령 월세를 미납한다거나 하는 등의 정당한 이유가 있다고 하더라도 그 판정 기준이 엄격하여 이주비를 제공해야만 하거나 집주인 마음대로 퇴거시킬 수 없다. 이 때문에 집주인은 세입자를 퇴거시키려면 세입자와 합의하거나 아니면 소송을 해야 한다. 따라서 기간이 정해져 있는 특별한 계약이 아닌 이상, 사실상 세입자에게 무제한 갱신권이 보장되어 있다고도 볼 수 있다. 마지막으로 월세 인상도 집주인과 세입자 간의 상호 합의가 필수적인데, 세입자가 이를 거부할 수 있어 한국과는 다르게 임대료 협상에서 세입자가 좀 더 유리하다.

　지금까지 우리는 일본의 다채로운 자연환경과 그 이면에 도사린 가혹한 재해의 모습을 통해, 일본인의 독특한 자연관과 그것이 빚어낸 문화적 산물들을 살펴보았다. 결국 일본인에게 자연은 정복해야 할 대상이 아니라, 때로는 신神처럼 경외하고 때로는 괴물처럼 두려워하며 함께 살아가야 하는 압도적인 존재이다.

　이러한 자연관은 그들의 삶의 방식에 깊이 각인되었으며, 그 가장 대표적인 증거가 바로 주거 문화이다. 혹독한 겨울을 이겨내기 위해 '온돌'이라는 적극적인 기술로 자연에 맞섰던 한반도와 달리, 일본의 전통 가옥은 고온다습한 여름을 '견디고' 지진을 '흘려보내는' 순응과 적응의 철학을 보여준다. 실내에서도 겉옷을 껴입는 생활 습관이나 일본인의 유별난 목욕 문화, 나아가 토지 소유에 대한 강한 집착과 독특한 임대차 문화에 이르기까지, 그 근원에는 가혹한 자연환경과 공존하기 위해 오랫동안 계승하고 발전시킨 그들만의 생존 방식이 자리 잡고 있다.

제6장

안타까운 인재(人災), 후쿠시마 원전 사고

현재진행 중인 최악의 원전

사고와 일본의 대처

지진, 쓰나미, 화산 폭발 등 치명적인 자연재해는 예측이 매우 어렵고, 설령 예측한다고 하더라도 그 시기와 피해의 정도를 살펴 정확히 대비하기는 더더욱 어려운 일이다. 따라서 자연과 상호작용을 하며 살아가야만 하는 숙명을 가진 우리에게 주어진 중요한 과제는 일어난 재해에 최선을 다해 대처하여 피해를 빠르게 수습하는 것과, 과거의 경험을 기반으로 앞으로 있을지 모를 재해에 현명하게 대비하는 일일 것이다. 수많은 재해를 경험해온 일본은 지난 반세기 동안 체계적인 재난 대비 매뉴얼을 구축해오면서, 전 세계인의 칭송을 받아왔다. 그러나 2011년의 후쿠시마 원전 사고를 전후해 우리는 전혀 다른 일본을 발견하게 된다.

동일본대지진과
일본인의 집단적 트라우마

모든 자연재해가 그렇겠지만, 지진이 주는 공포는 겪지 않고는 설명하기 쉽지 않을 만큼 끔찍하다. 아마도 그토록 큰 재해를 전혀 예측할 수 없다는 것이 공포를 증폭시키는 또 따른 이유일 것이다. 진도 4 미만의 지진 정도는 일상다반사인 일본인에게도 지진은 오랜 세월 개인과 공동체 속에서 축적된 기억을 통해 무거운 트라우마로 자리 잡고 있다. 2023년 국내 관객 550만 명을 동원해 역대 일본 영화 관객 수 1위를 기록했던 일본 애니메이션 〈스즈메의 문단속すずめの戸締り〉이 일본에서 개봉했을 당시 있었던 일이다. 영화사 측은 관객에게 안내문을 제공하며, 다음과 같이 썼다. "본 작품에는 지진에 대한 묘사와 긴급 지진 속보 경보음이 포함되어 있으니, 놀라지 않도록 주의해 주세요."

실제로 일본은 그간 국가 차원에서 지진을 예측하고 대비하기 위해 막대한 예산을 들여 시스템을 구축해왔으며, 다양한 대비책도 마련해놓고 있다. 일반 시민은 지진 용품을 상비하거나 학교·직장·관공서 등에서 실시하는 각종 대피 훈련에 적극적으로 참여하며 피해 최소화를 위해 노력하며 눈앞의 공포를 극복해나가고 있다.

【그림 •1】 일본 쇼핑몰의 재난 대비 용품 판매 코너.

일본에서 발생했던 지진 중 가장 피해가 컸던 재해로는 2011년도 3월 11일 매그니튜드 9.0을 기록했던 동일본대지진東日本大震災을 들 수 있다. 일본에서는 '3·11'로 통칭해 부르기도 하는 이 지진은 태평양에 면한 산리쿠오키三陸沖 해역에서 2011년 3월 11일 오후 2시 46분에 발생했다. 진앙지는 도호쿠 오시카반도 동쪽 70km 지점이었다.

관측 사상 일본 최대 규모의 지진이었는데, 이 지진의 여파로 일본에서는 무려 22,325명이 사망하거나 실종했다. 도쿄대학교 지진연구소의 발표에 따르면, 당시 세 번의 강력한 단층 파괴가 있었는데, 그 위치는 〈그림 2〉의 번호순으로 '미야기현宮城県 먼바다의 두 건'과 '이바라키현茨城県 연안 한 곳'이었다. 세 곳에 이르는 단층 파괴에 의한 강력한 물리적 충격뿐만 아니라 이 영향으로 발생한 화재와 해일(쓰나미)로 후쿠시마福島 제1원자력발전소가 통제 불능에 빠지는 등 동일본대지진의 피해는 복합적이면서도 치명적이었으며, 어쩌면 막을 수 있었던 원전의 대규모 방사성 물질 누출 사고까지 터지면서 결국 반영구적인 피해를 남겼다.

【그림·2】 동일본대지진 발생 당시 파괴된 단층 위치 세 곳. 하얀 점이 후쿠시마 제1원자력 발전소의 위치이다(2011년 12월 25일, TBS「報道の日」).

동일본대지진을 일으킨 각 단층의 위치(〈그림 2〉 참조)를 살펴보면, 후쿠시마 원전을 절묘하게 둘러싸고 있음을 알 수 있다. 이와 같은 사정 때문에 후쿠시마 원전 사고는 피할 수 없었던 천재天災로 알려져 있다. 그러나 사정을 들여다보면 안타까운 점이 한둘이 아니다.

원자력발전소는 널리 알려진 바와 같이, 핵분열로 발생시킨 열에너지로 물을 끓인 뒤 증기 터빈 방식으로 전기를 생산한다. 또한 원자로의 내부 온도를 효과적 제어할 수 있는 대량의 냉각수도 필요하다. 따라서 원전은 대량의 물을 쉽게 구할 수 있는 해안가 혹은 강가에 두는 것이 일반적이며, 후쿠시마 원전 또한 예외는 아니었다. 최악의 원전 사고로 유명한 구소련의 체르노빌 원전은 인공 호수 옆에 그리고 1979년 핵 연료 유출 사건을 겪은 미국의 스리마일섬 원전은 서스쿼해나강Susquehanna River 변에 입지하고 있었다. 우리나라도 울진·월성·고리·신고리·영광 등 원전이 모두 바닷가에 있는 이유가 바로 여기에 있다. 따라서 지진이 일상다반사인 일본에서 바닷가의 원자력발전소는 태생적으로 지진과 이로 인한 해일의 위협에서 벗어날 수 없는 숙명을 갖고 있었다고 볼 수 있다. 그렇다면 지진이 일어났던 당일, 실제로 후쿠시마 원전에서는 무슨 일이 있었던 것일까?

[그림 •3] 멜트다운(Meltdown)으로 인해 핵연료 데브리가 원자로를 뚫고 내려온 후쿠시마 원전의 모습. 사고 7년이 지난 2018년 사진과 다음 해인 2019년의 사진으로 계속 붕괴가 진행 중임을 알 수 있다.

후쿠시마 원전은 3월 11일 강력한 지진이 발생하자, '매그니튜드 9.0의 지진 발생 시에는 긴급 정지'라고 하는 규정에 따라 긴급 정지 시퀀스로 접어들게 된다. 그러나 강력했던 지진의 여파로 원전의 변전 시설과 송전 시설이 파괴되면서 원래라면 안전하게 원전을 정지시켰을 외부 전력이 모두 차단되고 만다. 물론 모든 원자력발전소에는 외부 전원을 상실한 상황을 상정하여 비상 발전기가 설치되어 있기 마련인데, 후쿠시마 원전도 외부 전원을 상실하자마자 원전 1~6호기에 설치되어 있던 13기의 비상 디젤 발전기가 즉시 가동을 시작하여 원자로 냉각을 시작했다. 하지만 엎친 데 덮친 격으로 시간차를 두고 발생한 쓰나미가 원전을 덮치면서 비상 디젤 발전기 중 원전 6호기의 단 1기를 제외한 모든 발전기가 침수되어 기능이 멈췄으며, 살아 있던 발전기의 마지막 보루였던 직류 배터리마저 최대 가동 시간인 8시간을 넘기면서 후쿠시마 원전은 완전히 전원을 상실한 블랙아웃 상태에 빠져들게 된다. 그 결과 원자로 1호기부터 3호기의 원자로의 노심이 녹아내리는 노심 용융, 즉 멜트 다운Meltdown이 발생, 사태는 핵연료가 원자로 바닥을 뚫고 나오는 멜트 스루Melt Through로 이어진다. 결국에는 대량으로 발생한 수소가 원자로 내부와 터빈실에 농축되어갔고 원자로 1호기가 12일, 3호기가 14일, 4호기가 15일 차례로 수소 폭발을 일으켜 대량의 방사성 물질이 대기와 지하수로 유출되기 시작했다. 뒤늦게 해수를 투입해 냉각에 나섰으나, 이로써 지하수와 해양으로도 방사성 물질이 유출되는 2차 피해가 발생했다. 게다가, 사용이 완료된 핵연료 저장 시설도 냉각 기능을 상실하는 등 후쿠시마 원전 사고는 인류 역사상 단 두 번밖에 없었던 국제 원자력 사고 등급INES의 최고 단계인 7단계Major Accident를 기록한 대참사가 되고 말았다.

최악은 피할 수 있었던
후쿠시마 원전 사고

앞서서 살펴본 대로 일본은 지진·화산·해일·홍수·태풍 등 수많은 자연재해를 겪어온 재해 대국이다. 따라서 일본은 자연재해에 맞서 오랜 기간의 경험을 살려 많은 대비를 해왔으며, 해일의 경우 해안선을 따라 다양한 방파제와 방조제를 설치하여 이에 대처해왔다. 후쿠시마 원전도 원전의 운영 주체인 '도쿄전력'은 후쿠시마 원전에 일어날 수 있는 해일의 최대 높이를 5.7m로 상정하고 해발 높이 기준 10m 높이의 부지에 원전을 건설했다. 하지만 동일본대지진 당시 후쿠시마 원전에는 해발 10m를 훨씬 웃도는 약 15.7m의 해일이 덮쳤던 탓에 시설이 침수, 걷잡을 수 없는 대형 사고로 이어지게 된다. 이 사실만 보면 사고 당시 도쿄전력이 발표한 바와 같이, 후쿠시마 원전 사고는 인간의 예측치를 훨씬 뛰어넘는, 즉 불가피했던 천재지변이 아니었나 생각하기 쉽다. 그러나 새롭게 드러난 사실이 있었는데, 그것은 다름이 아니라 일본 내에서 15.7m의 거대 해일의 발생 가능성을 이미 여러 번 경고했었다는 점이다. 실제로 사고가 있기 9년 전인 2002년, 일본 정부의 지진조사연구추진본부地震調査研究推進本部는 「장기평가長期評価」 보고서를 제출해, 과거 자료와 관측 등을 근거로 후쿠시마 원전 앞 해안의 해구를 따라 앞으로 매그니튜드 8 정도의 지진이 언제든지 발생할 가능성이 있다고 밝힌 바 있다. 게다가 사고 발생 3년 전인 2008년, 도쿄전력은 이와 같은 정부의 「장기평가長期評価」를 기반으로 지진 발생 시 최대 '15.7미터'의 해일이 충분히 예측된다는 계산 결과를 숙지하고 있었다. 문제는 다름이 아닌 '돈'이었다. 도쿄전력은 확정적으로 수백억을 들여 방조제를 건설하는 비용과, 앞으로 발생할지 모를 혹은 발생 확률이 낮은 사고를 사후에 수습하는 비용 사이에서 잘못된 선택을 한 것이다. 결국 도쿄전력은 대참사 후 약 11년이나 지난 2024년 4월이 되어서야 후쿠시마 원전 주변에 약 16m의 방조제를 건설하게 된다.

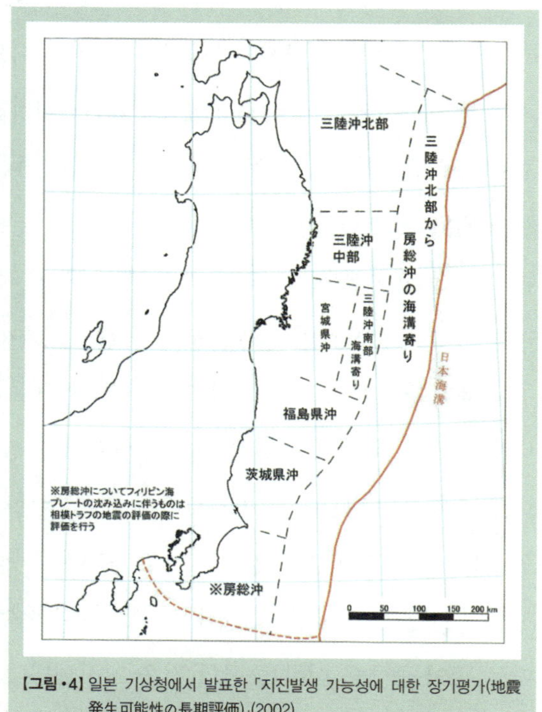

【그림·4】 일본 기상청에서 발표한 「지진발생 가능성에 대한 장기평가(地震発生可能性の長期評価)」(2002).

설상가상으로 후쿠시마 원전에는 근본적으로 치명적 설계 오류가 존재했는데, 전력 차단 시에 비상 가동되는 디젤 발전기와 연료탱크를 원전 6호기 단 1기를 제외하고는 모두 지하 1층, 즉 해발 4m 정도의 위치에 설치했던 것이다. 후쿠시마 원전은 애초부터 침수되면 비상용 발전기가 가동을 멈출 수밖에 없는 구조적 결함이 있었다는 것인데, 그 이유를 알고 나면 더 절망적이다. 후쿠시마 원전을 지을 당시, 일본은 미국으로부터 기술 이전을 받았는데, 미국은 토네이도나 허리케인에 대비해 비상용 발전기를 지하에 두는 자신들의 설계안을 그대로 일본에 제공한다. 그렇다면 이는 미국 측의 실수가 아닌가 생각될 수 있지만, 이 또한 변명의 여지가 없는 것이, 일본이 제너럴 일렉트릭(GE) 등 미국 기업이 공사를 지휘하여 턴키 방식으로 건설한 원전 1호기와 달리, 2호기 이후의 설계는 도시바나 히타치 등 일본 기업이 직접적으로 관여했음에도 토네이도에 대비한 미국식 설계를 그대로 따르고 말았다. 지진과 해일이 잦은 일본 현지 사정을 고려하지 않고 기존 설계를 고수했다는 것인데, 이 또한 설계 변경에 따른 비용을 아끼려는 민영 기업 도쿄전력의 어처구니없는 결정이었다.

사고 당시에도 민영 기업 도쿄전력의 안이한 대처가 피해 규모를 더욱 키웠다. 원자로가 냉각 기능을 상실했을 경우, 원전 근처에 무한대로 존재하는 바닷물을 원자로에 주입하여 냉각하는 최후의 수단이 있었음에도 도쿄전력 경영진은 사고 초기 일본 정부의 바닷물 주입 지시를 거부했다. 심지어 도쿄전력의 경영진은 우여곡절 끝에 시작된 바닷물 주입 중에도 이를 중단할 것을 지시했다. 그러나 현장 실무자가 이를 무시하고 바닷물을 계속 주입해 그나마 추가적인 피해를 막을 수 있었다. 만일 사고 초기에 빠르게 바닷물을 주입했더라면 후쿠시마 원전의 피해는 상당 부분 줄일 수 있었을 터였다. 그러나 도쿄전력은 일단 해수를 주입한 이후에는 원자로를 되살릴 수 없다는 점 때문에 경제적 손실을 따지며 판단을 주저했다. 여기에서도 가장 중요시되었던 가치가 '돈'이었음을 확인할 수 있다.

전력 사업에 독점적 지위를 갖고 있는 민영 기업인 도쿄전력은 막대한 자금으로 정계와 매스컴에 영향력을 행사하여 사고 직후부터 지금까지 진실 은폐에 사활을 걸고 있다. 대표적인 예가 후쿠시마 원전 사고 이후 피조사인으로 조사를 받은 도쿄전력의 회장이나 사장 등 관계자들은 조사 내용에 대한 정보 공개를 거부하여 아직도 그들의 진술 내용을 확인할 방법이 없다는 것이다. 전직 관료를 낙하산 인사로 모시는 전관예우, 광고를 볼모로 한 매스컴 길들이기와 여론 조작을 비롯한 정계에 대한 영향력 행사 등 일본의 원전 카르텔─일본에서는 이를 '원자력 마을原子力村'로 부른다─로 인한 폐해는 이루 말할 수 없이 크지만, 자본의 논리 속에서 손 쓸 방도가 없는 것이 지금 일본의 현실이다.

국가적 재난과
일본 언론의 대응

동일본대지진은 불가항력의 자연재해였지만, 후쿠시마 원전 사고는 최종 단계에 이르기까지 충분히 막을 수 있었던 철저한 인재人災

였다. '100년에 한 번 나올지 말지 한 재난에 대비해 너무 많은 돈을 쓰는 것은 현실적이지 못하다', '높은 방조제는 바다 조망을 해친다' 등의 경제 논리에 밀려 제대로 된 방조 시설을 하지 않았던 까닭에 일어난 후쿠시마 원전 사고는 재난 대국으로서의 과거의 경험을 살리지 못한 일본의 뼈아픈 실책이다. 그렇다면 이 불행한 사태를 일본 미디어는 과연 어떻게 다루었을까?

【그림 •5】 후쿠시마 원전 사고 이후 새롭게 보강한 방조제. 미야기현(宮城県) 이시마키시(石巻市) 오가츠마을(雄勝町)의 약 9.7m의 방조제.

일본 언론의 보도 태도를 알아보기 위해서는 동일본대지진을 전후로 한 일본의 정치 상황에 대한 이해가 필요하다. 간단히 정리하자면, 일본은 1955년 이후 계속된 일당 독재와도 같은 자민당 장기 집권에 대한 피로감, 나아질 기미가 보이지 않는 경기 침체 상황에 더해 정치 자금 스캔들 등의 정치적 악재가 겹치면서 집권 여당에 대한 여론이 극도로 악화했다. 이와 같은 상황에서 야당인 민주당은 민생 친화적 공약을 기반으로 2009년 역사상 첫 단독 정권을 수립할 수 있었다. 그러나 원전 마피아의 방해가 있었다고 하더라도 동일본대지진과 후쿠시마 원전 사고에 대응하는 민주당의 대응은 아마추어 그 이상 이하도 아니었다. 신속한 의사 결정을 위한 리더십 부재로 도쿄전력에 대한 컨트롤에 실패하는 등 초동 대응에 혼선을 빚었으며, 특히 원전 사고 직후 필수적인 방사선 예측 데이터SPEEDI1)를 사고 후 48시간 동안이나 공개하지 않아, 후쿠시마현福島県의 일부 주민이 방사능에 오염된 루트를 통해 피난하는 암담한 상황이 일어났다. 피난하던 주민이 대거 피폭되는 등 안전에 무책임한 정부라는 오명과 함께 지지율이 20% 이하로 폭락하게 된다. 민주당은 집권 3년 만에 세 번이나 총리를 교체하면서 우왕좌왕했고 결국 후쿠시마 원전 사고 다음 해인 2012년에 정권을 다시 자민당에 넘기고 만다.

정부의 리더십이 기능하지 못했던 같은 시기, 일본 내외에서는 동일본대지진과 후쿠시마 원전 사고에 대한 언론의 보도 태도에 대해서도 비판의 목소리가 터져 나왔다. 일본의 언론인 우에스기 타카시上杉隆는 2011년 저서『보도재해報道災害』에서 "일본의 미디어 보도는 권력자들의 발표를 비판하는 것이 아니라 '안전하다'고 홍보하는 것에 지나지 않았다"고 신랄하게 비판했다. 그리고 기자 시절 체르노빌을 취재한 경험을 바탕으로, 해외 주요 언론과 학술지가 후쿠시마 원전 사

---

1) System for Prediction of Environmental Emergency Dose Information의 약자. 일본의 문부성과 (구)원자력안전위원회가 원전 사고 및 방사능 유출 시 방사성 물질의 이동 경로와 예상 피폭선량을 실시간으로 시뮬레이션하는 것을 통해 정부 및 지자체의 대피와 요오드 정제 투여 결정 등을 지원하는 시스템.

고를 어떻게 다루었는가 해설한 프리 저널리스트 오누마 야스시大沼安史도 2011년 자신의 저서에서 "해외의 원전 전문가들도 후쿠시마 원전의 폭발 사고에서 플루토늄의 확산과 흡입이 가장 위험한 사태라고 지적하고 있으며, 만일 '지금 즉각적인 위험은 없다는 말을 들었다면, 가능한 한 멀리, 그리고 가능한 한 빨리 도망가라'고 말할 정도로 심각한 사태였다"라고 언급했다.

일본의 4대 전국지인 『요미우리신문読売新聞』, 『마이니치신문毎日新聞』, 『아사히신문朝日新聞』, 『니혼게이자이신문日本経済新聞』의 동일본대지진 관련 기사와 일본 외 지역에서 발생했던 스리마일섬 원전 사고와 체르노빌 원전 사고의 기사를 비교한 연구[2]에 따르면, 일본 언론은 후쿠시마 원전 사고 기사보다 해외 원전 사고 기사에서 '방사능' 관련 어휘를 더 자주 사용한 것으로 나타났다(약 1.23배). 이와 같은 경향은 방사능의 '독성', '맹독', '오염', '분진' 등, 방사성 물질에 대한 부정적인 표현의 경우에 더욱 극명히 드러나는데, 해외의 원전 사고 기사 1천 건에서 약 19건의 방사성 물질 연관 어휘가 사용되었던 것에 비해 후쿠시마 원전 사고 기사에서는 고작 3건에 불과해, 그 격차는 무려 6배가 된다. 게다가 방사성 물질의 '낙진'을 의미하는 일본어 '죽음의 재死の灰'와 같은 직접적으로 죽음을 암시하는 방사성 물질과 관련된 어휘만으로 한정하면 기사 1천 건당 1.5대 14.8로 약 10배 가까운 차이를 보였다. 다시 말하면 일본의 언론은 '플루토늄'이나 '죽음의

---

2) 김유영, 「일본 미디어의 동일본대지진 원자력발전소 사고 관련 어휘 선정 및 구사에 관한 연구: 후쿠시마와 타국의 원자력발전소 사고 기사의 보도 태도에 대한 비교·대조를 중심으로」, 『일본근대학연구』 55, 한국일본근대학회, 2017, 149~168쪽.

재'와 같은 원전 사고와는 떼려야 뗄 수 없으나 공포를 유발하는 부정적인 어휘를 회피하는 방식으로 의도적인 축소 보도를 자행한 것이다.

물론 원래부터 후쿠시마 원전 사고가 '플루토늄'과 상대적으로 관계가 적었던 것은 아닌가 하고 생각할 수도 있다. 분명 IAEA의 공식 자료에 따르면 후쿠시마 원전 사고로 방출된 플루토늄은 절대량이나 피폭량 등 모두 체르노빌 원전 사고보다 훨씬 적었던 것도 사실이다. 그러나 후쿠시마 원전의 제3호기는 사용이 끝난 핵연료에 1% 정도 포함된 '플루토늄'과 원전의 연료로 사용되는 우라늄을 혼합한 'MOX 연료'를 이용하는 플루서멀 방식プルサーマル: plutonium + thermal reactor으로 가동되고 있었다. 중대 사고 발생 시, 압도적인 독성을 가진 플루토늄의 누출이 예상되는 발전 방식이었던 것이다. 이런 이유로 피해 상황을 정확히 알 수 없던 상황에서도 『아사히신문』과 『요미우리신문』은 조심스럽게 사고 이틀 후인 3월 13일에 플루토늄에 관해 언급하기 시작했고, 『요미우리신문』은 후쿠시마 원전 3호기가 플루서멀 발전이었다는 사실을 타 신문보다 빠르게 기사화했다. 하지만, 앞선 논문의 연구에 따르면 3월 14일 이후 일본 주요 전국지에서 '플루토늄'을 언급한 기사는 급격하게 줄어들다 못해 아예 사라진다. 대신 『아사히신문』은 3월 16일 조간에 나카가와 케이치中川惠一 도쿄대학 부교수의 전문가 의견을 싣는다.

「피폭, 어떻게 막을 것인가 동일본대지진·후쿠시마 제1원전 사고」: 장기적 영향은 생각할 수 없다.

"100밀리 시버트 이하라면 건강상의 문제가 되는 레벨이 아니다. 후쿠시마 제1원자력발전소로부터 멀리 떨어진 장소에서 측정되고 있는 매시간 수 마이크로 시버트의 방사선량이라면 건강에 영향이 없다고 생각해도 좋다. 장기적으로도 건강에 영향이 나타나는 레벨에 다다를 것이라고는 생각하기 어렵다."

_『아사히신문朝日新聞』2011년 03월 16일

마치 후쿠시마 원전 사고가 건강에 큰 문제가 없다는 듯한 내용이다. 며칠 만에 미디어의 보도 태도가 급격히 바뀐 것이다.

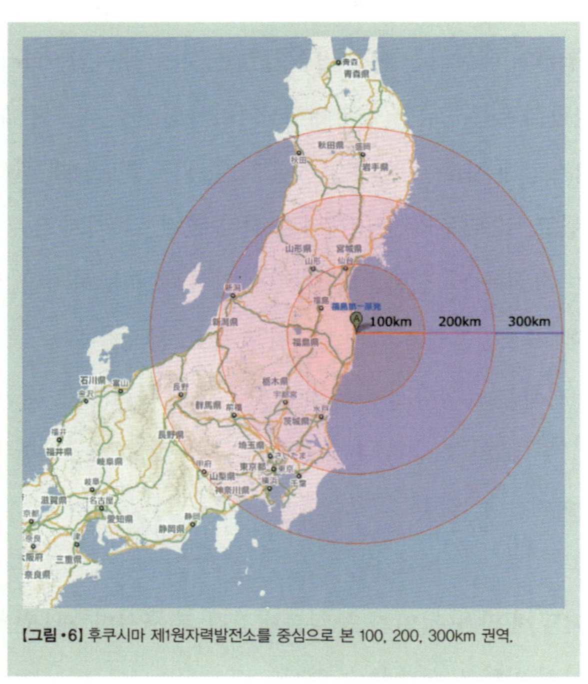

【그림 • 6】 후쿠시마 제1원자력발전소를 중심으로 본 100, 200, 300km 권역.

물론 원전 사고라는 국가 비상사태의 긴박한 상황 속에서 국민이 패닉에 빠질 수도 있는 정보의 공개는 정부와 언론 모두에게 매우 어려운 판단일 수 있다. 그러나 대규모 재난 시, 언론의 최우선 책임은 공포의 차단이 아니라 생명 보호를 위한 신뢰 구축이다. 과도한 정보 통제는 단기적 공포와 혼란을 줄일 수 있을지는 모르지만, 장기적으로는 정부와 미디어에 대한 불신과 유언비어의 양산, 사회 구성원의 일탈을 증폭시켜 결국 더 큰 혼란을 낳을 수 있다. 오히려 사회 구성원과의 공감 속에서 즉각적이면서도 정확한 소통이 이루어질 때, 미디어는 사회 안정에 이바지할 수 있다. 결국 아사히신문사는 같은 해 11월, 스스로 보도 행태에 문제가 있었음을 다음과 같이 고백하게 된다.

「취재와 안전의 사이에서 고민했던 원전 사고, 『아사히신문』의 보도 태세 신문 주간 특집」… 당시 기자 관리의 책임자였던 제너럴 매니저 겸 보도국장, 스기우라 노부유키杉浦信之**의 증언**

"큰일 났다는 강한 위기감이 든 것은 3월 12일 오후 1호기의 수소 폭발 때였다. 밤이 되자 정부는 피난 지시를 원전에서 반경 20킬로로 확대하였으나, 이후 내부적으로 검토한 끝에 후쿠시마에 파견된 기자들에게 체르노빌 사고에서의 피난 때와 같이 반경 30킬로 이상 떨어져 실내에 머무르며 취재하라고 지시했다."

_『아사히신문朝日新聞』 2011년 10월 15일

3월 12일, 후쿠시마 원전에서 수소 폭발이 일어나자 정말 큰일이 났음을 직감한 아사히신문사 보도국은 현지에 나가 있는 직원들의 대피를 준비하게 된다. 그 시점에 일본 정부는 후쿠시마 원전으로부터 반경 20km 내의 모든 주민을 대피시킨다는 방침을 세우고 이 내용을 공표했으며, 아사히신문사 또한 그 지침에 따라 주민의 대피가 필요하다는 기사를 냈다. 그러나 아사히신문사는 자체적 판단을 통해 반경 20km 밖으로의 대피가 부적절하다는 것을 인지하고 안전을 위해 직원들에게 반경 30km 밖으로 대피할 것을 지시했다. 즉 아사히신문사는 정부의 발표를 그대로 민간에게 전달하면서도 이를 신뢰하지 않고 정부 발표보다도 자사 직원의 '안전권'을 넓게 잡으면서도 대중에게 이 사실을 공표하지 않았다. 결국 많은 사람이 보도를 믿은 채 대피 타이밍을 놓쳐 큰 피해를 보게 된 셈이다.

후쿠시마 원전 사고와 일본 정부의 대응

후쿠시마 원전 사고 당시 집권 여당이었던 일본의 민주당民主党 에다노 유키오枝野幸男 관방장관은 "당장은 (건강에 별다른) 영향이 없다"며 일본 국민에게 후쿠시마 원전의 방사성 물질 누출 상황을 크게 걱정하지 말라고 당부했다. 그러나 그는 후쿠시마 원전 사고 후 한 달이나 지난 4월 17일에 후쿠시마 원전을 중심으로 20km 권역의 사고 현장을 방문하면서도 수행원이나 현장 직원과는 확연히 다른 모습의 꼼

꽁 싸맨 방호복 차림으로 나타났는데, 이에 많은 일본인이 분노했고, 그를 '풀 아머フル・アーマー: Full Armor'라고 부르며 비난했다. 이 같은 일본 정치인의 모습은 여야 가릴 것이 없었는데, 2012년 46회 중의원 총선거를 통한 정권 교체로 여당이 된 자민당自民党의 아베 신조安倍晋三 총리는 에다노 관방장관보다 한술 더 떠 고사양의 방호복을 착용하고 나타나 '오염수 문제는 잘 관리되고 있다', '특별한 건강상의 피해는 없다'라며, 언행일치를 보이지 않아 마찬가지로 '풀 아머 아베'라는 일본 국민의 비아냥거림을 들어야만 했다.

후쿠시마 원전 사고 후, 인해 일본 사회의 정치인 불신은 깊어만 갔는데, 노무라종합연구소野村総研가 3월 19일부터 3월 20일에 걸쳐 실시한 「지진에 따른 미디어 접촉 동향에 관한 조사震災に伴うメディア接触動向に関する調査」에 의하면, '정부와 지방자치단체의 정보'와 '전력 회사 등 사업자의 정보'에 대해 '신뢰도가 저하됐다'라고 대답한 사람이 28.9%로 약 30% 가까운 사람들이 일본 정부에 대해 신뢰를 잃어버렸다고 응답했다.

한편, 중앙정부와 전력 회사의 미흡한 대처와 달리, 과거의 경험에서 얻은 교훈을 바탕으로 재해에 완벽히 대처한 사례도 존재하는데, 바로 이와테현岩手県 후다이무라普代村의 사연이다. 인구 2,600여 명의 작은 어촌 마을 후다이무라普代村에는 1933년에 발생한 높이 15m의 해일에서 기적적으로 생존한 와무라 고토쿠和村幸得(1909~1997)라는 촌장이 있었다. 그는 1947년부터 1987년까지 40년을 촌장으로 일했는데, 주위의 극심한 반대에도 불구하고 1967년과 1984년, 두 번에 걸쳐 높이 15.5m의 거대한 방조제와 수문을 마을 앞 바다에 건설했

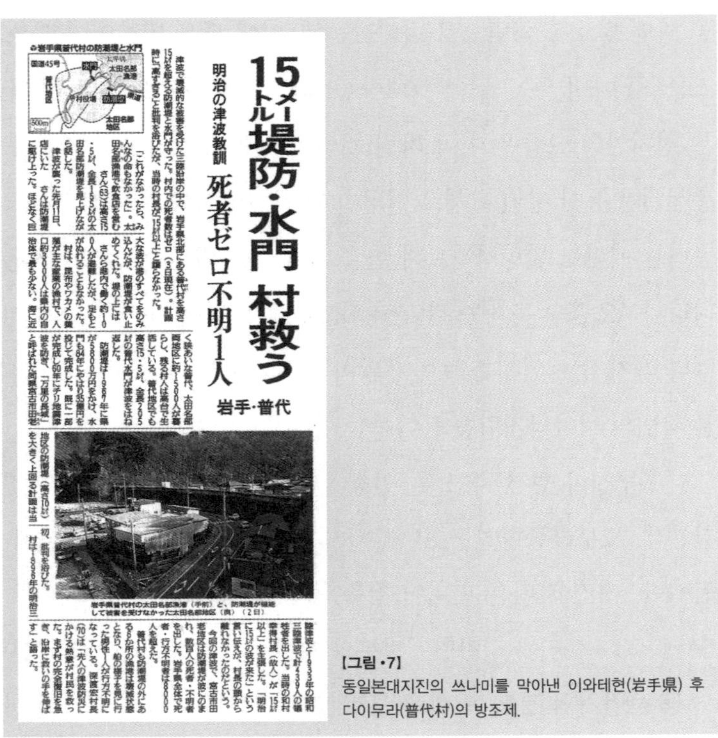

【그림·7】
동일본대지진의 쓰나미를 막아낸 이와테현(岩手県) 후다이무라(普代村)의 방조제.

다. 예산 확보와 토지 수용 문제로 난관을 겪었지만, 그는 "이 마을이 1896년과 1933년에 15m급의 해일을 겪은 곳이니, 이미 두 번 겪은 일을 세 번이나 당할 수는 없다"라며 결국 방조제를 완성했다. 당시에는 주위로부터 '바보 촌장'이라 불렸으나, 동일본대지진으로 근처 마을인 오쯔치쵸大槌町가 사망 856명, 행방불명 415명, 합계 1,271명의 사상자를 낸 것과 대조적으로, 후다이무라普代村는 그가 고집했던 거대 방조제 덕분에 사망자 0명, 실종자 1명, 부상 4명뿐이었다.

자치단체	인구 (2010)	사망	행방 불명	합계	특징
후다이무라	2,764	0	1	1	높이 15.5 m 대수문 및 방조제로 대비
다노하타무라	3,715	17	15	32	방조제 없음. 해안부 23m의 높은 파고
노다무라	4,317	39	0	39	해안 마을 전역 침수
구지시	36,360	3	2	5	해일 북쪽 끝에 위치해 소규모 피해
미야코시	59,430	476	94	570	'만리장성'이라 불리던 높이 10m, 길이 2.4 km 제방의 범람 및 파괴
야마다초	16,215	688	143	831	항만과 저지대 주거지 모두 파괴
오쯔치초	15,277	856	415	1,271	인구의 10 % 희생
가마이시시	39,574	994	152	1,146	항만 화재 발생으로 복합 피해

【표·1】동일본대지진으로 인한 이와테현(岩手県)의 피해 상황(2024년 기준, 이와테현 제공).

여전히 현재진행형인
후쿠시마 원전 사고

후쿠시마 원전 사고 직후 약 30시간 동안 일본 정부는 후쿠시마 원전 인접 지역을 중심으로 피난 구역을 2km, 3km, 10km, 20km 순으로 네 차례에 걸쳐 확대했고, 이후 반경 20km를 법적 강제 대피선으로 확정했다. 그리고 반경 20km부터 30km 구간은 사고 직후 '옥내 대피'로, 4월부터는 '긴급 대피 준비'로 지정했다(9월 해제). 정부 권고에 따라 2012년 기준 후쿠시마현 주민 약 16만 명이 피난했으며, 이 중에서 후쿠시마현으로 귀환한 주민은 2025년 기준 약 25%에 불과하다. 후쿠시마 원전 사고는 지역 주민의 삶을 송두리째 앗아간 불행한 사고였으며, 그 여파는 여전히 지속되고 있다.

일본 정부는 재해 지역의 복구와 지역민의 복귀를 위해 방사성물질 제염 작업과 원전 냉각 작업을 서둘렀으나, 복구 작업 동안 방생하는 부산물, 즉 방사능 오염 폐기물과 원자로 냉각에 쓰인 방사능 오염수의 처리는 해당 지역의 또 다른 골칫거리가 되었다. 쓰레기 처리장, 소각장과 같은 필수 시설조차 기피 시설로 인식되어 유치에 어려움을 겪고 있는 현실에서, 핵폐기물과 오염수를 다른 지역으로 보낸다는 것은 불가능한 일이기 때문이다. 방사능 오염 지역의 주택의 기와를 한 장 한 장 닦아낼 때 사용한 소독포로부터, 유치원과 초등학교 등 교육 시설의 운동장을 비롯한 지역 전체의 주거지와 농지에서 벗겨낸 표토와 잔디 등, 막대한 방사능 오염 폐기물을 실외 임시 적재장에 쌓아두고 있는데, 그 분량이 2024년 2월 기준 무려 1,129만 개, 약 1,130만 m^3에 이른다. 수치만 보아서는 잘 실감이 나지 않을 수 있겠으나, 이는 올림픽 규격 수영장 4,500개, 덤프트럭 110만 대, 잠실야구장 약 90개의 규모로, 어마어마한 양임을 알 수 있다.

그리고 냉각 수단을 잃어버린 원자로의 과열을 막기 위해 지금도 도쿄전력은 해수를 주입해 원자로를 냉각시키고 있는데, 그 과정에서 방사능에 오염된 오염수가 끊임없이 발생하는 상황이다. 이 오염수는 원전 부근 부지에 총 1,046기의 탱크를 순차적으로 건설하면서 137만m^3의 분량의 오염수를 이곳에 저장해왔다. 이는 올림픽 규격 수영장 550개 혹은 잠실야구장을 11개나 채울 수 있는 규모이다. 그리고 2023년 7월, 전체 오염수 탱크 용량의 97%를 채우게 되어 더 이상 오염수를 저장할 공간을 확보하지 못하게 되었고, 이것이 일본 정부가 방사능 오염수를 정화한 'ALPS 처리수'는 안전하니, 바다에 방류해도 무방하다고 주장할 수밖에 없는 속사정이 된 것이다. 비용적인 측면에서 탱크를 증설하여 보관하는 것과 이를 처리하여 방류하는 것 중에서 어떤 것이 유리할지를 생각한 또 하나의 경제적 선택이라고 할 수 있으며, 방류를 선언한 이후 2024년 3월까지 약 2.5만m³의 오염수가 방류되었다.

【그림 •8】 후쿠시마 원전 부지를 가득 채우고 있는 방사능 오염수 저장 탱크.

냉각을 위해 끊임없이 주입하고 있는 해수를 모두 안전하게 수집하는 것도 현재는 불가능하기에 지하수의 방사능 오염도 고려할 필요가 있다. 도쿄전력은 1.5km 둘레에 파이프 1,568개를 매립하고 온도를 마이너스 30℃로 유지, 지하수의 흐름 자체를 냉각해 빙벽화하는 '토양 동결 차수벽'을 건설했다. 그리고 차수벽 바깥의 지하수를 끌어

올려 정화 후 해양으로 방류하는 작업을 통해 지하수가 원전 부지로 들어오는 것을 감소시키고 있다.

이처럼 후쿠시마 원전 사고는 일본 정부가 말하는 것과는 다르게 여전히 현재진행 중인 재난임을 알 수 있다. 특히 원전 사고는 여타 재해와 달리 일본에만 국한되는 문제가 아닌 전 지구적인 환경 재해이기 때문에 일본은 주변국은 물론이거니와 세계 각국에 책임 있는 자세를 보여야 할 것이다. 그러나 일본은 후쿠시마 원전 사고 이후 주변국과 많은 갈등을 야기하고 있는데, 대표적인 것이 앞서 언급한 오염수의 처리 문제, 그리고 일본의 주요 산업인 수산물의 수입과 수출에 관한 무역 갈등을 들 수 있다. 당장 한국에서도 많은 수산물과 음식료품을 일본으로부터 수입하고 있기에 식품의 안전성 관련 이슈가 한국인에게도 매우 민감한 사안이지만, 일본은 적반하장으로 인접국 한국뿐만 아니라 중국의 일본산 수산물 수입 금지에 대해서도 노골적으로 불만을 표시하고 있다.

다시는 반복되지 말아야 할 명백한 인재人災

결론적으로, 후쿠시마 원전 사고는 엄청난 지진과 거대한 쓰나미津波라는 '천재天災'의 얼굴을 하고 찾아왔지만, 그 파국적인 결말은 명백히 '인재人災'였다. 예측된 위험을 외면한 기업의 탐욕, 안전보다 경제 논리를 앞세운 관료주의, 그리고 진실을 감추고 권력의 편에 선 언론의 침묵이 빚어낸, 충분히 막을 수 있었던 참사였다.

이 모든 것은 일본 사회의 뿌리 깊은 구조적 문제와 무관하지 않다. '원자력 마을原子力村'이라 불리는 원전 카르텔의 폐쇄적인 이익 집단의 유착과 그들의 발표를 비판 없이 받아쓰며 진실에 침묵한 미디어의 모습은, 제2장에서 살펴보았던 수직적 위계질서와 집단주의의 어두운 단면을 가장 깊숙하게 보여준다.

결국 후다이무라普代村의 고집 센 방조제가 지켜낸 수많은 생명의 가치는, 재앙을 막는 것은 효율성만 따지는 현대적 기술이 아니라 과거의 교훈을 잊지 않는 리더의 의지와 사회 시스템의 투명성임을 우리에게 가르쳐준다. 그런 의미에서 후쿠시마의 비극은, '재해 대국' 일본이 그간 애써 쌓아온 교훈을 망각했을 때 어떤 재앙이 닥치는지를 스스로 겪게 된 뼈아픈 역사적 사건으로 남게 되었다.

제7장

후쿠시마 원전 사고와 일본인의 피해자 의식

전범국 일본은

왜 사과하지 않을까?

앞선 5장과 6장에서는 기후 환경과 자연재해를 배경으로 한 일본의 거주 문화 그리고 그들이 비교적 최근에 겪은 동일본 대지진과 후쿠시마 원전 사고의 참상 등에 관해 이야기했다. 싫든 좋든 이와 같은 자연환경과 재해를 극복하며 살아갈 수밖에 없는 일본인에게 남겨진 과제는, 일어난 재해를 최대한 신속하게 수습하고 다시는 같은 불행을 겪지 않기 위한 적절한 대책을 수립하는 것일 것이다. 그러나 일본에는 더 근원적이면서도 본질적인 문제가 존재하는데, 그것은 다름이 아닌 '원인 규명'과 그에 따른 '책임 소재'를 가리는 일에 사회 전체가 미온적이라는 데 있다. 이번 장에서는 후쿠시마 원전 사고의 후속 조치를 중심으로, 가해자 부재 상태를 조성하여 피해자만 남기는, 이른바 '피해자 의식'에 대해 알아보고자 한다. 도대체 일본은 왜 제국주의 침략의 역사를 부인하고 스스로 피해자로 자리매김하며, 반성을 회피하고 있는 것일까.

희망의 에너지,
원전을 도시에는 절대 짓지 않은 이유

앞 장에서 살펴본 대로, 후쿠시마 원전 사고는 대규모 지진과 해일이라는 천재지변이 직접적인 원인이 되었다고는 하나, 사전에 충분히 대비할 기회가 있었음에도 경제적 논리를 앞세워 이를 소홀히 한 점과, 같은 이유로 사고 초기 적극적으로 대응하지 않은 결과, 최소한으로 막을 수 있었던 참사를 최악의 사태로 키웠다는 점에서 명백한 인재人災라고 할 수 있다. 그렇기에 진정성 있는 피해자 보상과 재발 방지 대책을 근본적으로 마련하기 위해서라도 책임 당사자의 반성과 처벌이 꼭 필요한 사안임이 분명하다. 그런데 후쿠시마 원전 사고의 책임 당사자들은 이후 어떻게 되었을까.

그 전에 우선 일본의 원자력 정책을 자세히 살펴볼 필요가 있다. 한국도 마찬가지이지만, 정부가 나서서 그토록 안전하다고 홍보하는 원자력발전소를 도심 한가운데 짓는 나라는 없다. 후쿠시마 원전 사고와 그 후 계속되는 비극은 사실 이 모순적 상황으로부터 이미 시작되

【그림 ·1】 사고로 인해 폐허가 되어버린 후쿠시마 원자력발전소 인근 후타바마찌(双葉町)의 원전 홍보 사인물.

었다고 볼 수 있다.

〈그림 1〉의 사인물에는 "원자력, 밝은 미래의 에너지原子力明るい未来のエネルギー"라는 선전 문구가 적혀 있다. 일본 정부와 전력 회사는 원자력발전이 미래와 연결되는 밝고 희망찬 에너지라 홍보하지만, 아이러니하게도 원전은 하나같이 도심에서 먼 저개발 지역, 즉 소외된 지방 어촌에 자리 잡고 있다(울진·월성·고리·신고리·영광 등 우리나라 원자력발전소의 입지도 마찬가지이다). 위의 사인물이 세워진 곳은 도심에서 멀리 떨어진 후쿠시마현의 작은 지방 마을 후타바마찌双葉町로, 그간 일본 정부는 인구가 적어 주민 반발을 쉽게 무마할 수 있으며, 유사시 인명 피해가 적고 대피시키기 쉽다는 지극히 현실적인 이유로 수도권과 거리가 먼 지방의 작은 마을에 원자력발전소를 건설해왔다. 물론, 냉각

수 확보와 같은 자연적, 지리적 요인을 무시할 수 없으며, 평균 임금이 도쿄의 3분의 2에도[1] 미치지 못해 인구 감소와 노령화가 심화되어 만성적 세수 부족에 시달리는 지방 소멸 지역의 재정 문제를 중앙정부와 전력 회사가 제공하는 인센티브(교부금·세수·고용)를 통해 해결하고자 하는 해당 지역의 현실도 입지 선정에 큰 지분을 갖고 있다.

원자력발전소(지역)	도쿄와의 거리	주요 지방 도시와의 거리
후쿠시마 제1, 2원전	250km NE	이와키시 50 km
가시와자키-가리와(니가타)	245km NW	니가타시 35 km
온가와(미야기)	330km NE	센다이시 70 km
히가시도리(아오모리)	580km NE	아오모리시 60 km
도마리(홋카이도)	820km N	삿포로시 45 km
이카타(에히메)	640km WSW	마쓰야마시 35 km
센다이(가고시마)	960km SW	가고시마시 50 km
겐카이(사가)	910km W	후쿠오카시 55 km
다카하마(후쿠이)	310km W	교토시 65 km
오이(후쿠이)	320km W	교토시 75 km
미하마(후쿠이)	310km W	교토시 70 km
시카(이시카와)	290km W	가나자와시 30 km
하마오카(시즈오카)	190km SW	시즈오카시 45 km

[표·1] 일본 주요 원자력발전소의 수도권과 대도시로부터의 거리.

---

1) 후생노동성 「임금구조기본통계(2023)」에 따르면, 도쿄의 정규직 평균 연간 임금이 572만 엔인 데 반해, 원전 소재 8개 현 평균은 375만 엔(니가타 430만 엔, 후쿠이 408만 엔, 미야기 373만 엔 등) 정도이다.

원전을 유치한 지역은 위험 시설을 유치하는 반대급부로 지난 반세기 동안 중앙정부와 전력 회사로부터 누계 5조 엔 이상을 지원받았으며, 이러한 거액의 재정 인센티브야말로 원전이 '기피 시설'임에도 지방이 이를 수용하게 되는 원동력이 되었다. 1974년에 제정된 「전원삼법電源三法」[2]은 원전의 착공, 운전, 재가동의 단계별로 지역에 교부금을 지급할 것과 원전과 관련해 외부에서 유입되는 재화에 관한 세금을 지방세로 전환하는 등, 원전 유치 지역에 강력한 인센티브를 제공할 것을 명시했다. 이로써 원전 지역은 예산의 30~60%가 원전으로부터 나오는 등 세수를 충분히 확보할 수 있었다. 또한 교부금과 전력 회사의 기부를 통해 보건소, 도서관, 도로, 장학금 등 지역 인프라 개선과 복지에 필요한 기금을 충당할 수 있었고, 무엇보다 원전 건설과 원전 운용에서 발생하는 고임금 일자리로 고용 창출에도 큰 기여를 하게 된다. 예를 들어 가시와자키시柏崎市는, 원전 착공 전 1970년대 158만 엔에 불과했던 평균 임금이 원전 가동 10년 후인 1990년에는 304만 엔으로 약 92% 증가했으며, 에히메현의 이카타초伊方町는 124만 엔에서 268만 엔으로 116%가 상승하는 등 원전과 배후 시설 관리, 경비, 토목 등의 하도급과 교부금 투입으로 인한 공공 공사로 인해 원전 지역 평균 임금이 가파르게 상승했음을 알 수 있다. 아래 〈표 2〉와 같이 실제로 이들 지역은 눈에 띄는 번영까지는 아니더라도 인구 감소에서 인구

---

2) 전원삼법(電源三法)(1973)은 ① 전원개발촉진세법(電源開発促進税法) ② 특별회계법(特別会計法) ③ 전원용시설주변지역정비법(発電用施設周辺地域整備法)으로 구성된 법률로, 일본 원전 소재 13개 지역은 국비 교부금, 지방세, 전력 회사의 기부로 연간 수익에서 수십억 엔의 재원을 확보하여 도로·병원·보육·장학 사업에 사용하여 원전이 '기피 시설'임에도 지역에서 이를 수용할 수 있도록 하는 법률을 말한다.

증가로 돌아선다. 예를 들어 아오모리현의 히가시도리무라東通村는 원전 착공 이전인 1970년도 인구가 6,200명이었으나, 착공 후인 1985년에는 60% 증가한 9,900명이 되었으며, 후쿠이현의 오이초大飯의 경우 8,400명의 인구가 1980년에는 32% 증가한 11,100명이 되었다.

원자력발전소 (운영사)	소재지 도·현/시·정·촌	교부금 연평균액	교부금누계 (~2023)	기타 지원 장학·감면·협력금 등	소재지 도·현/시·정·촌
후쿠시마 (도쿄전력)	홋카이도 가모에나이무라 삿포로시 일부	18.0억	900억 (사고 전)	사고 뒤 국비 복구비 1조	주택 재건 산업단지
가시와자키 – 가리와 (도쿄전력)	니가타현 가시와자키시 가리와무라	35.5억	1,776억	장학 및 문화 지원 연 10억 내외	시립병원 스포츠파크 해안도로
오나가와 (도호쿠전력)	홋카이도 가모에나이무라 삿포로시 일부	3.0억	150억	보육, 환경 지원 연 1.2억	어항 복지관
히가시도리 (도호쿠전력)	아오모리현 히가시도리무라	5.2억	208억	전 가구 전기료 1/3 감면	도로 농업용수
도마리 (홋카이도전력)	홋카이도 가모에나이무라 삿포로시 일부	4.8억	150억	'원전펀드' 150억 적립	장학금 고교 통학버스
겐카이 (규슈전력)	사가현 겐카이초 카라쓰시	10.0억	400억	어업 협조금 연 3억	종합병원 위생센터
이카타 (시코쿠전력)	에히메현 이카타초	5.5억	220억	재가동 때마다 추가 25억(총 50억)	보건소 방재도로
센다이 (규슈전력)	가고시마현 사쓰마센다이시	10.4억	417억	대학 장학기금, 공원	복합문화회관
다카하마 (간사이전력)	후쿠이현 다카하마초	6.2억	248억	재가동 지원금 회별 2억	방재센터 어촌도로
오이 (간사이전력)	후쿠이현 오이초	6.0억	240억	기업 전기료 연 2억 보조	산업단지 기반
미하마 (간사이전력)	후쿠이현 미하마초	4.1억	180억	180억 고교 무상 통학 버스	해안 방파제 문화센터
시카 (호쿠리쿠전력)	이시카와현 시카정초	4.0억	160억	기업 전기료 50% 보조	어린이집 도서관
하마오카 (주부전력)	시즈오카현 오마에자키시	6.3억	261억	관광 및 축제 지원 5천만	스포츠센터 항만

【표·2】일본 주요 원자력발전소가 위치한 지역에 대한 교부금과 지원(단위 엔).

그러나 빛이 있으면 어둠이 있듯, 위 지역은 초기 원전 건설 단계
에서는 건설 경기와 지방 교부금 덕분에 숙련공과 협력사의 인구가 유
입되는 등 '인구 역류' 효과를 경험했지만, 원전이 가동을 시작해 안정
기에 접어들게 되자 다시 인구는 점차 감소해 오히려 고령화가 더욱
빠르게 진행되었다. 원전 유치가 위험을 대가로 한 경제적 지원금으로
인해 단기 처방이 되었을지는 모르지만, 장기적으론 대도시 집중 및
산업 구조 변화라는 거대한 흐름을 뒤집지 못했다. 특히 후쿠시마 원
전 사고 사례가 보여주듯, 재난 리스크가 현실화되면 인구·경제 기반
이 한순간에 무력화되는 참혹한 결과가 나타나게 된다.

피해자는 고통받는데, 가해자는 사라진 후쿠시마 원전 사고

2011년 3월 11일, 후쿠시마 제1원전에서 연쇄적으로 벌어진 폭
발과 방사성 물질 유출은 16만 명이 넘는 주민을 삶의 터전에서 내몰
았고, 그중 4만여 명만이 돌아왔을 뿐, 대부분 고향을 떠나 타지로 이
주하고 말았다. 더 안타까운 것은 2만 명이 넘는 주민은 아직도 임시
시설에 거주하면서 고향으로 돌아갈 날을 손꼽아 기다리고 있는 점이
다. 이들에겐 단순히 주택과 토지를 잃은 차원을 넘어, 마을 공동체, 직
업, 가족의 일상을 송두리째 앗아간 충격적 재해였다. 피해 지역의 주
민은 '도쿄전력과 국가가 위험을 예견하고도 대비하지 않았다'라는
점에서 크게 분노했으며 책임자에 대한 법적 처벌과 합당한 보상을 요

구했다. 이에 전 도쿄전력 회장과 부사장이 업무상 과실치사로 기소되었다. 그러나 재판 결과 1심과 2심 모두 대지진과 15m가 넘는 해일은 합리적으로 예견할 수 없었다고 판시, 피고 전원 무죄가 선고되었다. 일본 형법의 '업무상 과실'은 '통상 예견이 가능한 위험을 방치했을 때'에만 성립하는데, 법원은 후쿠시마 원전 사고는 '미증유의 자연재해'에 해당한다고 판단한 것이다. 결국 도쿄전력은 사과와 급여 삭감으로 경영상의 책임을 표명했을 뿐 징역형·벌금형은 단 한 건도 선고되지 않았다. 후쿠시마 원전 사고로 인한 피해자들이 기대한 것은 '거액의 배상' 이전에 책임자의 법적 처벌과 진정성 있는 사과였으나 재판 결과 책임 있는 주체에 대한 형사상 처벌이 좌절되고 사실상의 면죄부가 부여되자, 피해자들은 '국가와 기업은 재해를 예견할 능력이 부족했고 지역민은 희생양으로 버려졌다'라고 생각할 수밖에 없었다.

폴란드 출신 사회학자 지그문트 바우만Zygmunt Bauman(1925~2017)은 홀로코스트 연구에서 다음과 같은 현상을 포착했다. 책임을 질 뚜렷한 가해자가 부재하거나 처벌되지 못할 때, 피해 기억은 세대를 뛰어넘어 '특정 민족이 늘 겪어온 고통'으로 고착된다는 것으로, 바우만은 이를 '세습적 희생자 의식Hereditary Victimhood'이라 정의했다. 간단히 비유하자면, 가해자가 사라진 뺑소니 교통사고에서 유가족이 '누가 운전했는지'를 평생 밝히지 못한 채, 사고 장면을 후손에게 반복해 들려주며 사고 '트라우마'와 '피해자 의식'이 가문의 정체성처럼 이어지는 상황과도 같은데, 이는 후쿠시마 원전 사고에서도 되풀이되는 현상이다.

대도시와 수도권의 전력을 책임지는 낙후 지역의 원전은 도시민

의 생활 인프라와 국가의 기간 산업 시설을 유지하고 운영하는 데 필
수적인, 즉 국가와 사회를 지탱하고 있는 주춧돌과 같은 존재이다. 그
러나 원전 부지를 제공한 이들의 희생을 통해 번영을 구가해온 일본은
정작 이들이 원전 사고로 피해자가 되었을 때, 가해자로 기소된 전 도
쿄전력 회장 등 원전 관계자 모두에게 무죄를 선고하여, 명백한 인재人
災임에도 책임지는 이가 아무도 없는, 즉 법적으로 규정된 가해자 없이
피해자만 존재하는 상황을 만들었다.

[그림 ·2] 반(反)원전 운동으로 연예계에서 퇴출된 후, 정치가로 전향해 참의원 의원으로 당선된 야마모토 타로(山本太郎). 1974년생으로 영화 〈배틀로얄〉(2000) 등에 출연했다.

한편, 원전 반대 집회에 참여하고 SNS를 통해 일본의 원전 정책
을 비판한 배우 야마모토 타로山本太郎는 출연 예정이었던 TV 드라마
에서 강제로 퇴출당했으며, 원전 사고와 관련하여 아베 정권에 불리
한 인터뷰를 진행했던 구니야 히로코国谷裕子는 총리 관저의 압력으로
NHK에서 23년간 담당하던 프로그램에서 강제 하차당했다. 그리고
가수 사이토 가즈요시斉藤和義는 반反원전 노래를 공개한 이후 해당 영
상을 모두 비공개 처리당했고 지상파 편성에서도 배제되는 등, 일본

정부와 도쿄전력은 방송사와 광고주에 대한 압박과 소송을 통해 가해자에 대한 비판적인 목소리를 지워내는 한편, 터져 나오는 불만을 '재해 지역 주민의 숭고한 희생에 감사해야 한다'라며 '정서적 연대 캠페인'을 앞세워 무마했다. 예를 들어 후쿠시마 농수산물을 '먹어서 응원하자食べて応援しよう'는 캠페인을 벌이거나, 학생과 시민이 종이학을 접어 보내는 'Paper Cranes for Japan' 프로젝트 등, 상징적 행위가 각종 매체를 통해 확산되었고, 후쿠시마 원전 사고 직후 유명 배우와 정치인이 현지 슈퍼마켓에서 '후쿠시마산은 안전하다'고 홍보하는 퍼포먼스를 진행하는 등, 낙관적이고 정서적인 퍼포먼스가 책임자에 대한 처벌과 같은 공적 논의를 대체해버렸다. 또한 피해자의 증언과 그들의 트라우마, 피난의 장기화로 피폐해진 삶, 다른 지역민으로부터의 차별 등의 사례를 학교와 언론을 통해 공유·확산시켜 가여움·불쌍함·안타까움과 같은 동정심을 불러일으키는 동시에 숭고한 희생에 감사해야 한다는 부채감을 일반 국민에게 심어줌으로써, 피해 서사를 확산해나갔다. 피해 서사는 동정심이라는 감정에 실려 세대 간 전달이 가속되면서 더욱 공고해졌다. 이처럼 도쿄전력과 정부의 책임 회피 속에서 가해-피해 구조가 불투명한 채로 피해자의 숭고한 희생에 감사하는 정서적 연대만이 남게 된 것이다. 바우만이 경고한 '세습적 희생자 의식'이 후쿠시마 원전 사고에서도 똑같이 발현된 것이다.

결국 재해 피해자에 대한 연민과 이에 대한 응원이라는 정서적·감정적 퍼포먼로 일본 사회에 남겨진 것은—재해 지역 주민을 숭고한 희생자로 둔갑시켜 획득한— 도덕적 합리화였다. 예를 들어 2023년 일본 정부가 방사능 오염수의 해양 방류를 결정하자 한국과 중국 등 주

【그림•3】 일본 농림수산성(農林水産省)의 '먹어서 응원하자(食べて応援しよう)' 캠페인.

변국은 강력히 반발했다. 그러나 일본은 그 누구보다 '우리가 원전 사고의 최대 피해자'라는 프레임을 내세워 자국의 조치를 정당화했으며, 일본산 농수산물에 대한 수입 규제에 대해, 국제 기준을 충족했음에도 숭고한 희생을 감수한 일본의 후쿠시마가 부당한 '피해'와 '박해'를 받고 있다고 주장하는 등, '피해자 정체성'을 내세워 각종 논란을 상쇄하려 시도하고 있다.

'사과할 수 없는'
일본의 사회구조와 집단의식

일본의 굴절된 피해자 의식은 이번이 처음이 아니다. 말로 다 할 수 없는 희생자를 낳은 제2차 세계대전의 '전범국'임에도 불구하고, '가해자'가 아니라 오히려 원자폭탄이라는 가공할 비인도적 무기로 지울 수 없는 상처를 입은 쪽은 자신들이라며 스스로 '피해자'로 규정해왔다. 일본 제국주의 침략 전쟁의 진정한 피해자인 한국과 중국 등에 사과하기는커녕 일본 전체를 대신해 히로시마와 나가사키 시민의 숭고한 희생으로 전쟁이 종식되었다는 논리를 편다. 나아가 침략 전쟁을 부인하고 오히려 원자폭탄을 투하한 미국에 사과를 요구하기까지 한다. 이러한 일본의 태도는 후쿠시마 원전 사고의 가해자를 지우고 숭고한 피해자만이 존재하는 것처럼 포장해 사태의 본질은 외면하고 피해자로서의 정체성만을 남기려는 일련의 흐름 속에서 분명히 확인된다.

【그림·4】 해럴드 애그뉴(Harold Melvin Agnew: 1921~2013)(당시 84세) 박사. 원자폭탄 개발에 관여한 미국의 물리학자. 1945년 8월 6일 히로시마 원자폭탄 투하 당시 애놀라 게이(Enola Gay)에 탑승해 공중에서 폭발 장면을 촬영한 인물.

【그림·5】 미국의 애그뉴 박사에게 사과를 요구하는 일본 히로시마의 피폭자 니시노 미노루(西野稔)(당시 73세).

[그림·6] 원폭 투하에 관한 사과 요청에 대해 단호하게 거부하는 해럴드 애그뉴 박사.
(TBS News).

일본은 대동아공영권이라는 명목하에 제국주의적 식민지 쟁탈전에 뛰어들면서 아시아 전체를 전쟁으로 몰아넣었으나, 종국에는 히로시마와 나가사키에 두 발의 원자폭탄이 떨어지고 나서야 연합군에게 무조건적인 항복을 하게 된다. 그러나 일본은 자신들이 벌인 전쟁으로 수많은 사람이 희생당했음에도, 히로시마와 나가사키에 떨어진 원자폭탄의 아픔만을 부각해 피해자 행세를 해왔다. 이는 앞서서 설명한 '책임을 질 뚜렷한 가해자가 부재하거나 처벌되지 못할 때' 나타날 수 있는 바우먼의 '세습적 희생자 의식'이 발현된 것이라고 설명할 수 있는데, 애초부터 승리하지 못할 것이라 예상되는 무모한 전쟁을 선택한 최고 책임자가 사라져, 누구를 비난해야 하는지가 모호해져버렸기 때문이다.

종전 후, 미국이 주도한 전범재판IMTFE에서 전쟁의 최고 책임자인 히로히토裕仁 덴노天皇는 기소 면제되어 제위를 유지하게 되는데, 전쟁의 최고 책임자인 제1순위 가해자가 공식적으로 면죄부를 받은 것이다. 그러고는 A급 전범 14명을 포함한 1,068명의 전쟁 범죄자가 야스쿠니 신사에 합사되었는데, 일본의 유명 정치인과 각료들은 반성은 커녕 1985년 이후 거의 매년 야스쿠니 신사를 참배하는 것을 통해 전범을 추앙해왔다. 또한 종군 위안부(일본군 성노예)와 강제징용 피해자와 같은 전쟁 범죄 그리고 '관동대학살'과 '남경대학살' 등 국가가 벌인 대규모 학살 사건 등에 대해서도 현직 총리나 보수적 의원들이 사과와 배상을 거부하는 것은 물론이거니와 해당 사실 자체를 부인하는 등, 일본 스스로 과거의 불행한 역사를 고의로 부인하고 있다. 이렇듯 자신들의 잘못을 인정하지 않음으로써, 결과적으로 히로시마와 나가사키에 원폭이 떨어지게 된 근본적인 원인도 사라지게 되는 것이다. 즉 전쟁을 일으킨 가해자인 전범들은 일본인의 의식 속에는 존재하지 않게 되고, 남는 것은 원폭의 피해를 입은 자신들의 '피해자 정체성'뿐인 것이다.

일본이 전범 국가임을 인정하지 않고 과거를 부인하는 이유는 무엇보다 뿌리 깊은 귀족 봉건제의 세습 문화가 아직도 강하게 작용하고 있기 때문이다. 현재의 일본 정·재계 인사와 관료 집단에는 일본 제국 시절 군부를 쥐고 있던 가문의 후손이 많고, 전쟁 이전부터 군국주의의 핵심 세력으로 권력을 쥐고 있던 이들이 세습을 통해 지금까지도 일본의 리더로 남아 있는 경우가 대부분이다. 일본에서는 전쟁 책임을 둘러싼 단죄와 비판은 있을 수 없는 자기부정이기에, 잘못을 저지른 역사와 인적 청산이 구조적으로 불가능했다. 실제로 2025년 기준으로, 중의원 전체 의원 중 30% 이상이 세습 의원이며, 『마이니치신문每日新聞』의 2024년 조사에 따르면 무려 10%가 넘는 의원이 야스쿠니에 합사된

국회의원	소속	당선	세습	지역구	연루 친족·전시 직책
아베 신조 (安倍 晋三)	자민	10선	3세	야마구치 山口4区	외조부] 기시 노부스케(岸信介) A급 전범 용의자, 도조(東條) 내각 상공 대신
기시 노부오* (岸 信夫)	자민	4선	3세	야마구치 山口2区	[조부] 기시 노부스케(岸信介) 위와 동일
히라누마 다케오* (平沼 赳夫)	자민	12선	3세	오카야마 岡山区	[양부] 히라누마 기이치로(平沼騏一郎) A급 전범 복역자, 종신형, 총리 역임
아소 다로 (麻生 太郎)	자민	15선	4세	후쿠오카 福岡8区	[부] 아소 다카키치(小泉又次郎): 징용 탄광주 [외조부] 요시다 시게루(吉田 茂): 총리 역임
고이즈미 준이치로 (小泉 純一郎)	자민	12선	3세	가나가와 神奈川11区	[조부] 고이즈미 마타지로(小泉又次郎): 체신 대신 [부] 고이즈미 준야(小泉純也): 방위청 대신
고이즈미 신지로* (小泉 進次郎)	자민	6선	4세	가나가와 神奈川11区	[증조부] 고이즈미 마타지로(小泉又次郎): 체신 대신 [부] 고이즈미 준야(小泉純也): 방위청 대신
후쿠다 야스오 (福田 康夫)	자민	7선	2세	군마 群馬4区	[부] 후쿠다 다케오(福田赳夫) 재정 고문
나카소네 야스타카* (中曽根 康隆)	자민	3선	3세	군마 群馬1区	[조부] 나카소네 야스히로(中曽根康弘) 해군 주계 소좌, 위안소 설치 관여
하시모토 가쿠 (橋本 岳)	자민	6선	3세	오카야마 岡山4区	[조부] 하시모토 류고(橋本龍五) 후생성 관료
호소다 히로유키* (細田 博之)	자민	11선	2세	시마네 島根1区	[부] 호소다 기치조(細田吉蔵) 철도 관료, 운수대신
다케다 료타* (武田 良太)	자민	7선	3세	후쿠오카 福岡11区	[조부] 다나카 로쿠스케(田中六助) 통산상
마츠노 요리히사* (松野 頼久)	유신	6선	3세	쿠마모토 熊本1区	[부] 마츠노 요리조(松野頼三) 해군 주계 소좌, 방위청 장관
하야시 요시마사 (林芳正)	자민	7선	5세	야마구치 山口3区	[조부] 하야시 케이스케(林佳介) 전쟁 협력자
하토야마 유키오 (鳩山由紀夫)	(구)민주	8선	4세	홋카이도 北海道4区	[조부] 하토야마 이치로(鳩山一郎) 문부 대신
고노 다로* (河野太郎)	자민	10선	4세	가나가와 神奈川15区	[조부] 고노 이치로(河野一郎) 전쟁 협력자
이시바 시게루 (石破茂)	자민	13선	2세	돗토리 鳥取1区	[부] 이시바 지로(石破二朗) 내무성 관료, 제25군 군정부 근무
평균		9선	3세		

전범과 관련된 가계의 인물이었다. 이 사실은 필자가 직접 주요 인물을 중심으로 정리한 〈표 3〉에서 상세하게 확인할 수 있다. 이처럼 전후 일본에서는 전쟁에 직접적으로 책임이 있는 덴노天皇와 군부가 청산되지 않았고, 그럴 의지를 지닌 주체도 없었기 때문에 가해자로서의 기억을 히로시마와 나가사키와 같은 '피해의 기억' 뒤에 숨기고 '피해자 의식'만을 국가 정체성의 핵심 자원으로 삼는 경향을 강화해온 것이다.

일본의 '피해자 기억'은 하루아침에 생긴 것이 아니다. 여기에는 제2차 세계대전의 막바지에서부터 소련이 팽창하는 전후의 복잡한 세계 정세 속에서 일본을 이용해야만 했던 미국의 역할이 매우 컸다.

1945년 5월 8일, 독일이 항복하면서 제2차 세계대전의 전선은 아시아태평양 지역으로 한정되었다. 일본은 패전이 가까워지자, 본토가 전쟁터가 되는 것을 막고 한반도와 대만의 소유권만은 지킬 욕심으로 협상에 나섰다. 일본의 희망은 연합국이 원했던 일본의 무조건적인 항복과는 괴리가 너무나도 컸기 때문에 협상은 쉽지 않았다. 그렇지만 지금까지 적지 않은 인명 피해를 감수해온 미국 정부도 자살 공격을 서슴지 않는 일본군을 상대로 일본 본토에 상륙하여 점령전을 수행하는 것 또한 큰 부담이 아닐 수 없었다. 또한 당시 소련은 미국과 같은 연합군이었지만 전후의 처리를 고려할 때, 공산 진영 소련의 남진을 견제하기 위해서라도 전쟁을 빨리 끝낼 방법을 고려할 필요가 있었고, 그 답은 원자폭탄이었다.

인류 최초로 사용된 원자폭탄의 위력은 말 그대로 일본의 도시 두 곳을 증발시켜버릴 정도로 상상을 초월한 것이었지만, 당시 전 세계에서 유일하게 핵무기를 가진 미국은 새로운 핵무기 개발을 위한 실험을 멈추지 않았다. 미국은 태평양 마셜제도의 비키니 환초에서 지속적으로 핵실험을 실시했는데, 여기에서 폭발시킨 핵폭탄만 스물세 개, 그중 1954년의 캐슬브라보 작전에 의한 수소폭탄의 위력은 히로시마와 나가사키의 천 배 이상을 기록했다. 그와 동시에 미국은 1946년 8월 원자력법을 제정, 원자력 연구 현황을 국가 기밀로 분류하고 핵물질과 기술 이전, 데이터 공유 등을 금지하여 핵무기 기술을 독점하고자 했다.

그러나 전쟁이 끝난 후 4년이 지난 1949년에 소련, 이어서 1952년 영국이 차례로 원자폭탄 개발에 성공하자 상황은 급변하게 된다. 이는 언제고 서로를 멸망시킬 수 있는 가공할 무기를 미국 이외의 국가도 갖게 되었다는 것과 앞으로 더욱더 많은 국가로 핵무기 기술이 확산될

[그림 ·7] 1946년 비키니 핵실험이 성공적으로 끝난 뒤 '원자폭탄 케이크'를 사이에 두고 찍은 기념사진(Blandy Crossroads commander), Mrs. Blandy, Admiral F. J. Lowry. –ATOMIC AGE: Angel Food, Time Magazine(1946).

가능성이 있다는 것을 의미했다. 이에 미국은 무기 개발에만 골몰하면 인류에게 위협이 되니 평화로운 핵에너지의 이용이야말로 인류에게 도움이 된다는 '원자력의 평화적 이용Atoms for Peace'을 제안, 원전 기술 제공을 미끼로 사용하며 핵무기의 확산을 막는 핵 억지 및 관리 정책으로 나아가게 된다. 그 결과 1957년 국제원자력기구IAEA가 설립되었으며, IAEA는 지금까지 원자력의 평화적 이용을 촉진하고 원자력 기술이 핵무기로 전용되지 않도록 감시하는 역할을 맡아왔다. 동시에 미국은 원자력법을 개정하여 많은 핵 연구 기밀을 해제, 민간 기업과 핵무기를 개발하지 않겠다고 약속한 국가에 원자력 기술을 제공하여 원자력의 평화적 사용에 의한 장밋빛 미래를 제시함과 동시에 핵무기 개발에 대한 규제를 강화했다.

【그림 •8】 냉전 시대, 미국과 소련은 경쟁적으로 핵무기 개발에 나서면서 엄청난 규모의 핵실험을 진행했다.

【그림 •9】 미국 대통령 아이젠하워가 1953년 '평화를 위한 원자력(Atoms for Peace)'을 주제로 UN에서 연설하고 있다.

　이러한 상황 속에서, 1954년 3월 1일 일본의 참치 어선인 '제5 후쿠류마루'가 미국의 수소폭탄 실험장인 비키니 환초로부터 160km 거리 부근에서 조업 중 방사능 낙진에 의해 선원 23명이 모두 피폭당하고 그중 1명이 사망하는 사고가 발생하게 된다. 일본의 어선은 미군이 사전 경고한 위험 지역의 바깥에서 조업 중이었음에도 피폭을 당한 데다가, 히로시마와 나가사키에 대한 트라우마를 일깨운 이 사고로 일본에서는 반미 운동과 함께 원자폭탄과 수소폭탄 반대 운동이 격렬하게 일어나게 된다. 그 결과 1955년에는 '원수폭금지 일본협의회原水爆禁止日本協議会'가 결성되어 핵무기 폐지를 위한 운동이 전개되었고, 같은 해 8월 히로시마에서 '제1회 원수폭금지 세계대회第一回原水爆禁止世界大会'가 열리는 등 일본 전역에 반핵 평화 운동이 확산되었다. 원자력이 밝은 미래를 약속할 것이라는 만화 〈우주 소년 아톰鉄腕アトム〉(1952)과 같은 유토피아적 세계관이 수소폭탄으로 인해 생겨난 거대 괴수

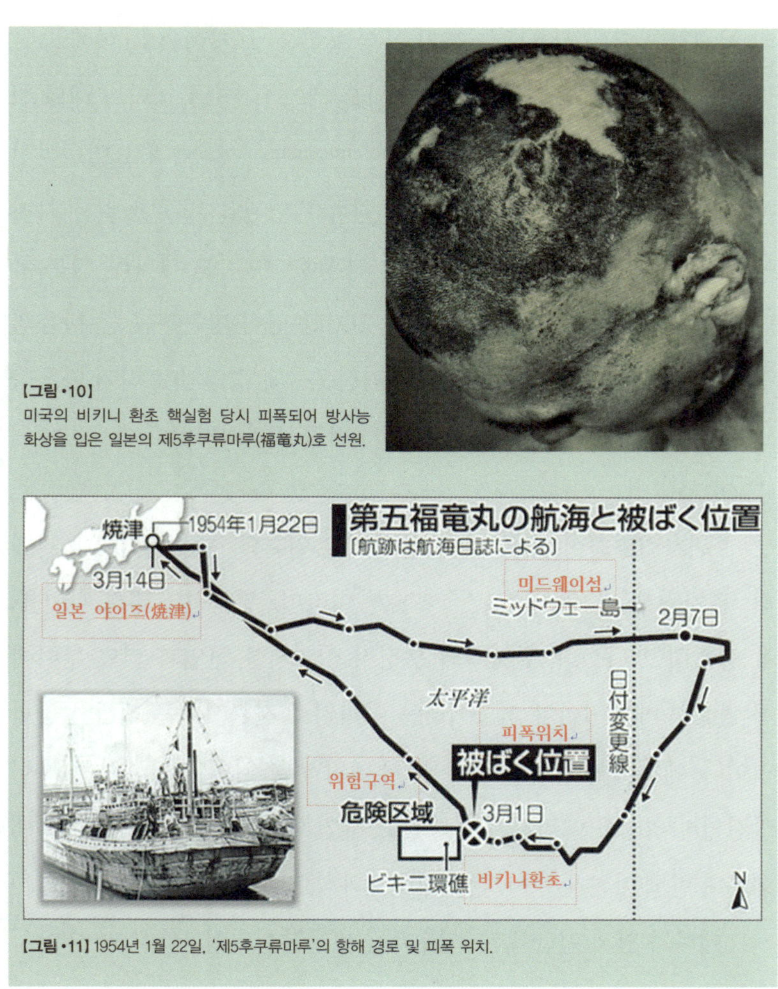

【그림·11】 1954년 1월 22일, '제5후쿠류마루'의 항해 경로 및 피폭 위치.

〈고질라ゴジラ〉(1954)가 도쿄를 파괴하는 디스토피아적 세계관으로 바뀌게 된 시점이 온 것이다.

이와 같은 반미, 반핵 운동은 일본을 지정학적으로 공산 진영에 대한 방파제로 삼아 관리하던 미국에겐 매우 바람직하지 않은 상황이었다. 또한 원자력의 평화적 이용을 통한 미국의 경제적 이익 확보와 핵 억제라고 하는 목표에도 좋지 않은 영향을 줄 것이었다. 이에 '제1 회 원수폭금지 세계대회'가 열렸던 같은 해인 1955년, 미국의 대외 선전 기관이었던 미국정보국United States Information Agency과 요미우리신문사読売新聞社는 공동으로 히로시마 원폭 기념관을 비롯한 일본 각지에서 '원자력평화이용대박람회原子力平和利用大博覧会'를 개최해, 일본 국민의 인식 전환을 노렸는데, 연인원 260만 명이 방문하는 등 나름의 성과를 거두게 된다. 참고로 요미우리신문사의 경영자 쇼리키 마츠타로正力 松太郎(1885~1969)는 미국 CIA의 비공식 협력자였다(CIA의 코드네임 PODAM).

'원자력평화이용대박람회'를 계기로 일본의 주류 미디어는 일제히 "원자력은 제2의 태양もう一つの太陽"이라며 '원자력의 평화적 이용'을 옹호하고 나섰다. 원자력의 부정적 이미지를 산업과 의료 분야에 꼭 필요한 에너지이자 기술이라는 이미지로 전환시키는 데에 성공한 것이다. 에너지 수입국인 일본은 '에너지 빈국'임을 자처하며, 원자력 발전의 당위성을 어필하기 시작했고, 값싼 에너지의 영구적 확보를 내세우며 반핵 여론을 무마하는 데에 효과적으로 활용했다.

게다가 앞서 언급했던 '원수폭금지 일본협의회原水爆禁止日本協議会'의 반핵 평화 운동을 공산당이 주도하게 되면서 '미국의 핵'은 비판하면서도 소련의 핵실험 재개(1961)는 '사회주의 방어'를 위해 불가피한 것이라며 사실상 긍정하는 등 자기모순에 빠져 시민 사회로부터 외면을 받고 동력을 상실했다. 그리고 이 운동은 무엇보다 핵실험 반대와 피폭 피해 부각에만 집중했을 뿐, "군국주의 부활은 용납 못 한다"와 같은 일반적 표현을 제외하면 전쟁의 직접적인 책임이 있는 덴노天

【그림 •12】
히로시마 평화 기념 공원에서 치유를 기원하는 '천 마리의 종이학' 센바즈루 (千羽鶴)와 함께 추모하는 일본의 어린 이들(1990년).

皇와 주요 전범의 처벌 등을 거론하는 것을 회피했으며, 이후 덴노제天 皇制 폐지, 전범 재평가에 대한 결의문을 삭제하는 등, 오직 피해국(피폭국) 이미지만 강조하여, 이후 '반핵은 원폭 피해국이기 때문에 추진해야 한다'는 '피해자 서사'만이 남게 되었다.

원폭 피해를 당한 근본 원인인 덴노天皇와 전범의 전쟁 범죄에 대한 책임을 물을 수 없는 상황 속에서, 일본인에게 남겨진 것은 전후 일본의 번영과 전쟁의 종결은 이들 원폭 희생자의 숭고한 희생이 있었기에 가능했다고 하는 정서적 연민과 사회적 부채 의식이었으며, 이것이 일본이 스스로 가해자가 아닌 '피해자'로서 자리매김하게 하는 근본적인 원인이라고 할 수 있을 것이다. 이는 후쿠시마 원전 사고에서 가해자인 전력 회사와 정부에 대한 법적 책임의 부재 상황이 지방 어촌 및 산간 지역 주민의 희생에 대한 정서적 연민과 희생에 대한 감사로 치환되는 구조와 동일하다고 할 수 있다. 한 가지 덧붙이자면, 히로시마와 나가사키 등의 피폭자에 대한 숭고한 희생에 대한 감사와 위로의 의미로 전달되는 종이학이 후쿠시마 원전 사고의 재해 지역민에게도 전달되고 있지만, 이들 지역에서 종이학이 전체 지원 물품 중 가장 필요 없는 물품 1위로 선정되는 아이러니가 바로 냉철한 원인 규명과 재발 방지책 강구가 아니라 감정적 피해자 서사만이 중시되고 있는 현상의 일면을 보여주는 사례라고 할 수 있다.

개방적이고 민주적인 시민 사회로의 전환이 필요할 때

후쿠시마 원전 사고와 제2차 세계대전. 시공간을 뛰어넘는 이 두 사건의 중심에는, 일본 사회가 비극적 재난을 마주하고 기억하는 독특한 방식, 즉 '피해자 의식'이라는 공통의 코드가 존재한다.

두 사건 모두에서 진정한 책임 소재를 규명하고 '가해자'를 단죄하는 고통스러운 과정은 생략되었다. 책임져야 할 기업과 국가는 면죄부를 받았고, 침략을 주도했던 전범들은 추앙의 대상이 되었다. 대신 그 빈자리를 채운 것은 '숭고한 희생'에 대한 정서적 연민과 가해의 기억을 피해의 기억으로 교묘하게 덧씌우는 왜곡된 서사였다.

이러한 '가해자를 지우고 피해자 되기'의 메커니즘은, 일본이 국제 사회에서 종종 이해하기 어려운 고립된 행보를 보이는 근본적인 원인이자, 새로운 세대가 일본을 올바로 읽기 위해 반드시 넘어서야 할 가장 높은 벽이라 할 수 있다. 결국, 후쿠시마의 오염수와 히로시마의 검은 비는, 단순한 물리적 재앙을 넘어 일본 사회의 책임을 회피하는 구조적 병리가 어떻게 반복되는지를 보여주는 비극적인 상징으로 남아 있다. 이는 비단 일본만의 문제가 아니다. 친위 쿠데타로 권력을 사유화하고 헌법을 짓밟으려 한 자들과 그 추종 세력이 아직도 사과하지 않고 자신들의 정당성을 주장하며, '불가피한 결정'이었다며 '피해자 의식'을 보이고 있는 최근의 한국 우익 정치 집단의 일면은, 일본의 상황에 비추어 우리에게도 시사하는 바가 크다. 일본과 우리 모두 개방적이고 민주적인 시민사회의 역할이 그 어느 때보다도 절실한 시점이다.

제8장

다신교의 나라 일본에 무신론자가 많은 이유

신토(神道)를 통해 살펴보는

일본의 종교 문화

일본 여행을 다녀온 한국인은 일본 사회가 상당히 종교적이라고 생각하기 쉽다. 일본 전역 어디에서나 신사(神社)와 사찰, 교회와 성당 그리고 교회와 비슷하게 생긴 결혼식장 등을 쉽게 찾아볼 수 있기 때문이다. 게다가 일본의 문화 콘텐츠 속에는 각종 신들과 요괴 그리고 괴이(怪異)가 심심치 않게 등장하기 때문에 일본과 일본인이 종교적이지 않다고 생각하는 것이 오히려 어렵지 않을까 싶다. 그러나 일본인 중 전 종파를 막론하고 종교 단체에 소속된 신자(信者)는 채 10%가 되지 않는다. 과연 일본의 종교 문화는 어떤 역사적 과정을 거쳐 오늘날에 이르게 되었을까.

신들에게 미움받지 않고
살아가는 지혜

일본의 가장 오래된 역사서인 『고사기古事記』(712)와 『일본서기日本書紀』(720)에는 일본의 건국 신화가 자세히 실려 있다. 태초에 하늘과 땅이 나뉘지 않은 혼돈 속에서 여러 신이 나타났다가 사라지기를 반복한 후, 마지막으로 남신男神 '이자나기伊弉諾'와 여신女神 '이자나미伊弉冉'가 나타난다. 두 신은 하늘의 다리 위에 서서 보석이 박힌 창을 내려 혼돈을 휘저었다. 창끝에서 떨어진 소금물이 굳자 오노고로시마淤能碁呂島 섬이 생겨났다. 두 신은 이 섬에 내려와 결혼 의식을 치르고 부부가 되어 일본 열도를 낳기 시작했다. 두 신은 아와지시마淡路島를 시작으로 시코쿠四国, 규슈九州, 혼슈本州 등 일본의 주요 섬을 차례로 낳았다. 이어서 산·강·바다·바람·나무 등 삼라만상을 주관하는 수많은 신을 낳았다. 그러던 중 이자나미는 불의 신 가구쓰치軻遇突智를 낳다가 큰 화상을 입고 죽고 만다. 이자나미는 황천국黄泉国으로 가고 혼자가 된 이자나기는 태양의 여신 아마테라스 오미카미天照大神, 달의 신 쓰쿠요미노미코토月読命, 폭풍의 신 스사노오노미코토須佐之男命를 만들었다. 이 중 가장 고귀한 신인 아마테라스는 하늘을 주관했는데, 아마테라스의 손자인 니니기노미코토瓊瓊杵尊가 신들의 세계인 다카마가하라高天原에서 지상으로 내려와 일본을 다스리기 시작했으니, 그의 증손자가 바로 일본의 초대 덴노天皇인 진무 덴노神武天皇이다.

[그림 ·1] 일본 건국 설화의 주인공 이자나기(伊弉諾)와 이자나미(伊弉冉).

일본의 건국 신화는 일본을 '신神의 후손이 다스리는 나라'로 정의하고, 그 후손인 덴노天皇를 신격화한 것으로 완성된다. 바로 이 뿌리에 일본의 고유 종교인 신토神道가 맞닿아 있다.

일본 문화청文化庁이 2020년 기준으로 『종교연감宗教年鑑』을 통해 발표한 일본의 종교인 현황을 보면, 가장 신도가 많은 신토神道 8천 400만 명, 불교 7천만 명, 기독교 1백만 명, 기타 430만 명 순으로, 각 종교 단체가 주장하는 신자 수를 모두 합치면 일본의 인구를 넘어선다(2020년 일본의 총인구는 126,226,568명).[1] 물론 이 통계는 각 종교의 주장을 취합한 것이니만큼 일정 부분 허수가 반영될 수 있지만, 일단 대다수의 일본인이 종교를 믿고 있다고 판단할 근거로는 충분하다.

그러나 실제 일본인의 종교 생활, 즉 '어느 종교를 믿고 있는가'에 대한 조사 결과는 종교 단체들의 주장과는 크게 다르다. 우선 종교 단체의 주장에 따르면 신토神道, 불교, 기독교 순으로 신자가 많은데, 〈표 1〉의 설문조사에 따르면 실제 가장 많이 믿는 종교는 신토神道가 아니라 불교였으며, 신토神道와 기독교 등 여타 종교의 비율이 매우 낮은 것을 알 수 있다.

연도	불교	신토(神道)	기독교	기타
2000	27.0%	3.0%	1.0%	2.0%
2010	26.5%	3.5%	1.2%	2.3%
2017	26.0%	3.2%	1.1%	2.1%
2023	25.5%	3.0%	1.0%	2.0%

【표·1】신앙하는 종교의 종류(JGSS), "믿고 있는 종교가 있다면, 그 종교의 이름을 말씀해 주십시오."

---

1) 일본 총무성(総務省)의 2020년 인구총조사(国勢調査) 기준.

연도	종교를 믿는다(%)	종교를 믿지 않는다(%)
1953	33%	67%
1963	31%	69%
1973	28%	72%
1983	27%	73%
1993	26%	74%
2003	25%	75%

【표·2】일본인의 종교 현황: 일본인 국민성 조사(Japanese National Character Survey).

게다가 〈표 2~5〉의 설문조사 결과를 자세히 들여다보면, 종교가 없다고 대답한 일본인이 전체의 75%에 이르며, 스스로 종교적이지 않다고 대답한 일본인도 전체의 약 80%를 차지한다. 그리고 무려 응답자의 90%가 넘는 일본인은 종교 단체에 가입되어 있지 않다고 답했다. 그렇다면 각 종교에서 주장하는 신자 수 통계와 설문조사의 결과는 왜 이렇게 극단적인 차이를 보이는 것일까? 무교가 75%를 넘는다는 통계 자료는 일본인이 종교적이라고 하는 일반적 이미지와도 매우 다른데, 그 이유는 무엇일까?

연도	종교를 믿는다	종교 단체 가입자	집안에 종교가 있다	종교가 없다
2000	8.3%	5.6%	22.7%	69.0%
2010	9.2%	6.8%	21.2%	69.6%
2017	9.0%	6.8%	18.7%	72.3%
2023	8.5%	6.5%	17.5%	74.0%

【표·3】일본인의 종교의식 조사 결과(JGSS).

연도	매우 종교적이다	어느 정도 종교적이다	별로 종교적이지 않다
2000	1.2%	18.0%	77.0%
2010	1.1%	17.5%	78.0%
2017	1.1%	17.0%	78.2%
2023	1.0%	16.5%	78.5%

【표·4】일본인의 종교의식 조사 결과(JGSS), "당신은 자신을 얼마나 종교적인 사람이라고 생각하십니까?"

연도	가입되어 있다(%)	가입되어 있지 않다(%)
2000	5.6%	94.4%
2010	6.8%	93.2%
2017	6.8%	93.2%
2023	6.5%	93.5%

【표·5】일본인의 종교의식 조사 결과(JGSS), "당신은 종교 단체에 가입이 되어 있습니까?"

종교가 없는, 즉 무교의 비율이 높은 것은 일본뿐만 아니라 〈표 6〉에서 확인할 수 있듯이 한국도 마찬가지이다. 그리고 무교의 비율이 점차 높아지는 탈종교화는 비단 일본에서만 나타나는 현상이 아니며 이는 미국과 유럽 등 여러 국가에서 나타나는 현상이기도 하다. 미국도 1960년대에는 약 90%가 기독교인임을 자처했으나, 2020년대에는 약 63%로 줄어들었고 무종교 인구는 약 2%에서 약 31%로 증가했다.(Gallup, Pew Research Center) 그리고 유럽(프랑스·독일·스웨덴·스페인·영국 등) 주요 국가에서도 기독교 인구 비율이 감소하고 무종교 인구 비율이 증가하는 추세가 나타나고 있다.

연도	종교 있음(%)	종교 없음(%)	주요 특징
1984	52%	48%	첫 전국 조사. 개신교 중심 증가 시작
1989	47%	53%	무종교 비율 역전 현상
1997	54%	46%	외환위기 전후 신앙 회복기
2004	53%	47%	종교 있음 비율 유지
2014	50%	50%	정체기
2021	34%	66%	무종교 급증, 세속화 본격화
2024	33%	67%	무종교가 압도적 다수 유지

[표·6] 한국인의 종교 현황(갤럽조사연구소).

그러나 일본에서의 현상은 여타 국가와 근본적으로 다른 점이 있다. 일본은 통계 자료가 발표된 1950년대부터 이미 무교 비율이 압도적으로 높았으며, 다소간의 증가세는 있었지만, 추이는 지금까지 크게 달라진 바가 없다. 결론적으로 현대 일본은 특정 종교를 믿는, 신앙을 가진 사람이 원래부터 많지 않았음을 알 수 있다. 그렇다면 신사神師와 사찰 등 수많은 종교 시설, 여러 종교의 영향이 강하게 남아 있는 명절과 마츠리祭り, 종교적인 색채를 띠는 관혼상제가 일상적임에도 불구하고 정작 일본인은 왜 스스로 종교가 없다고 답하는 것일까?

크게 세 가지 이유를 들 수 있는데, 이를 자세히 살펴보면 일본인의 종교관을 전반적으로 이해할 할 수 있는 단서를 얻게 된다. 첫째로는 일본인의 '다종교의 공존과 실용적 신앙의 자세'를 꼽을 수 있다. 둘째 '관습 중심의 문화 속에서 생활의 일부로 포섭된 종교'가 있고 마지막으로 '정치적이며 권위주의적이었던 국가신토国家神道에 대한 거부감'을 들 수 있다.

맞춤형 종교 의례로
신과 거래하는 사람들

일본인은 평균적으로 특정 종교에 귀속되지 않고, 필요한 시기에 적절한 신을 선택하여 의례만을 활용하는 등 실용적인 종교관을 보인다. 예를 들어 아이의 백일은 신토神道식으로, 결혼은 기독교식으로, 장례는 불교식으로 치른다. 기독교의 크리스마스를 축제처럼 기념하고 즐기는 등 보통의 일본인은 다신교적 관용성을 지닌 채, 행위 중심의 신앙practice-oriented religion을 선호한다. 비유하자면 일본인의 종교 활동은 '특정한 유일신을 믿는 신앙'이 아니라, 상황과 필요에 따른 '신들과의 맞춤형 거래'에 가깝다.

일본인의 종교관은 여러 가지 요인이 다층적으로 작용한 결과이지만, 무엇보다 자연재해가 만연한 가혹한 환경 속에서 형성된 다신교적 신앙관의 영향이 크다. 일본 열도는 생명을 위협하는 화산 분화와 크고 작은 지진, 그리고 이로 인한 해일과 화재의 위험성이 상존한다. 습하고 더운 여름에는 장마와 폭우 그리고 강력한 태풍이 여러 차례 발생하며 홍수, 산사태, 온열 질병과 역병이 만연하기 쉽고, 겨울에는 여름과 판이하게 한파와 폭설 그리고 이로 인한 기근 등 4계절 내내 자연재해가 끊이지 않는다. 인간의 힘으로는 대응할 수 없는 거대한 자연의 힘에 대한 공포와 경외감은 일본 열도에 불교와 같은 선진 종교가 전래되기 이전에 이미 '야오요로즈노 가미가미八百万の神々'라는 무려 팔백만의 신과 영혼이 자연물에 깃들어 있다는 애니미즘적이면서도 다신교적인 신앙, 즉 신토神道를 발생시켰으며, 이러한 다신교

적 종교관은 오랜 세월을 거치며 일본 신앙의 원형으로 자리 잡게 된
다. 원시 종교였던 신토神道는 538년경 백제를 통해 전해진 불교와 습
합習合되면서 자연신에 더해 조상이 모두 호토케仏(부처)가 된다는 조
상신 숭배 사상으로 연결되어 더욱 분화되고 다양해진 신을 탄생시켰
는데, 오늘날에도 일본인의 신사神社 참배 모습을 통해 그 일면을 확인
할 수 있다.

【그림·2】
하치게 신사(八劒神社)
의 배전(拜殿). 이곳에서
참배객은 신들을 만나게
된다.

【그림·3】
도쿄 세타가야구(世田谷
区)의 신사(神社), 하치
만구(八幡宮)의 참배 안
내 그림.

일본 신사神社의 본전本殿 참배 방법

二礼二拍手一礼

기본적으로 두 번 절한 뒤, 두 번 손뼉을 치고, 마지막으로 한 번 절한다.

① 새전함賽錢箱에 공양할 돈, 사이센賽錢을 넣는다. 보통 '인연'을 뜻하는 '고엔ご縁'과 발음이 같은 5엔 동전을 넣으면 좋다는 속설이 있다.
② 스즈鈴(방울)가 달려 있다면 줄을 흔들어 신에게 자신이 왔음을 알린다.
③ 몸을 90도로 숙여 두 번 깊이 절.
④ 가슴 높이에서 양손을 모아 두 번 손뼉을 침. 이때 오른손을 살짝 아래로 내리쳤다가 다시 가지런히 모으는 것이 정석이다.
⑤ 손뼉을 친 뒤 손을 모은 자세로 소원을 빈다.
⑥ 소원을 빈 뒤, 90도로 깊이 절을 하며 마무리한다.

일본의 신사神社는 건강·장수·결혼·출산·취직·진학 등 각각의 소원에 특화된 영험한 신이 따로 모셔진 사당이라고 할 수 있다. 특정 소원에 특화된 신사神社에 찾아가 소원에 대한 대가를 지불한 뒤, 방울을 울려 신사神社에 모셔진 신을 자신 앞으로 불러내 인사한 후, 소원을 비는 일본인의 신사神社 참배 의식은 스스로 선택한 신과의 일종의 '거래 Give & Take' 그 자체를 연상시킨다.

신토神道의 다신교적 특징은 오랜 기간 문화의 변방이었던 섬나라 일본의 지리적 입지와도 관련이 있다. 대륙과 교류가 상대적으로 활발하고 긍정적이든 부정적이든 대륙의 영향력을 지대하게 받아왔던 한반도와 달리, 일본은 물리적으로 격리된 섬나라였던 탓에 선진 문화와 문물을 시차를 두고 도입할 수밖에 없었고, 실패로 돌아간 몽골과 고려 연합군의 침입을 제외하면 외침도 없었기 때문에 이어져온 전통과 문화를 일거에 새로운 것으로 바꾸는 것이 아니라, 상황에 따라 필요한 것을 취사선택하여 기존의 문화적 지층에 새로운 문화적 요소를 얹어가는 방식의 중층적 수용 자세를 취하기에 유리했다. 이는 〈표 7〉에서 확인하듯, 문자의 수용 양상에서도 확인할 수 있는데, 같은 한자라고 하더라도 다양한 시기에 다양한 방법으로 건너온 한자의 음을 차례로 취사선택하여 상황과 의미에 따라 다르게 사용해왔다.

한 자	한국어		일본어		
	뜻/읽기	예시	뜻/읽기		예시
뜻(훈)	갈(가다)	학교에 <u>가다</u>	いく [iku]		学校に行く。 학교에 <u>가다(간다)</u>.
行 **읽기(음)**	행	<u>행</u>진하는 사람.	오음 呉音	ぎょう [gyo]	行列 : <u>ぎょう</u>れつ 행렬
			한음 漢音	こう [koː]	行進 : <u>こう</u>しん 행진
			당음 唐音	あん [an]	行脚 : <u>あん</u>ぎゃ 행각

【표·7】 한국과 일본의 한자 읽기로 보는 일본 문화의 중층적 수용 태도. 1) 오음(呉音): 3세기 후반〜6세기 중국의 남방계 오나라 방언. 불교 용어와 함께 전래. 2) 한음(漢音): 7〜8세기 나라 시대에서 헤이안 시대에 걸쳐 견수사와 유학 승려를 통해 전래. 3) 당음(唐音): 가마쿠라 시대 이후 중국의 송·원·명·청에서 전래된 강남 지방의 발음.

종교 수용도 마찬가지였다. 강력한 선진 종교가 수입된다 하더라도 그 이전의 종교를 완전히 뒤엎거나 부정하는 것이 아니라, 기존의 종교에 새로 수입된 종교의 몇몇 요소를 선택적으로 받아들여 토착화시키고 절충하는 모습을 보여왔다. 그 대표적인 예시가 앞서 이야기했던 신불습합神仏習合인데, 신토神道의 신인 카미神를 불교의 부처 혹은 보살의 현신化身으로 해석해 두 신앙을 융합하는 식이다. 부처의 화신으로 일본에 나타난 것이 일본의 시조신이라 불리는 아마테라스 오미카미天照大神라고 본다거나, 이 아마테라스가 모셔진 신사神社인 이세신궁伊勢神宮2)에 신궁사神宮寺와 같이 불당을 함께 설치하는 등, 일본은 자연스러운 형태로 신불습합神仏習合을 안착시켰다.

인간의 생애 주기와 관련이 깊은 '관혼상제冠婚葬祭'를 보더라도 일본인의 종교의식을 명확히 확인할 수 있다. 일본에서는 아이가 태어나면 신토神道식으로 아이의 탄생을 축하하고 건강과 안녕을 기원한다. 예를 들어 생후 백일째 되는 날에는 일생 동안 먹을 것에 곤란하지 않기를 기원하는 의미의 오쿠이조메お食い初め, 아이가 더 자라서 남아 3세와 5세 그리고 여아 3세와 7세가 되는 해의 11월 15일에는 아이의 무사 성장을 축하하고 앞으로의 안녕을 기원하는 의미로 기모노를 차려 입히고 신사神社에 참배하는데, 이를 시치고산七五三이라 한다. 그리고 '성년의 날'에는 성인식成人式 행사와 함께 신사神社에 참배하는

---

2) 이세신궁은 미에현(三重県)에 있으며 아마테라스를 주신으로 모시는 신토(神道) 최고 성지이다. 이세신궁은 아라테라스를 모시는 내궁(内宮)과 도요우케(豊受大御神)를 모시는 외궁(外宮)을 중심으로 구성되어 있으며, 일본의 덴노(天皇)도 즉위 전에 이세신궁을 참배하여 국가의 안녕을 기원한다.

등, 생애 전반부에는 보통 신토神道식 의례를 선호한다.

성년이 되어 배우자를 맞아 결혼하는 경우, 기독교식, 신토神道식, 불교식 등 다양한 종교 의례 양식 중 하나를 선택하는데, 가장 낯선 장면 중 하나가 상당수 젊은이가 '채플식チャペル式' 결혼을 선호한다는 점이다. 둘 중 한 명이라도 기독교나 가톨릭 신자라면 그다지 이상한 일이 아니겠으나, 양가 모두 기독교나 카톨릭과는 전혀 상관이 없는데에도, 일본인은 채플식 결혼식을 선호한다. 더 나아가 실제 교회나 성당에서 치러지는 결혼식이 아니라, 대부분 웨딩 업체에서 교회나 성당처럼 꾸며놓은 웨딩홀에서 진행되는데, 이곳에서 파이프오르간의 반주에 맞추어 성가대와 함께 하객이 찬송가를 부르고, 웨딩 업체에서 섭외한 서양인 연기자가 목사 혹은 신부 복장을 하고 집전하는 결혼식을 올린다. 즉 일본의 채플식 결혼식은 혼례 당사자의 신앙과는 전혀 관계없이 웨딩드레스와 턱시도 그리고 엄숙하고 성스러운 기독교 결

혼 의식의 이미지만을 차용한 것으로, 일본인의 종교관과 수용 태도를 상징적으로 보여주는 예라고 할 수 있다.

[그림 · 5]
채플 결혼식 플랜을 제공하는
웨딩홀의 광고.

【그림 · 6】 신토(神道) 결혼식 신젠시키(神前式). 고베(神戸) 이쿠타 신사(生田神社).

【그림 · 7】 불교 결혼식, 부츠젠시키(仏前式). 교토(京都) 정토종(浄土宗) 지온인(知恩院).

생을 마감하여 장례를 치를 때, 그리고 이미 고인이 된 분의 명복을 비는 제사 의식을 치를 때에는 거의 대다수 일본인이 불교식 의례를 선택한다. 고인의 사망 시에는 승려가 독경하는 불교식 장례를 치르고 우리에게도 익숙한 49재[3]도 열어 불교식으로 추모한다. 그리고 집 안에 불단仏壇이나 카미다나神棚을 설치해 고인의 위패와 사진 등을 세우고—꽃으로 장식하거나 고인이 평소 좋아하던 음식을 놓아두는 등—아침저녁으로 향을 피우는 방식으로 고인을 추모하거나 기억한다.

일본의 추석에 해당하는 오봉お盆(8월 13일~16일)에는 본인 집안이 믿어온 종파의 승려를 모셔 제사를 지내는 경우도 많다. 오봉은 불교와 신토神道의 혼합적 요소가 강하며, 집, 사찰, 묘지 등 다양한 장소에서 의례가 이루어지는데, 장례식이나 오봉 때가 되어서야 '집안에 종교가 있다'는 것을 인식하게 되는 일본인이 많다. 즉 평소 종교에 대해 별 의식이 없이 생활해왔지만, 장례와 상제葬祭 때가 되어서야 전통에 따라 본인 집안이 어느 종파의 승려를 모셨으며, 마찬가지로 가족의 묘지가 어느 종파의 사찰에 있는가 확인하게 되며, 이때 비로소 가족 종교의 존재를 인식하게 되는 것이다.

이제 우리의 궁금증이 조금은 풀린 듯싶다. 일본인은 다양한 신을 모시면서 필요에 따라 거래하며, 생애 주기와 관혼상제 때마다 때로는 하나의 종교를, 때로는 복수의 종교를 동시에 '차용'하고 '활용'해왔

---

3) 일본은 '四十九日法要'로 쓴다. 불교에서는 사람이 죽은 후, 즉시 윤회하는 것이 아니라 49일간 중음(中有: 중간 상태)에 머무는 동안 다음 세상의 행선지가 결정된다고 본다. 일본 불교에서는 이 시기 동안 7일 간격으로 7번의 재를 지내는데, 그 마지막이 바로 7일×7재=49재가 된다. 49재는 '독경 및 염불', '헌화와 공양', '납골', '공양회(회식)'의 순서대로 진행되며 종파별로 약간의 차이가 있다.

【그림 • 8】
일본의 불교식
장례식.

【그림 • 9】
가정에 설치된 조상신을 위한 불단.

【그림 • 10】
오봉(お盆) 명절, 조상을 모시는 불단과 제사상.

【그림 • 11】
제상에 놓인 오이와 가지. 조상신이 빨리 타고
오시라고 말을 상징하는 오이와, 선물과 음식
을 가지고 천천히 돌아가시라는 의미로 소를
상징하는 가지를 놓는다.

기 때문에 '어떤 종교를 믿는가'라는 질문에 일본인 대부분은 자연스럽게 '하나의 종교를 헌신적으로는 믿지 않는다'고 답하는 것이다.

국가신토国家神道의 탄생과
민간 신앙의 붕괴

한국인의 일상생활과 예절 속에는 충효忠孝와 장유유서長幼有序, 인의예지신仁義禮智信 등 유교적인 요소가 매우 강하게 작동하고 있는데, 구체적으로 유교식으로 고인의 장례식을 치르고, 돌아가신 조상을 기리기 위해 기일 혹은 명절에 제사와 차례를 지내는 한국인을 어렵지 않게 찾아볼 수 있다. 그러나 만일 한국인이 '당신은 유교 신자입니까?'라는 질문을 받는다면 '나의 종교는 유교입니다'라고 대답할 사람은 그다지 많지 않을 것이다. 물론 유교가 종교인가라는 전제에 근본적인 문제가 있기는 하지만, 신神의 존재, 특정 신앙 공동체 조직에서의 활동 가능성, 생과 사후 세계에 대한 원리와 구원을 포함한 사생관死生観 등이 부재한 유교는 다수의 한국인에게 종교라기보다는 사회적 유대 관계의 원리와 생활 문화로서 관습처럼 일상에 스며들어 있다고 보는 것이 타당하다. 경우가 다소 다르기는 하지만 이는 정기적인 예배나 포교 활동에 나서지 않는 등 종교 활동은 하지 않지만 생활 속에 기독교적인 양식이 깊이 배어 있는 비제도적 기독교인의 모습과도 어떤 면에서 유사한 부분이 있다.

마찬가지로 일본에서 가장 점유율이 높은 종교인 신토神道와 불교도 일본인에게는 개인의 정체성으로서 작용하는 종교라기보다 사회적 유대 관계의 실천 방법이자 일상생활의 일부로 기능하는 문화 요소로 받아들여진다. 특히 일본의 신토神道는 유일신을 믿는 종교의 참회·구원·영생 등과 같은 교리 체계가 불분명하고, 관혼상제와 같은 생활 속 의례, 가족 커뮤니티의 확장 선상에 놓여 있는 조상 숭배의 수단으로 활용되고 있기에, 일본인은 신토神道의 종교적 의례에 참가한다고 해서 스스로 종교인이라 생각하지 않는다. 일본인에게 종교를 갖는다는 것은 교단과 같은 조직 종교organized religion 또는 신앙 공동체의 일원으로 활동하면서 교리를 배우고 실천하는 것을 의미한다. 따라서 앞서 언급한 것처럼 매년 신사神社에 참배하고 부적을 사고 자녀의 탄생과 성장을 신사神社에 가서 기원하고 기독교식으로 결혼식을 올리고 불교식 장례와 제사를 치르지만—이와 같은 일본의 불교를 장식불교葬式仏教라 부른다—, 교리를 배우거나 교단에 속해 있지 않기 때문에 일본인 스스로 '종교가 없다'고 인식하는 것이다. 역설적으로 그렇기에 서로 다른 종교의 예식을 상황에 따라 선택할 때도 거부감이 없는 것이다.

신토神道는 앞서 설명한 것처럼, 자연 숭배와 조상 숭배를 기반으로 고대부터 이어온 다신교적인 종교로, 자연물과 조상 그리고 역사적 인물 등 다양한 존재를 신神으로 모신다. 신토神道는 교리나 경전보다는 의례 중심이며, 지역 공동체 중심의 생활 종교에 가까운데, 8세기 무렵 『고사기古事記』와 『일본서기日本書紀』를 편찬하면서 덴노天皇 통치의 정당성 확보를 위해 신화 체계로 정비되기는 했으나, 이후 불교가 전래되면서 불교와 상호 보완적 존재로 일본인에게 수용되었다.

그러나 1868년 메이지유신明治維新 이후, 일본 정부는 신토神道를 국교로 삼기 위해 신불분리령神仏分離令을 발표, 수백 년간의 융화를 강제로 해체하여 '국가신토国家神道' 체제를 구축하게 된다. 수천 개의 신궁사神宮寺가 폐지되고 신사神社 내 불당이 철거되었으며, 전국적으로 폐불훼석廃仏毀釈 운동이 일어난다.

현대 일본의 종교 문화를 좀 더 깊숙이 이해하기 위해서는 국가신토国家神道의 형성 과정에서 어떤 일이 있었는지 살펴봐야 한다. 특히 '덴노제天皇制'를 앞세운 '메이지유신'에서 '신토神道'가 담당한 역할에 주목할 필요가 있다.

도요토미 히데요시豊臣秀吉의 몰락 후 탄생한 에도 시대江戸時代 (1603~1867) 약 260년간 일본의 실질적인 권력자는 도쿠가와德川 가문의 쇼군将軍이었다. 물론 쇼군이 이끄는 군사정권인 바쿠후幕府(막부) 는 덴노天皇로부터 임명받는 절차를 거쳐 통치의 정당성을 확보했으나, 이는 어디까지나 형식일 뿐, 실질적인 국정 운영은 모두 에도江戸 (도쿄)의 바쿠후幕府에서 이루어졌다. 덴노天皇는 수도인 교토京都에 머물며 정치·군사적 실권은 전혀 없는 상징적인 존재로 오직 학문이나 예술 활동에만 전념해야 했으며, 정치에 관여하는 것은 엄격히 금지되었다.

그러나 19세기 중반 서구 열강의 등장으로 일본 사회가 큰 충격에 빠지자, 무능한 바쿠후幕府의 대응에 불만을 품은 세력이 등장하게 되는데, 이들이 바로 도쿠가와 가문이 일본을 통일한 이후 중앙 권력에서 배제되어왔던 도자마 다이묘外様大名4)들이었다. 특히 사쓰마번薩

---

4) 도요토미 히데요시(豊臣秀吉) 측에 가담하여 세키가하라 전투(関ヶ原合戦) 이전에 도쿠가

[그림·13] 미국의 페리 선단에 의해 일본은 1853(嘉永6年) 조약을 맺고 개항한다.

와(德川) 가문에 복종하지 않았던 다이묘(大名)를 가리킴. 사쓰마번(薩摩藩), 조슈번(長州藩), 도사번(土佐藩), 히젠번(肥前藩) 등이 있다.

摩藩과 조슈번長州藩 등 서남부 지역의 강력한 번藩(영지) 소속의 하급 무사들이 개혁의 중심 세력으로 떠올랐다. 이들은 '덴노天皇를 받들고 오랑캐를 몰아내자'는 '존황양이尊皇攘夷'를 구호로 내걸었는데 이는 오랫동안 소외돼 있던 덴노天皇를 바쿠후幕府 타도의 정치적 명분으로 활용한 것으로, 덴노天皇를 바쿠후幕府 위에 있는 정통성 있는 존재로 내세워서 바쿠후幕府에 반대하는 세력을 하나로 묶는 구심점으로 삼았다. 결국 1867년, 마지막 쇼군인 도쿠가와 요시노부德川慶喜가 형식적으로나마 통치권을 덴노天皇에게 반납―이를 일본에서는 대정봉환大政奉還라 부른다―하면서 바쿠후幕府 시대는 막을 내렸다. 하지만 이는 실권이 덴노天皇에게 돌아간 것이 아니라, 바쿠후幕府를 무너뜨린 사쓰마번과 조슈번 등 유신 주도 세력에게 넘어갔음을 의미했다.

[그림 •14]
일본의 15대 쇼군(将軍)이자 마지막 쇼군인 도쿠가와 요시노부(德川慶喜: 1837~1913). 국립국회도서관 디지털 컬렉션.

새로운 메이지 정부는 봉건적인 에도 바쿠후幕府 체제를 해체하고 서구와 같은 강력한 중앙집권적 근대국가를 건설하고자 했다. 이 과정에서 덴노天皇는 국민을 통합하고, 급진적인 개혁에 대한 저항을 무마하며, 국가적인 동력을 끌어내는 데 가장 효과적인 상징이자 구심점이었다. '덴노天皇의 이름으로' 개혁이 단행되었고, 국민은 덴노天皇에 대한 충성이 곧 국가에 대한 충성임을 강요받게 되었다. 메이지유신으로 권력의 중심에 서게 된 덴노天皇의 지위는 1889년에 공포된 대일본 제국 헌법(메이지 헌법)을 통해 법률적으로, 그리고 이데올로기적으로 완성되었는데, 초대 총리 이토 히로부미伊藤博文를 중심으로 한 헌법 제정자들은 국민주권에 기반한 미국이나 프랑스 모델 대신, 군주에게 강력한 권한이 주어지는 프러시아(독일)의 헌법을 참고했다. 여기에는 서구 열강에 일본이 근대적인 입헌주의 국가임을 보여주면서도, 기존의 유신 주도 세력藩閥5)이 덴노天皇의 이름 뒤에 숨어 실권을 유지하려는 의도가 숨겨져 있었다.

구체적으로 메이지 헌법은 덴노天皇에게 절대적이고 신성한 권력을 부여했는데, 예를 들어 헌법 제1조 '대일본제국은 만세일계万世一系의 덴노天皇가 이를 통치한다'는 덴노天皇의 통치권이 국민이나 하늘로부터 부여받은 것이 아니라, 신의 시대부터 영원히 하나의 혈통으로 이어져 내려온 고유의 권리임을 명시하고 있다. 이는 국민주권을 원천

---

5) 일본 메이지유신(1868) 전후, 바쿠후를 타도하는 데 주도적인 역할을 했던 특정 번(藩: 지방 영지) 출신의 무사들이 메이지 정부의 핵심 요직을 독점하며 형성한 정치적 파벌을 가리킨다. 사쓰마, 조슈, 도사, 히젠 4개 번(특히 사쓰마와 조슈)출신 인사들이 메이지 정부를 주도하며 번벌을 구성했다.

적으로 부정하는 조항으로, 이토 히로부미가 이끈 메이지 정부가 근대화의 과정에서 자연스럽게 나타날 수 있는 국민의 자유와 권리에 대한 요구를 원천적으로 봉쇄하기 위해 의도적으로 설계한 핵심 조항이라고 할 수 있다. 그리고 헌법 제3조 '덴노天皇는 신성하며 침범할 수 없다'는 덴노天皇를 법 위에 있는 존재, 즉 비판하거나 책임을 물을 수 없는 신적인 존재로 규정했다. 즉 헌법상 입법, 사법, 행정의 모든 통치권(주권)은 덴노天皇에게 있으며 군대의 통수권 역시 덴노天皇의 고유 권한이라는 것이었다.

메이지 정부는 새로운 헌법 제정과 더불어, 국가신토国家神道와 「교육칙어教育勅語」6)를 통해 국민정신 개조에 착수한다. 덴노天皇는 일본 민족 전체의 아버지이자 살아 있는 신인 '아라히토가미現人神'로 숭배하고, 모든 국민은 '충성스러운 신하이자 자식忠良な臣民'으로서 덴노天皇와 국가를 위해 목숨을 바쳐야 한다. 즉, 덴노天皇는 단순한 통치자가 아니라, 종교적·도덕적으로 절대적인 권위를 지니는 신적 존재이며, 이는 이후 일본의 국가 통치 이데올로기로 강력한 힘을 발휘하게 된다. 이 힘은 일본이 군국주의와 제국주의로 무장하고 국민을 총동원해 침략 전쟁을 수행하는 과정에서 핵심 동력으로 작동하게 된다.

이 과정에서 일본의 종교 문화는 큰 전환점을 맞는다. 국가신토

---

6) 「교육칙어(教育勅語)」는 1890년에 반포된 것으로, 한국인에게도 익숙한 유교의 '충효(忠孝)' 논리를 이용해 덴노(天皇)에게 절대 복종하도록 설계한 일본 제국주의의 핵심 도덕 규범이다. 이는 단순한 교육 지침이 아니라, 국민을 국가와 덴노(天皇)를 위해 기꺼이 목숨을 바치는 '신민(臣民)'으로 개조하기 위한 강력한 사상 통제 장치였다. 특히 한국인에게는 일제 강점기 매일 아침 학교와 관공서에서 강제로 암송하며 '황국신민화'를 주입받았던, 식민 지배와 정신적 억압의 상징과도 같은 문서라고 할 수 있다.

【그림 •15】
전통 복장 소쿠타이(束帶)를 입은 메이지 덴노
(明治天皇). 1872년(明治5年)의 모습.

【그림 •16】
서구식 군복을 입은 메이지 덴노(明治天皇).
1873년(明治6年)의 모습. 神奈川県立歴史博
物館.

国家神道를 통치 이데올로기로 이용하기 위해 일본 정부가 대놓고 종교 탄압 정책을 추진했기 때문이다. 덴노天皇를 정점으로 하는 국가 이데올로기를 완성하기 위해서는 모든 종교적·사상적 체계를 신토神道의 아래에 두어야 했는데, 신토神道 체계하에 편입시키거나 여의치 않으면 강압적으로 해체하는 두 가지 방법을 사용했다.

종교 탄압과 통폐합은 불교, 민간 신앙, 기독교, 신흥종교 등을 가리지 않고 전방위적으로 진행되었는데, 그중 불교가 가장 극심한 탄압의 대상이었다. 메이지유신 이전까지 일본에서는 신토神道와 불교가 명확히 구분되지 않고 융합된 상태, 즉 신불습합神仏習合이 약 1,000년 이상 이어져왔기 때문이다. 예를 들어 신사神社 경내에 절寺이 있거나, 신토神道의 신神을 부처仏의 화신化身으로 여기는 등 두 종교는 매우 긴밀했다. 그러나 메이지 정부는 덴노天皇의 신성성을 확립하기 위해 이 고리를 끊으려 했다. 앞서 설명한 바와 같이 메이지 정부는 집권 직후인 1868년 '신불분리령神仏分離令'을 공포했는데, 이 법령의 표면적인 목적은 신토神道의 '순수성'을 되찾는다는 것이었으나, 실제 목적은 불교의 사회적 영향력을 약화하고 신토神道를 그 위에 두려는 것이었다. 이 법령은 신사神社에서 불교적 요소를 모두 제거할 것을 명시했다. 예를 들어, 신사神社에 모셔진 불상이나 불구仏具를 치우고, 승려가 신사神社 운영에 관여하는 것을 금했다. 이 법령이 발효되자 전국에서 불교 파괴 운동인 '폐불훼석廃仏毀釈'이 일어났다. '부처를 폐하고 석가를 파괴한다'라는 뜻으로, 일부 국학자와 신관神官7) 등이 주동하고 과격한

---

7) 일본의 신사(神社)에서 정해진 격식에 따라 신에게 제사를 올리고 부정을 씻어내는 의식을

군중이 여기에 호응하면서 폭력적인 양상을 띠었다. 이 시기 전국의 수많은 사찰이 폐쇄되거나 파괴되었는데, 사찰의 종을 녹여 무기로 만들거나, 목재를 떼어내 다른 건물을 짓는 데 쓰기도 했다. 그리고 수많은 승려가 강제로 속세로 돌아가거나 신사神社의 신관神官이 되도록 강요받았는데, 이 과정에서 불교 교단은 크게 위축되었다.

　　나아가 메이지 정부는 통치 수단으로 활용할 목적으로 신토神道를 공적 영역으로 규정해 모든 신사神社를 덴노天皇를 정점으로 하는 피라미드 체계로 재편했다. 이 과정에서 지역 공동체와 밀착되어 있던 민간 신앙 기반의 신사神社들이 통폐합의 대상이 되었는데, 1906년 '신사합병령神社合祀令'을 반포해 일촌일사一村一社 정책, 즉 한 지역에 하나만의 신사神社를 두도록 강제했다. 신사神社의 '위엄'을 유지한다는 명분을 내세워 각 지역의 작은 신사神社를 폐지하고 메이지 정부가 지정한 격이 높은 신사神社로 합병시켰다. 이 과정에서 사라진 신사神社는 대부분 지역 주민이 대대로 믿어온 산신, 조상신, 농업신 등 토속적이고 민간적인 신들을 모신 곳들이었다. 이러한 신들은 국가신토国家神道의 공식적인 신 계보天神地祇에 포함되지 않는다는 이유로 이를 모시는 사당은 '음사淫祠' 즉, '음란하고 미신적인 사당'으로 규정되어 파괴되었다. 그 결과 1906년부터 약 10년간 전국의 20만여 개 신사神社 중 약 7만~8만 개가 사라졌는데, 이는 단순히 신사神社 건물이 사라진 것을 넘어, 수백 년간 이어온 각 지역의 고유한 전통과 공동체의 구심점

주관하는 사람 혹은 직책. 칸누시(神主)라고도 부르는데, 한국으로 따지면 무속 신앙의 '무당'이 갖는 신과 인간의 중재자 역할에 제사(유교식)를 지내는 '제관'의 역할까지 맡는 직업적인 제사장이라고 할 수 있다. 주로 세습되는 특징이 있다.

이 파괴되었음을 의미했다. 개인의 신앙이 생활에 뿌리를 둔 지역적인 것에서, 덴노天皇를 숭배하는 국가적이고 획일적인 것으로 강제 전환된 것이다.

기독교는 물론, 당시 어수선한 사회 분위기 속에서 새롭게 등장한 신흥종교들도 덴노天皇의 절대적 신성을 부정하고 국가신토国家神道의 이데올로기 체계에 편입될 수 없는 사상을 가졌다는 이유로 감시와 탄압의 대상이 되었다. 에도 시대부터 이어진 기독교 금지 정책은 메이지 정부 초기에도 유지되었다. 나가사키長崎 우라카미浦上 지역에 숨어 있던 기독교 신자들인 '카루레 키리시탄隠れキリシタン'이 발각되자, 정부는 이들을 대대적으로 검거하여 유배 보내는 일본판 병인박해, '우라카미 요반 쿠즈레浦上四番崩れ' 사건을 일으켰으며, 이후 서구 열강의 강력한 항의로 1873년에 기독교 금지령이 철폐되었으나, 기독교 탄압이 완전히 사라진 것은 아니었다. 기독교인은 유일신 사상 때문에 덴노天皇를 신으로 숭배하고 신사神社에 참배하는 것을 거부했는데, 정부는 '신사神社 참배는 종교가 아닌 국민의례'라는 논리를 내세워 참배를 강요했고, 이를 거부하는 기독교인을 '비국민非国民'으로 낙인찍어 박해했다.

사회 혼란기에 민중의 지지를 얻으며 성장한 오모토교大本教, 덴리교天理教와 창가학회創価学会의 전신인 창가교육학회創価教育学会 등 신흥종교도 박해를 받았다. 이들은 독자적인 교주와 세계관을 가지고 있었고, 이는 유일신으로 승격된 덴노天皇의 권위에 정면으로 도전하는 것이었다. 메이지 정부는 치안경찰법(1900년), 치안유지법(1925년) 등을 동원해 이들 종교를 '국체国体를 변혁하려는 불온사상'으로 규정하고 탄압했다. '오모토교大本教'는 두 차례에 걸친 대대적인 탄압(오모토 사건)으로 교주가 투옥되고, 교단의 주요 건물이 다이너마이트로 파괴되는 등 철저하게 단속되었다. 당시 군국주의 정부는 국민정신을 통일하고 국가신토国家神道 체제를 공고히 할 목적으로 모든 가정에 신토神道의 중심인 이세신궁의 부적, 즉 신찰(神札)을 모시고 숭배하도록 강요했으나 창가학회는 이를 거부, 지도부가 모두 검거되고 마키구치 츠네사부로牧口常三郎 회장이 옥중에서 순교하는 등 매우 혹독한 탄압을 겪었다. 일본 패전 후 창가학회는 2대 회장 도다 조세이戸田城聖에 의해 재건되어, 평화주의에 근거한 반핵 운동에 나서게 된다.

메이지 정부가 추진한 '국민 종교' 형성 과정은 일본의 전통적인 종교 지형을 완전히 바꿔놓았다. 폭력적이고 강압적인 과정에서 불교는 그 세력이 거세되었고, 수많은 지역의 민간 신앙은 뿌리 뽑혔으며, 기독교와 신흥종교는 국가 이데올로기에 순응하지 않는다는 이유로 끊임없는 감시와 박해의 대상이 되었다. 이 모든 과정은 다양한 신앙 체계를 억누르고 오직 '덴노天皇'라는 단 하나의 절대적 존재 아래 국민의 사상과 정신을 통일하려는 국가적 프로젝트의 일환이었다.

연도	매우 신뢰한다 (%)	어느 정도 신뢰한다 (%)	별로 신뢰하지 않는다 (%)
2000	1.2%	20.5%	78.3%
2010	1.1%	20.0%	78.9%
2017	1.0%	20.0%	79.0%
2023	0.9%	19.5%	79.6%

【표・8】종교 단체에 대한 신뢰도 조사(JGSS). "당신은 종교 단체를 얼마나 신뢰하십니까?"

그러나 모두가 알고 있는 바와 같이 광기의 제국주의 침략과 국가신토国家神道를 앞세운 폭력적인 종교 탄압은 일본 제국의 패망으로 막을 내렸으며, 그 후 연합군의 정책에 따라 일본에는 종교의 자유가 부여되었다. 그 결과 종교의 공적 영향력은 급격하게 약화했고 일본인에게 종교는 정치적으로 이용된 이념 또는 혹은 전체주의 국가의 하부 조직이라는 부정적 이미지가 강하게 형성되었다. 이와 같은 거부감은 〈표 11〉에서 확인되듯, 종교 단체에 대한 낮은 신뢰도로도 확인할 수 있다. 그리고 종교에 소속된다는 것은 위험하거나 이상하다는 사회적 낙인도 일각에서 생겨났으며, 이와 같은 종교에 대한 거부감과 불신 속에서 스스로 무교라고 여기는 일본인의 비율도 자연스럽게 높아졌다. 그리고 야스쿠니 신사靖国神社 문제는, 바로 이처럼 복잡하게 얽힌 일본인의 종교관이 과거사와 만났을 때 어떻게 심각한 모순을 드러내는지 보여준 가장 극명한 사례라 할 수 있다.

야스쿠니 신사,
무엇이 문제인가

'야스쿠니 신사靖国神社'는 단순한 종교 시설이 아니라, 세계가 주목하는 뉴스의 생산지—특히 동아시아 등 일제 침략의 희생 지역의 여론은 늘 민감하게 반응한다—이자 일본 국내 정치는 물론 국제 정치의 예민한 상징물 그 이상의 의미를 지닌다. 이 현상을 이해하기 위해서는, 앞서 살펴본 일본인의 독특한 종교관을 다시 한번 떠올릴 필요가 있다.

첫째, '신앙과 실천의 분리'라는 관점이다. 일본 정치인 대다수는 야스쿠니 참배가 특정 교리를 믿는 '신앙' 행위가 아니라, 국가를 위해 희생한 이들을 추모하는 '문화적 실천'일 뿐이라고 주장한다. 이는 '신은 믿지 않지만 신사神社에는 가는' 일본인의 일반적인 종교관에 기대어, A급 전범을 신으로 모시는 행위의 정치적·이데올로기적 무게를 희석시키려는 교묘한 논리이다.

둘째, '국가신토国家神道의 망령'이라는 관점이다. 앞에서 분석했 듯, 많은 일본인은 국가가 종교를 통제했던 국가신토国家神道에 대한 역사적 트라우마를 가지고 있다. 야스쿠니 신사는 바로 그 군국주의적 국가신토国家神道의 가장 강력한 상징이자 살아 있는 유물이다. 따라서 일본 정치인의 참배는 단순히 죽은 자를 기리는 행위를 넘어, 일본 사회가 거부했던 과거의 망령을 다시 불러내려는 위험한 시도로 해석될 수밖에 없다.

따라서 매년 8월이 가까워지면, 한국과 중국 등 주변국 여론은 일본 총리와 각료, 그리고 유명 정치인의 야스쿠니 신사 참배 문제로 들끓는다. 이제는 연례행사로 반복되는 이 갈등에 대해, 우리는 과연 얼마나 정확히 알고 있을까? 안타깝게도 일부 청소년은 '신사神社'를 '신사gentleman'로 오해하는 웃지 못할 해프닝이 벌어지기도 한다. 야스쿠니 신사는 수많은 신사神社 중 하나가 아니며, 절대 단순한 종교 시설이 아니다. 과연 어떤 곳이며 그 사상적 뿌리는 어디에 있는지 명확히 짚고 넘어갈 필요가 있다.

【그림 •17】 야스쿠니 신사(靖国神社)의 배전(拜殿).

　　명목상 야스쿠니 신사는 메이지유신 이후 일본이라는 근대국가를 위해 목숨을 바친 호국 영령들을 신神으로 모시는 시설이다. 일본은 바쿠후幕府 말기 유신 과정에서 희생된 이들을 시작으로, 이후 일본이 치른 모든 전쟁(청일전쟁·러일전쟁·만주사변·중일전쟁·태평양전쟁 등)에서 사망한 군인, 군무원 등 약 246만 6천여 명의 영령을 '야스쿠니의 신靖国の神'으로 합사合祀했다. 즉, 국가를 위해 희생한 이들을 기리는 추모 시설의 성격을 띤다. 그렇다면 야스쿠니 신사는 한국의 '국립 현충원'과 같은 곳일까? 결론부터 말하면 아니다. 일본에도 1959년 설립된, 현충원과 같은 전몰자를 추모하는 국가 공식 시설인 '치도리가후치 전몰자 묘원千鳥ヶ淵戦没者墓苑'이 있다. 이곳은 특정 종교나 이념이 배제된, 신원 미상 혹은 유족에게 인계되지 못한 전몰자의 유골을 안치하는 비종교적인 국립 추모 시설이다. 반면 야스쿠니 신사는 국가신토国家神道

의 교리에 따라 영령을 '신격화'하여 모시는 특정 종교 시설이며, 현재 법적으로도 국가기관이 아닌 민간 종교 법인이다. 따라서 현충원과 야스쿠니 신사는 그 성립 배경, 성격과 법적 지위 모든 면에서 근본적으로 다르다.

야스쿠니 신사의 이념적 핵심을 이해하려면, 바쿠후幕府 말기의 사상가 요시다 쇼인吉田松陰(1830~1859)을 먼저 알아야 한다. 미처 서른 살을 못 넘기고 죽은 청년 사상가였지만, 근대 일본의 우익 사상과 팽창주의에 지대한 영향을 미친 인물이며, 그 자신도 야스쿠니 신사에 신으로 모셔져 있다.

【그림 •18】 일본 군국주의의 아버지, 요시다 쇼인
(吉田松陰: 1830~1859).

요시다 쇼인은 조슈번長州藩 출신의 하급 무사로, 서구 열강의 위협 앞에 바쿠후幕府가 무력한 모습을 보이자 강한 위기감을 느낀다. 그는 덴노天皇를 중심으로 일본이 하나로 뭉쳐야 한다는 '존황론尊皇論'을 주장했고 일본의 독자성을 지키기 위해 군사력을 키워 적극적으로 해외 정벌에 나서야 한다고 가르쳤다. 특히 그는 자신의 서당인 '쇼카손주쿠松下村塾'에서 불과 2년 남짓한 기간 동안 수많은 제자를 길러냈는데, 이들이 바로 훗날 메이지유신을 주도하고 근대 일본을 이끈 핵심 인물들이었다. 초대 총리 이토 히로부미伊藤博文, 일본군의 아버지라 불리는 야마가타 아리토모山縣有朋 등이 모두 그의 제자였다.

요시다 쇼인의 사상은 매우 구체적이고 공격적이었다. 그는 저서 『유수록幽囚録』에서 "북으로는 만주를 차지하고, 남으로는 대만을 점령하며, 류큐琉球(지금의 오키나와)를 복속시켜야 한다. 그리고 틈을 보아 조선을 공격하여 조공을 바치게 해야 한다"라고 주장하며 노골적인 정한론征韓論8)과 대륙 침략론을 펼쳤다. 그는 바쿠후幕府의 정책을 비판하다 29세의 젊은 나이에 처형당했지만, 그의 사상은 제자들을 통해 그대로 메이지 정부의 국가 정책으로 계승되었다.

야스쿠니 신사는 바로 이 요시다 쇼인의 사상, 즉 '덴노天皇를 위해, 그리고 팽창하는 일본 제국을 위해 목숨을 바치는 것은 숭고하다'는 이데올로기의 상징물로 탄생했다. 1869년 메이지 덴노天皇의 명으로 세워진 '도쿄초혼사東京招魂社'가 그 전신이며, 메이지유신 과정에서 덴노天皇를 위해 싸우다 죽은 이들을 기리기 위해 설립되었다. 요시다 쇼인은 이 '덴노天皇의 국가'를 만든 정신적 지주였기에, 야스쿠니에

신으로 모셔진 것이다. 즉, 야스쿠니는 제국주의의 이념적 설계자인 요시다 쇼인과 그 이념을 위해 싸우다 죽은 군인들을 함께 신으로 모시는, 명실상부 일본 군국주의의 성전聖殿이라 할 수 있다.

실제로 야스쿠니 신사에 있는 전쟁박물관 유슈칸遊就館의 전시물은 이러한 군국주의적 성격을 노골적으로 드러낸다. 이곳에는 제로센零戰 전투기, 인간 어뢰 가이텐回天 등 태평양전쟁 당시 사용된 무기들이 자랑스럽게 전시되어 있으며, 일본이 벌인 침략 전쟁을 '아시아를 서구 열강의 식민 지배로부터 해방시키기 위한 자위적 전쟁'이었다고 미화하는 설명이 가득하다. 가미카제神風 특공대원들의 사진과 유서를 전시하며 그들의 죽음을 숭고한 희생으로 포장하는 모습은 전쟁에 대한 반성보다는 군국주의에 대한 향수와 미화가 이 시설의 본질임을 명백히 보여준다.

【그림 •19】 야스쿠니 신사(靖国神社)의 유슈칸(遊就館)에 전시된 제로센 전투기.

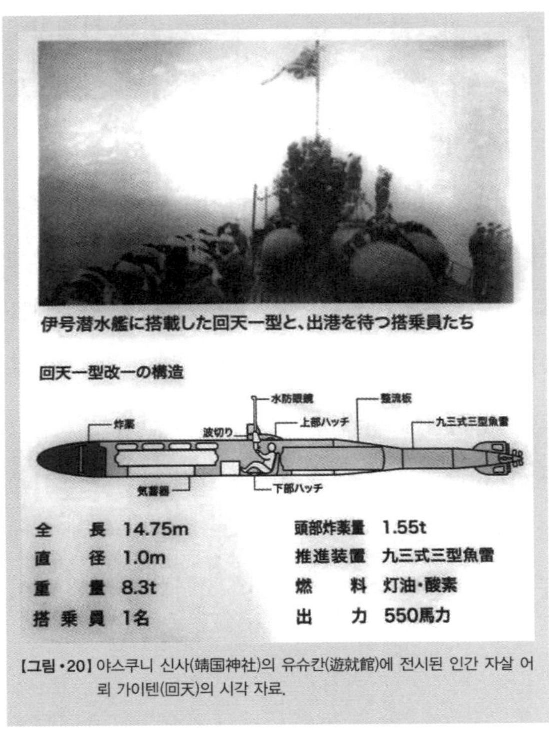

【그림·20】 야스쿠니 신사(靖国神社)의 유슈칸(遊就館)에 전시된 인간 자살 어뢰 가이텐(回天)의 시각 자료.

이런 이유로 한국과 중국 등 주변국은 물론 국제사회가 일본 정치인의 야스쿠니 참배에 민감한 반응을 보이는 것이다. 더 구체적으로는 국가를 위해 희생된 이들을 추모하는 행위 자체가 아니라, 야스쿠니 신사가 가진 다음과 같은 근본적인 문제 때문이다.

첫째, A급 전범戰犯이 신으로 합사되어 있다는 점이다. 야스쿠니 신사에는 태평양전쟁을 계획하고 실행한 최고 책임자들, 즉 극동국제군사재판(도쿄재판)에서 '평화에 대한 죄'로 유죄 판결을 받은 도조 히데키東條英機를 비롯한 14명의 A급 전범이 1978년 비밀리에 합사되었다. 한 국가의 총리와 각료가 인류 보편의 가치를 짓밟은 전쟁 범죄자들에게 머리 숙여 참배하는 행위는, 과거 침략 전쟁을 반성하지 않고 그 정당성을 인정하며, 나아가 미래에도 침략 행위를 반복하겠다는 의지 표명으로 해석될 수밖에 없다. 이는 독일 총리가 히틀러의 묘에 참배하는 것과 같은, 국제사회에서는 상상조차 할 수 없는 반인륜적 행위이다.

둘째, 일본의 침략 전쟁에 강제로 동원된 피식민지 지역의 강제 징병·징용 피해자들이 합사되어 있다는 점이다. 야스쿠니 신사에는 일본을 위해 싸운 이들뿐만 아니라, 당시 일본의 식민지였던 조선과 대만 출신으로 강제 징병·징용되어 전쟁터에서 희생된 약 4만 8천여 명(조선인 약 2만 1천여 명 포함)의 피해자가 본인과 유족의 의사와는 전혀 무관하게 합사되어 있다. 자신의 조국을 침략한 국가를 위해 강제로 끌려가 목숨을 잃은 것도 모자라, 그 침략 국가의 '호국신'으로 둔갑하여 모셔져 있는 것은 피해자와 그 유족들에게는 견딜 수 없는 모욕이자 인권 유린이다.

셋째, 유족의 요구에도 불구하고 강제 징병·징용 피해자의 분사分祀를 거부하고 있는 점이다. 전후 한국과 대만의 유족은 자신들의 가족을 야스쿠니 신사에서 분사分祀해달라고 수십 년간 끈질기게 요구하며 소송까지 제기해왔다. 그러나 야스쿠니 신사 측은 완강히 거부하고 있다. 그들이 내세우는 표면적인 이유는 "한 번 합사된 영혼은 개별 존재가 아니라 '야스쿠니의 신'이라는 하나의 집합적인 신령神霊으로 융합되기 때문에, 물리적으로 분리하는 것은 신토神道의 교리상 불가능하다"는 것이다. 그러나 그 이면에는 더욱 복잡한 정치적, 이데올로기적 이유가 숨어 있다. 만약 A급 전범이나 외국인 합사자의 분사를 인정하는 순간, 이는 야스쿠니 신사 스스로 합사가 잘못되었음을 시인하는 꼴이 된다. 이는 전범들을 '쇼와 시대의 순국자昭和殉難者'로 미화하고, 대동아전쟁을 성전聖戰으로 포장해온 자신들의 역사관과 존재 의의를 스스로 부정하는 행위가 되기 때문이다. 결국 신토神道 교리의 문제가 아니라, 전후 일본 우익 세력이 지켜온 역사 수정주의의 마지막 보루를 포기할 수 없다는 이데올로기적 아집이 합사 취소를 거부하는 본질적인 이유이다.

위와 같은 명백한 문제점에도 불구하고 일본의 보수 정치인들이 야스쿠니 참배를 멈추지 않는 이유는 무엇일까? 그들이 내세우는 표면적인 논리는 '국가를 위해 희생한 분들께 존경과 감사의 뜻을 표하는 것은 정치 지도자로서 당연한 책무'라는 것이다. 그러나 그 이면에는 복잡한 정치적 계산이 깔려 있다.

일본은 정치에 대한 무관심과 투표지에 직접 후보자의 이름을 정자로 써내야 하는 독특한 투표 방법 등으로 인해 고질적으로 낮은 투표율을 보이는 국가 중 하나다. 예를 들어, 2017년과 2021년 중의원 선거 투표율은 각각 53.68%와 55.93%에 머물렀다. 이러한 정치적 무관심 속에서, 일본유족회日本遺族会와 같은 전몰자 유족 단체나 각종 우익 단체는 비록 그 규모는 크지 않더라도 매우 높은 조직력과 투표율을 자랑한다. 이들은 자민당의 중요한 '조직표'이자 자금줄의 역할을 해왔으며, 정치인에게 이들의 지지를 확보하고 결집시키는 가장 효과적인 정치적 행위가 바로 야스쿠니 참배인 것이다.

또한 경제 문제나 정치적 스캔들 등 국내 문제로 집권당의 지지율이 하락할 때, 야스쿠니 참배를 통해 의도적으로 한국, 중국과의 외교적 갈등을 유발함으로써 국민의 시선을 외부로 돌리고, 애국심에 호소하여 보수층을 결집시키려는 정치적 이벤트로 활용하는 측면도 있다.

현대의 발명품, 일본의 성인식成人式

마지막으로 신토神道와 관련이 있는 일본의 성인식成人式에 대해 알아보자. 일본은 매년 1월 둘째 주 월요일을 '성인의 날成人の日'로 지정해 법정 공휴일로 지낸다. 주말부터 3일을 쉬게 되는 이 시즌에는 일본 전역의 거리에 화려한 전통 복장으로 단장한 젊은이들이 넘쳐난다.

성년이 된 여성은 소매가 긴 최고급 기모노인 후리소데振袖를, 남성은 전통 예복인 하카마袴나 말끔한 정장을 차려입고 기념식에 참석한다. 이 화려한 전통 복장이 인상적이기 때문에, 많은 사람은 일본의 성인식을 수백 년, 혹은 천 년 이상 이어져온 유서 깊은 전통 행사라고 생각하기 쉽다. 한편에서는 일본의 전통 의복에 대한 애호와 보존 노력의 예시로서 포장되기도 한다.

그러나 이는 사실과 거리가 멀다. 오늘날 우리가 보는 일본의 성인식은 고대의 의례가 끊이지 않고 그대로 이어진 것이 아니라, 비교적 최근인 제2차 세계대전 직후에 '발명'된 현대적인 관제 행사官製行事에 가깝다. 전통 의복을 입고는 있지만, 그 본질과 목적은 매우 현대적이며 오히려 일본 제국주의의 그림자가 드리운 국가주의적 행사라고

【그림 •21】 와카야마현(和歌山県) 이나미쵸(印南町)에서 열린 성인식(二十歳の成人式).

할 수 있다.

물론 일본 역사에 성인 의례가 없었던 것은 아니다. 고대 나라 시대奈良時代부터 귀족이나 무사 가문에서는 겐푸쿠元服라는 성인 의식이 존재했다. 주로 11세에서 16세 사이의 남자아이가 땋아 내렸던 머리를 올려 상투를 틀고, 어른의 관冠과 복장을 착용하며, 아명兒名 대신 새로운 성인의 이름인 휘諱를 받는 의식이었다. 이는 한 사람의 아이가 공식적으로 어른 사회의 일원이 되었음을 인정하고, 그에 따르는 사회적 책임을 부여하는 중요한 통과의례였다. 하지만 이는 어디까지나 일부 지배 계층 남성에게만 해당되는 의식이었을 뿐, 모든 서민이 보편적으로 치르는 전국적인 행사는 아니었다.

현대의 성인식은 전혀 다른 배경에서 탄생했다. 그 계기는 1946년 11월 22일, 사이타마현 와라비시埼玉県蕨市에서 열린 청년제青年祭였다. 당시 일본은 패전의 잿더미 속에서 극심한 혼란과 가난, 그리고 정신적 공황에 시달리고 있었다. 특히 젊은이들은 미래에 대한 희망을 잃고 무기력과 허탈감에 빠져 있었다. 이러한 암울한 상황 속에서, 당시 와라비시蕨市의 청년단장이었던 다카하시 쇼지로高橋庄次郎는 "다음 세대를 짊어질 젊은이들에게 밝은 희망을 주고 격려하기 위한 행사를 열자"고 제안했다. 이렇게 시작된 '청년제'는 텐트를 치고 모닥불을 피운 초라한 초등학교 교정에서 열렸지만, 그 취지는 분명했다. 행사의 프로그램에는 '이제부터 사회의 일원으로서 어떤 삶을 살 것인가'에 대한 강연과 토론, 그리고 레크리에이션 등이 포함되었다. 이는 단순히 성년이 된 것을 축하하는 것을 넘어, 패전 후 새로운 민주국가의 일원으로서 가져야 할 책임과 자각을 심어주기 위한 목적이 강했다.

그런데 이 와라비시蕨市의 작은 행사가 일본 정부의 주목을 받게 된다. 패전 후 국가 재건의 동력을 미래 세대에서 찾아야 했던 정부는 이 '청년제'가 가진 교육적·사회적 가치를 높이 평가했다. 그 결과, 1948년 일본 정부는 와라비시蕨市의 사례를 모델로 삼아 매년 1월 15일을 국민 축일인 '성인의 날'로 제정했다(이후 2000년부터 대체 휴일 제도인 '해피 먼데이'에 따라 1월 둘째 주 월요일로 변경). 이렇게 국가 공휴일로 지정되면서, 각 지자체가 주최하는 성인식은 전국적인 행사로 자리 잡게 된다. 화려한 전통 복장을 갖춰 입은 성년자들은 기념식에 참석한 후, 가족이나 친구들과 함께 신사神社를 찾아 성인이 되었음을 신에게 알리고 미래의 행복을 기원하는 의식을 치르는데, 이 과정이 일본 전역에서 마치 전통 축제처럼 치러지고 있는 것이다.

결론적으로, 오늘날 일본의 성인식은 그 화려한 전통 복장 이면에 '패전 후의 혼란을 극복하고 젊은이에게 희망을 주자'는 매우 현실적인 목적에서 시작된 관제 행사를 그 배경으로 하고 있다. 즉 고대의 '겐푸쿠'와는 직접적인 연결 고리가 거의 없는, 말 그대로 '전통의 옷을 입은 현대의 발명품'인 셈이다. 이는 일본 사회가 필요에 따라 전통적 요소를 현대적으로 재구성하고 활용하는 방식을 보여주는 또 하나의 흥미로운 사례라 할 수 있다.

신은 '믿는' 것이 아니라
'활용하는' 것

"신神은 믿지 않지만, 신사神社에는 왜 갈까?" 이제 우리는 답할 수 있다. 대다수 일본인에게 신은 서구적인 의미의 배타적이고 절대적인 '신앙belief'의 대상이 아니기 때문이다. 대신 그들에게 종교는 삶의 중요한 순간마다 필요한 복福을 빌고, 공동체의 관습을 따르며, 생활의 안녕을 기원하기 위해 유연하게 넘나들고 선택하는 '실천practice'이자 '문화적 도구'에 가깝다.

출생과 건강은 신토神道의 신에게, 결혼은 기독교의 신 앞에서 서약하며, 죽음은 불교의 부처에게 의탁하는 그들의 모습은, 모순이나 신념의 부족이 아니라 오히려 지극히 실용적이고 다신교적인 세계관의 발현이다. 이는 재해 대국의 자연환경 속에서 수많은 신인 '야오요로즈노카미가미八百万の神々'의 존재를 인정하며 살아왔던 고대의 애니미즘적 전통과, 외래 종교마저도 습합習合하며 자신들의 문화적 지층에 융합시켜온 역사 속에서 형성된 자연스러운 결과물이다.

여기에 더해, 덴노天皇를 살아 있는 신으로 내세워 국민을 전쟁에 동원했던 국가신토国家神道에 대한 역사적 트라우마는, 현대 일본인이 교리를 강요하고 배타적인 믿음을 요구하는 '조직 종교'에 대해 깊은 거부감과 불신을 갖게 만들었다. 결국, 오늘날 일본인이 신사神社를 찾는 행위는, 신의 존재를 믿기 때문이 아니라, 그 행위가 오랫동안 이어져 온 삶의 일부이자, 가족과 사회와의 유대를 확인하는 소중한 '관습'이기 때문이라고 이해하는 것이 "신神은 믿지 않지만, 신사神社에는 왜 갈까?"에 대한 가장 정확한 대답이 될 것이다.

제9장

세습의 나라, 일본의 이에모토家元 제도

예술계의 세습 제도와

일본의 사회구조

일본 문화를 깊이 이해하고자 한다면, 그들의 예술, 특히 오랜 시간에 걸쳐 원형을 지켜온 일본의 독특한 전통 예술의 세계를 살펴볼 필요가 있다. 전 세계에 '맛차(抹茶)' 붐을 일으킨 다도(茶道)에서부터, 꽃꽂이를 예술의 경지로 승화시킨 화도(華道), 신들과 인간의 희노애락을 담은 신비로운 가면극 '노(能)'와 일본 전통극 가부키(歌舞伎) 그리고 대담한 구도와 강렬한 색채로 19세기 유럽을 휩쓴 자포니즘 열풍의 주역 '우키요에(浮世)'에 이르기까지, 이들 전통 예술은 전 세계에서 일본을 상징하는 선명한 이미지로서 자리매김하고 있다. 그런데 그 내면에는 '이에모토(家元)'라고 하는 세습 기반의 강력한 도제 시스템이 작동하고 있다는 사실은 잘 모르는 사람이 많다. '이에모토(家元)'를 이해하게 되면, 현대적 민주 사회와는 어울리지 않는 의원직 세습 등 일본 사회의 구조 전반에 대한 새로운 이해에 눈뜰 수 있다.

일본만의 독특한 관습,
이에모토家元

일본은 전통 예술의 맥이 잘 보존되는 문화 강국이다. 다도茶道·화도華道·노능·가부키歌舞伎 등 여러 장르에서 세계적으로도 정평이 나 있는 독특한 솜씨와 예술성을 원형 그대로 계승·발전시켜오고 있다. 그 중심에는 '이에모토家元'가 존재한다. 쉽게 말하자면 세습을 기반으로 한 강력한 도제 시스템인데, 일본 문화에 관심이 많은 사람이라고 하더라도 '이에모토家元'는 생소할 수 있다. 그러나 이에모토家元는 일본의 공연 예술, 각종 공예, 무도武道 등 다양한 '도道'의 세계를 이해하기 위해 반드시 알아야 할 핵심 시스템이다. 왜냐하면 이에모토家元는 단순한 도제 시스템이 아니라, 일본의 수직적 사회구조와 집단주의, 그리고 정치를 포함한 사회 전반의 세습 문화를 이해할 수 있게 해주는 중요한 '창'이기 때문이다.

이에모토家元는 일본 사회의 기초를 구성하는 독특한 DNA라 할 수 있다. 개념을 간단히 정의하자면 '특정 예도芸道 분야의 정점에 군림하며 절대적 권위를 행사하는 종가^{宗家}'를 뜻하는 동시에 그 권위가 세습되는 혈통, 그리고 그 안에서 전수되는 도제 시스템 전체를 아우른다. 따라서 이에모토^{家元}는 일본 전통 예술의 '수호자' 역할을 해온 동시에 예술의 혁신을 가로막는 '화려한 감옥^{gilded cage}'이라는 평가를 받아온 것도 사실이다. 이에모토^{家元}를 중심으로 실력보다 혈통이 우선시되는 일본 전통 예술계의 세습 구조는, 아베^{安倍}, 고이즈미^{小泉}, 아소^{麻生} 등 몇몇 가문이 의회 권력과 총리직을 대물림하는 현대 일본의 정계와 놀라울 정도로 닮아 있다.

특정 예도^{芸道}의 정점에 있는 이에모토^{家元}의 가주^{家主}는 해당 유파^{流派}의 최고 권위자이자 살아 있는 전통 그 자체로 인정받는다. 그의 결정은 절대적이며, 기예^{技藝}의 '올바른 가타^{型(양식)}'를 규정하고 보증하는 지위를 누린다. 이 과정에서 일부 전승자는 국가로부터 '인간국보^{人間国宝}'로 지정되기도 한다. '인간국보'란, 유형의 문화재가 아닌, 연극·음악·춤·공예 등 무형의 중요한 문화적 기술을 체득한 오직 116명의 개인에게만 주어지는 최고의 명예이자 칭호로, 공식 명칭은 '중요무형문화재보유자^{重要無形文化財の保持者}'이다. 그러나 이 영예로운 칭호마저도 특정 이에모토^{家元} 내에서 세습되는 경우가 다반사다. 이에모토^{家元}의 지위는 실력이나 신망보다는 아버지에게서 아들로(주로 장남) 직계 세습되는 것이 일반적인데, 이런 시스템은 일본 내에서도 '예술계의 귀족'이라는 비판과 함께 신인의 등용문이 지나치게 좁다는 지적이 끊이지 않는다.

이에모토^{家元}의 특권은 상당하다. 그중 하나는 해당 기술을 제자에게 가르칠 수 있는 자격, 즉 면허^{免許}나 허가증^{許状}의 발급을 독점하

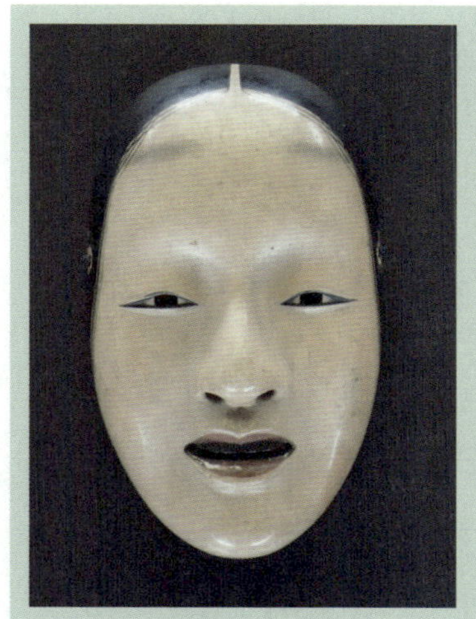

【그림 ·1】강렬한 인상을 주는 일본 전통극 노(能)의 가면. 노멘(能面)이라 부른다. 東京国立博物館.

【그림 ·2】화도(華道) Ikebana, Yoshiko Nakamura.

【그림 ·3】곱게 거품을 낸 일본 다도(茶道)의 말차(抹茶).

는 권한이다. 이에모토家元 아래에서 수련하는 제자들은 단계별, 등급별 자격을 부여받기 위해 막대한 비용을 내야 하며, 이는 이에모토家元 가문과 유파의 주요 수입원이 된다. 전문적인 기예를 인정받아 스승으로부터 예명芸名을 받는 나토리名取 제도 역시 이 시스템의 일부인데,

이러한 구조는 일본의 다도·화도·전통무용·전통음악·노能·가부키歌舞伎 등 전통 예능뿐만 아니라, 일부 무도武道나 심지어는 기모노 입는 법과 일반 예법 등 생활 전 분야에까지 광범위하게 퍼져 있다.

이에모토家元 제도의 긍정적 측면: 전통 수호와 체계적인 교육

이에모토家元 제도가 수백 년간 유지될 수 있었던 데에는 분명한 순기능이 존재했기 때문이다. 우선 전통의 보존과 계승에 매우 유리하다. 이에모토家元라는 절대적 권위자가 중심을 잡고, 정해진 '가타型'를 통해 기술과 정신을 엄격하게 전수하기 때문에, 시대 변화나 유행의 변화에도 불구하고 전통의 원형이 변질되거나 희석되는 것을 막을 수 있었다. 이는 일본의 귀중한 무형의 문화가 소실되지 않고 오늘날까지 이어져 내려올 수 있었던 가장 큰 원동력이다. 대표적으로 가부키歌舞伎의 경우, 18세기 배우가 연기했던 특정 배역의 독특한 동작과 대사 톤, 화장법이 '가타型'로서 오늘날의 배우에게 거의 그대로 전수되었다. 예를 들어, 이치카와 단주로市川團十郎 가문에 전해지는 '가부키 18번歌舞伎十八番'1) 같은 특정 상연 목록은 이에모토家元 제도가 없었다면 온전히 전승되는 것이 불가능했을지도 모른다.

그리고 각 분야의 이에모토家元가 단계별로 발급하는 자격증, 즉 교죠許状 시스템은 학습자에게 명확한 목표와 성취감을 제공한다. 이에모토家元가 무엇을 어떤 순서로 배워야 할지를 체계적으로 정해 수

---

1) 한때 한국에서 가장 즐겨 부르는 노래 혹은 공연의 주요 레퍼토리를 '18번'이라 했던 것은 가부키의 인기 상연 목록을 '가부키 18번(歌舞伎十八番)'이라 불렀던 것에서 유래했다.

런자에게 제시하기 때문에 기술 습득이 효율적이고 성장 과정도 명확해진다. 예를 들어 다도茶道 분야의 우라센裏千 가문에는 입문자를 위한 '고나라이고토小習事'부터 최고 단계의 '오쿠덴奥伝'에 이르기까지 16단계 이상의 정교한 자격 체계가 있다. 학습자는 이 단계를 차례로 밟아나가며 자신의 실력이 어느 정도인지 객관적으로 인정받고, 다음 단계로 나아갈 동기를 부여받게 된다.

이에모토家元 제도의 부정적 측면: 폐쇄성과 경직성

그러나 이러한 순기능의 이면에는 일본 사회의 경직성과 폐쇄성을 상징하는 어두운 그림자가 존재하는데, 대표적으로 '혈연 중심의 폐쇄적 세습', '창의성 억압과 예술의 경직화', '과도한 상업주의와 경제적 부담'과 같은 문제점을 들 수 있다.

이에모토家元의 지위가 재능이나 노력과 무관하게 혈통에 따라 계승되는 것은 이 제도의 가장 큰 병폐다. 이는 예술계 내부에 넘을 수 없는 신분 격차를 만들고, 뛰어난 인재가 성장할 기회를 원천적으로 차단한다. 가부키歌舞伎계는 이와 같은 문제가 가장 두드러지는 분야라고 할 수 있다. 이치카와 단주로市川團十郎, 오노에 기쿠고로尾上菊五郎 등 특정 명문가의 자제는 태어날 때부터 주역 배우가 될 운명을 예약하고, 결국에는 아버지의 이름인 묘세키名跡와 지위를 물려받는다. 아무리 재능이 뛰어난 배우가 있더라도 이 '혈통의 벽'을 넘기란 거의 불가능에 가깝다. 이는 일본 사회의 고질적인 문제인 '정치인 세습' 문제와 정확히 같은 구조이며, 사회적 유동성을 저해하는 원인으로 비판받고 있다.

한편, 이에모토家元의 권위가 절대적이고 '가타型'의 준수가 무엇보다 중시되다 보니, 효과적으로 전통을 지킬 수는 있으나, 새로운 시도나 창의적인 해석이 불가능해진다. 예를 들어 소속된 유파에 따르지 않고 자신만의 해석으로 작품을 발표하거나 가르치려 할 경우, 유파 내에서 이단으로 취급받거나 심하면 파문당해 완전히 매장될 수도 있다. 예술이 시대와 호흡하며 발전할 가능성을 차단하고, 전통을 살아 있는 문화가 아닌 박제된 유물로 만들 위험성이 크다.

자격증 발급 권한을 독점한 이에모토家元 시스템은 종종 과도한 상업주의로 변질되기도 한다. 제자들은 상급 자격증을 따기 위해 스승과 이에모토家元에게 수만 엔에서 수백만 엔에 이르는 막대한 사례금 '오레이お礼'를 내야 한다. 가입비, 수업료稽古代, 승급 시험 비용, 예명 비용名取料, 예명 수여식 비용名取式の費用, 피로 행사 비용お披露目会の費用, 사범 시험 비용師範試験代, 사범 인정 비용師範認定料, 발표회 비용, 소품비, 순수 사례비 등등, 일본 전통 무용이나 다도를 배우는 제자인 '데시弟子'가 예명으로 전문적인 유파의 이름인 '나토리名取'를 받거나, 다른 사람을 가르칠 수 있는 사범師範 자격을 얻기 위해서는 집 한 채 값에 버금가는 비용이 든다는 이야기가 공공연하게 나오기도 한다. 이는 순수한 예술 수련의 목적을 변질시키고 경제적 여유가 있는 사람만이 전통 예술의 상층부로 올라갈 수 있게 만드는 또 다른 장벽으로 작용한다.

한편, 태어날 때부터 특별한 지위를 보장받은 일부 후계자들은 일반 사회의 상식에서 벗어난 특권 의식을 보이거나 사회적 물의를 일으키기도 한다. 예를 들어 2010년 가부키歌舞伎 최고의 스타였던 이치카와 에비조市川海老蔵의 폭행 사건은 이를 상징적으로 보여준다. 그는 술집에서 시비 끝에 폭행당했지만, 사건의 발단이 그의 오만한 태도에 있었다는 사실이 드러나면서 '특권 의식에 젖어 있다'라는 사회적 비난을 받았다. 명문가의 후계자라는 이유로 사회적 물의를 일으켜도 결국 시스템의 보호 아래 복귀하는 모습은, 대중에게 위화감과 동시에 '그들만의 리그'라는 체념을 안겨주었다.

이처럼 이에모토家元 제도는 일본의 귀중한 전통문화를 보존하고 전승하는 데 지대한 공헌을 한 '수호자'인 동시에, 혈연 중심의 세습, 권위주의, 상업주의라는 병폐를 안고 있는 '화려한 감옥'이기도 한 것이다. 이는 일본 사회가 가진 수직적 위계질서와 폐쇄성의 단면을 가장 극명하게 보여주는 사례라고 할 수 있다.

術의 끝에서 道를 발견하는 일본의 예술

일본 전통 예술의 여러 분야에는 유독 '길 道' 자가 많이 붙는다. 예를 들어 차를 마시는 행위는 '사도茶道', 꽃을 꽂는 것은 '카도華道', 글씨를 쓰는 것은 '쇼도書道'라 부른다. 심지어 검술이나 유술과 같은 무술 역시 단순한 기술이 아닌 '켄도剣道', '쥬도柔道'로 '도道'의 경지로 승화된다. 그리고 일본의 정신으로 알려져 세계적으로 유명한 일본 사무라이侍의 무사도武士道 또한 '도道'라고 불린다.

'도道'의 개념은 본래 중국의 도가道家 사상에서 유래했다. 만물이 생성하고 변화하는 근원적인 원리이자 자연의 섭리, 즉 '길The Way'을 의미하는데, 이러한 철학적 개념은 일본에 전해지면서 독자적인 의미로 발전했다. 일본 문화에서 '도道'란, 특정한 행위를 평생에 걸쳐 반복하고, 정해진 가타型를 철저히 따름으로써 완벽한 기술과 더불어 인격의 완성체에 도달하는 깨달음의 과정이자 길 그 자체를 의미한다.

이는 단순히 기술을 의미하는 술術과는 근본적으로 다르다. '술術'이 적을 잘 베는 것, 글씨를 예쁘게 잘 쓰는 것과 같이 실용적인 목적에 초점을 맞춘 것이라면, '도道'는 그 행위 과정 전체에 의미를 부여한다. '결과'보다 '과정'을, '외적 성취'보다 '내적 성숙'을 중시하는 것이다. 이를 구체적으로 설명한 것이 '슈하리守破離'라는 개념으로, 일본에서의 '도道'는 엄격한 규율과 무한 반복을 통해 기본을 지키고, 그 기본을 뛰어넘어 마침내 자신만의 길을 완성한다는 구도자적인 여정을 의미한다.

전통 계승과 창조적 발전의 변증법, 슈하리守破離

'슈하리守破離'라는 용어를 누가, 언제 처음 사용했는지 정확히 특정하기는 어렵지만, 그 개념의 원류는 일본의 중세 예술론에서 명확히 찾아볼 수 있으며, 특히 다음 두 인물의 가르침에서 그 본질적인 형태가 정립되었다고 볼 수 있다. 우선 '슈하리守破離'의 정신을 가장 명확하게 문장으로 남긴 인물은 16세기 다도茶道를 완성한 센노 리큐千利休 (1522~1591)였다. 그의 가르침을 정리한 『리큐도카利休道歌』라는 노래 집에는 다음과 같은 구절이 있다.

規矩作法守り尽くして破るとも離るるとても本を忘るな。
규칙과 작법을 끝까지 지킨 후에 그것을 깨뜨릴지언정, (거기서) 벗어 날지라도 근본을 잊어서는 안 된다.

이 한 구절 안에 '슈하리守破離'의 모든 단계와 그 핵심 정신이 담겨 있다. '규칙과 작법을 끝까지 지킨다守り尽くして'는 '슈守', '그것을 깨뜨린다破る'는 '하破', '벗어난다離るる'는 '리離'에 해당한다. 그러면서도 어떤 단계에 있든 '근본本을 잊지 말라'고 강조하며, 창조가 반드시 전통의 완벽한 숙지 위에서 이루어져야 함을 역설하고 있다.

센노 리큐千利休보다 앞선 14~15세기 인물이자 전통극 노能를 집대성한 제아미 모토키요世阿弥元清(생몰 미상) 역시 그의 저서에서 '슈하리守破離'와 일맥상통하는 수련 단계를 제시했다. 대표적인 연기 이론서인 『풍자화전風姿花伝』에서 그는 배우가 나이에 따라 익혀야 할 연기의 단계를 상세히 설명한다. "어린 시절에는 스승의 모든 것을 의심 없이 그대로 모방하고守, 청년기에는 자신만의 궁리를 통해 새로운 시도를 하며破, 장년기에 이르러서는 모든 형식을 뛰어넘어 자신만의 독자적인 예술 세계를 구축해야離 한다"라고 가르쳤다. 비록 '슈하리守破離'라는 용어를 직접 사용하지는 않았지만, 그가 제시한 단계별 수련 과정은 이 개념의 철학적 원류로 평가받고 있다.

【그림·5】 제아미(世阿弥)상. 교토 쇼보지(正法寺).

【그림·4】 센노 리큐(千利休)의 초상화. 堺市博物館蔵.

　　'슈하리守破離'의 개념은 두 사람의 중세 일본의 위대한 예술가들에 의해 정립되었으며, 이후 에도 시대의 검술 등 여러 무예 유파流派에서 수련의 단계로서 명확한 용어로 사용되기 시작했고, 근대에 이르러 아이키도合気道의 창시자 우에시바 모리헤이植芝盛平 등에 의해 더욱 널리 알려지게 되었다. 이 개념을 다시 한번 요약해 정리하면 아래와 같다.

슈守: 스승의 가르침과 정해진 카타型를 철저히 지키고 몸에 익히는 단계. 제자는 자기 생각이나 의문을 배제한 채, 오직 완벽한 모방을 통해 스승의 기술과 정신을 자기 몸에 그대로 새겨 넣는다. 이는 단순히 겉모습만 따라 하는 것이 아니라, 수만 번의 반복을 통해 그 형식 안에 담긴 원리와 정수를 무의식적으로 체득하는 과정이다. 전통의 근본을 배우고, 멋대로 해석하는 것을 경계하는 엄격한 규율의 시기라고 할 수 있다.

하破: 기본을 완전히 익힌 후, 자신에게 맞게 응용하고 기존의 틀을 깨뜨리기 시작하는 단계. '슈守'의 단계를 거쳐 기본을 완전히 자기 것으로 만든 후, 제자는 비로소 기존의 틀을 깨뜨리는 것을 시도할 수 있다. 이 단계에서 제자는 스승의 가르침과 형식의 본질이 무엇인지 비판적으로 분석하고, 다른 유파의 가르침이나 새로운 아이디어를 접목하며 자신만의 방식으로 응용하기 시작한다. 이는 스승에 대한 단순한 반항이 아니라, 기본 원리를 깊이 이해했기에 가능한 '창조적 파괴'라고 할 수 있다. 이 과정을 통해 자신에게 가장 적합한 기술과 표현을 찾게 된다.

리離: 스승과 유파의 가르침에서 벗어나 자신만의 독자적인 경지를 구축하는 최고의 단계. 스승과 유파의 가르침으로부터 완전히 벗어나 자신만의 독자적인 '길道'을 구축하는 최고의 경지이다. 하破의 단계를 통해 얻은 깨달음을 바탕으로, 정해진 형식에 얽매이지 않고 자유롭고 자연스럽게 기술과 정신을 구현해낸다. 이 단계에 이른 사람은 단순한 제자가 아니라, 새로운 유파를 열 수 있는 자신만의 경지를 이룩한 대가大家로 인정받게 된다. 기술과 정신이 완전히 하나가 되어, 그 자신이 곧 '길'이 되는 상태라고 할 수 있다.

참고로 한국에서도 역시 화랑도花郎道, 태권도跆拳道, 검도劍道 등과 같이 '도'의 개념을 사용하지만, 일본의 '도'와는 그 강조점에 미묘한 차이가 있다. 둘 다 자기 수양을 중시한다는 공통점이 있지만, 일본의 '도'가 '가타型'로 대표되는 형식미와 그 안에서 이루어지는 정신과 신체의 통일, 그리고 스승으로부터 제자로 이어지는 유파流派의 계보를 매우 중시하는 경향이 있다면, 한국의 '도'는 화랑의 세속오계나 태권도의 수련 정신 등, 종종 공동체적 윤리나 민족적 정신과 더 강하게 결부되는 특징을 보인다. 일본의 '도'가 유파와 이에모토家元라는 폐쇄적인 시스템 안에서 미학적 완성을 추구하는 방향으로 발전했다면, 한국의 '도'는 보다 개방적이고 대중적인 생활 철학이나 윤리 규범으로서의 성격이 상대적으로 강하다고 볼 수 있다.

일본만의 독특한 '도道'의 형성 배경

그렇다면 중국의 도가道家 사상과도 한국의 도道와도 다른 일본만의 독특한 도道가 형성된 배경에는 무엇이 있을까? '도道'는 일본의 귀족과 사무라이侍와 같은 지배 계층 사이에서는 오래전부터 중요한 덕목이었다. 귀족의 시대였던 헤이안 시대平安時代(794~1185)에는 쇼도書道, 와카和歌, 악기 연주 등이 단순한 취미가 아니었다. 이는 교양과 신분을 과시하고, 다른 귀족과 교류하며 정치적·사회적 입지를 다지는

【그림 •6】
헤이안 시대의 귀족이자 일본 최초의 소설 『源氏物語』의 저자 무라사키 시키부(紫式部)의 초상. 紫式部図, 『土佐光起筆』.

데에 있어 필수적인 '소양'이었다. 즉, 예술은 곧 그들의 계급적 정체성을 확인하는 수단이었다. 지금까지도 다도茶道와 화도華道 등이 품격 있는 여성의 필수 조건에 꼽히는 이유가 이러한 '도道'의 역사적 맥락에서 기인한다고 볼 수 있다.

'도道' 문화가 본격적으로 만개한 시기는 전국 시대戰国時代 (1467~1603)의 혼란이 끝나고 평화가 찾아온 에도 시대江戸時代 (1603~1867)였다. 그 중심에는 사무라이侍가 있었다. 약 260년간 이어진 평화는 무사 계급에게 심각한 정체성의 위기를 안겨주었다. 칼을 쓸 일이 사라진 무사는 더 이상 '전사'로 존재할 수 없었다. 무사의 존재 이유를 새롭게 정립해야만 했다. 그 결과 전투 기술이었던 '검술剣術'은 정신을 단련하는 '켄도剣道'로, 살상 기술이었던 '유술柔術'은 심신을 연마하는 '쥬도柔道'로 변모했다. 즉, '무武'를 통해 지배계급으로서의 정당성을 증명하고자 한 것이다. 그들은 자신들이 단순히 칼을 쓰는 폭력 집단이 아니라, 엄격한 규율과 수양을 통해 인격을 완성하고 사회의 모범이 되는 윤리적인 지도자 계급임을 '도道'의 실천으로 보여주고자 했다.

'술術'에서 '도道'로의 전환 과정에 결정적인 철학적·사상적 기반을 제공한 것은 선禪불교였다. 무사 계급은 복잡한 교리보다 직관적인 깨달음과 엄격한 자기 절제를 강조하는 선불교에 깊이 매료되었다. 선불교에서 말하는 '무심無心', 즉 '아무런 생각이나 감정에 얽매이지 않는 마음 상태'와 '부동심不動心', 즉 '어떤 상황에서도 흔들리지 않는 마음'은 생사가 오가는 전장에서 무사에게 반드시 필요한 덕목이었다. 이러한 정신 상태는 고요한 다실에서, 혹은 도장에서 그대로 적용되었다.

[그림·7]
1860년, 검을 휘두르는 사무라이
(侍). Felice Beato(1832~1909),
Britannica.

선불교는 과거에 대한 후회나 미래에 대한 불안에서 벗어나 '지금, 이 순간'에 온전히 집중할 것을 가르친다. 다도에서 차를 따르는 한 번의 동작과 단 한 번의 만남을 뜻하는 '이치고이치에一期一会', 서도에서 붓을 내리긋는 '일획一画', 검도에서 상대를 향해 내딛는 '잇보一步'에 모든 정신을 집중하는 '도道'의 수련 방식은 이러한 선불교의 가르침과 완벽하게 일치한다. 그리고 2장 '일본인의 미의식'에서 상세히 다루었던 불완전함의 미학인 '와비사비侘寂'도 다도와 화도에 깊은 영향을 끼쳤다. 완벽하게 만들어진 화려한 도자기보다, 일부러 거칠고 투박하게 만든 다완茶碗에서 더 깊은 아름다움을 찾는 것이 그 예다.

정리하자면, 일본의 '도道' 문화는 평화로운 시대에 존재 의의를 재정립해야 했던 무사 계급이 자신들의 살상 기술에 선불교의 정신적 가치를 결합해 만들어낸 독특한 자기 수양의 방법이었다. 이는 단순한 기술의 연마를 넘어, 정해진 형식을 통한 무한한 반복 속에서 자신을 완성해나가는 구도적인 과정이었으며, 이와 같은 일본의 '도道'는 일본인의 정신세계와 문화적 특성을 이해하는 매우 중요한 키워드가 된다.

군국주의가 발명해낸 '사무라이 정신'

일본의 '도道' 문화를 이야기할 때, 사무라이侍의 '무사도武士道'를 빼놓고 이야기할 수 없다. 칼과 함께 살고, 명예를 위해 목숨을 버리는 충성스러운 무사, 사무라이의 모습은 일본을 상징하는 대표 이미지 중

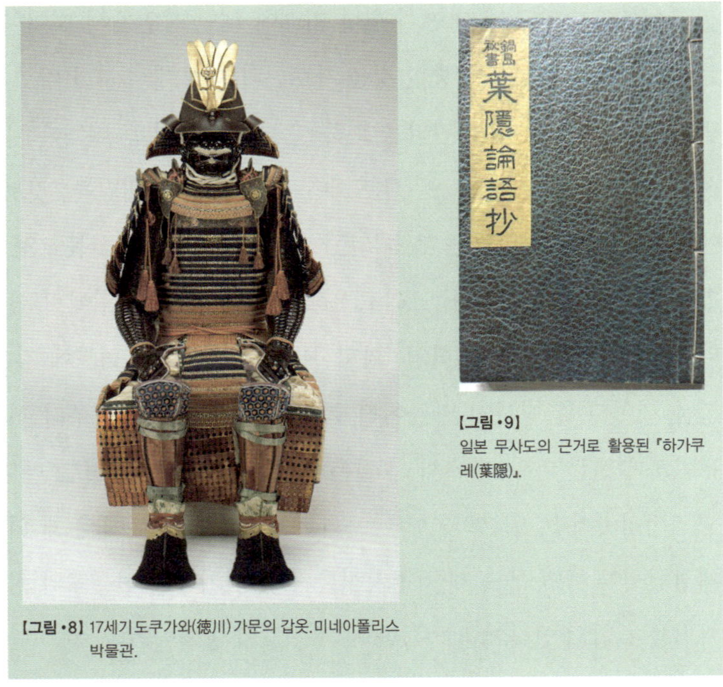

【그림 •9】
일본 무사도의 근거로 활용된 『하가쿠레(葉隱)』.

【그림 •8】 17세기 도쿠가와(德川) 가문의 갑옷.미네아폴리스 박물관.

하나이다. 그런데 사무라이의 전통적 이미지 탓에 무사도가 일본의 사무라이 사이에서 수백 년간 이어져온 유서 깊은 정신이라고 굳게 믿고 있는 사람들이 많은데, 이것은 사실일까?

결론부터 말하자면, 오늘날 우리가 알고 있는 통일되고 체계화된 '무사도武士道'라는 개념은 일본의 오랜 전통이라기보다, 덴노天皇에 대한 맹목적인 충성을 강요하기 위한 강력한 이데올로기적 도구로서 근대 일본이 국가적 필요에 따라 '발명한 전통'에 가깝다.

물론 전국 시대戰国時代나 에도 시대江戸時代의 무사에게도 가문에 대한 충성·명예·용맹과 같은 덕목이 존재했던 것은 사실이다. 하지만 이는 시대와 지역, 각 가문의 상황에 따라 다르게 나타나는 파편적인 윤리 규범에 가까웠다. 전국 시대에는 주군을 배신하고 더 큰 권력을 좇는 하극상下剋上이 비일비재했으며, 평화로운 에도 시대에 쓰인 『하가쿠레葉隱』와 같은 무사도 관련 서적도, 당시에는 특정 번藩의 개별적이고 지엽적인 생각이나 시대착오적인 주장으로 여겨졌을 뿐, 모든 무사가 공감하는 보편적인 규범은 결코 아니었다.

일본의 '무사도武士道'를 논할 때, 가장 자주 인용되면서도 가장 깊이 오해받는 책이 바로 『하가쿠레葉隱』다. 특히 "무사도란 곧 죽을 자리를 찾는 것이다武士道といふは、死ぬことと見つけたり"라는 죽음도 불사하는 사무라이를 떠올리게 하는 유명한 구절 때문에, 이 책은 종종 일본 사무라이 정신 전체를 대변하는 '무사도의 바이블'로 대접받는다. 그러나 이는 『하가쿠레葉隱』의 본질과 역사적 맥락을 심각하게 오해한 것이다.

비밀스러운 책 『하가쿠레葉隱』의 운명

『하가쿠레』는 18세기 초, 평화로운 에도 시대 중기의 책으로, 사가번佐賀藩의 나베시마鍋島 가문을 섬기다 은퇴한 사무라이 야마모토 쓰네토모山本常朝(1659~1719)가 후배 사무라이인 다시로 쓰라모토田代陣基에게 구술한 내용을 정리한 일종의 어록집이다. '하가쿠레葉隱'라는 제목은 '나뭇잎 그늘에 숨겨져 있다'는 뜻으로, 주군인 나베시마 미쓰시게鍋島光茂를 향한 변치 않는 충절을 드러내는 와카和歌의 한 구절에서 따왔으며, 동시에 이 가르침 자체를 비밀리에 전수하라는 의미도 담겨 있다. 이 책은 체계적인 철학서가 아니라, 올바른 사무라이로서 갖춰야 할 마음가짐, 처세술, 주군을 섬기는 방법, 동료와의 관계 등 다양한 주제에 대한 1,300여 개의 짧은 단상이 일화로 구성되어 있다.

『하가쿠레』의 사상을 관통하는 가장 유명한 구절은 단연 "무사도란 곧 죽을 자리를 찾는 것이다"이다. 이 문장만 보면 마치 죽음을 맹목적으로 찬양하는 광신적인 사상처럼 보이지만, 야마모토 쓰네토모山本常朝가 말하고자 한 본질은 다르다. 그가 말하는 '죽음'은 단순히 목숨을 버리는 행위가 아니라, '언제든 죽을 수 있다는 각오가 되어 있는 삶의 태도'를 의미한다. 죽음을 이미 받아들였기에, 역설적으로 매 순간을 더욱 충실하고 온전하게 살아갈 수 있다는 철학인 것이다. 이는 위기 상황에서 '살 것인가, 죽을 것인가'를 고민하는 순간 이미 진정한 사무라이가 아니며, 죽음을 각오하고 올바른 의義를 택하는 과단성을 강조한 것이었다.

야마모토 쓰네토모山本常朝가 보기에 전쟁이 사라진 평화로운 에도 시대의 사무라이는 칼을 찬 관료로 전락하여 계산적이고 나약해졌으며 과거 전국 시대 무사가 가졌던 순수하고 격렬한 충의와 명예 정신은 사라진 지 오래였다. 『하가쿠레葉隱』는 이처럼 사라져버린 '진정한 사무라이 정신'에 대한 강렬한 향수와 복고주의적 열망이 담긴 책이다. 여기서 반드시 짚고 넘어가야 할 중요한 사실은, 『하가쿠레葉隱』는 당시 주류 사상이 아니었다는 점이다. 오히려 이 책의 내용이 너무나 시대착오적이고 광적이며, 극단적이라며 멀리했다. 야마모토 쓰네토모山本常朝 자신도 이 가르침이 오해를 살 수 있음을 알고, "이 책을 읽은 후에는 불태워버려라"고 말할 정도로 외부 유출을 경계했다. 그 결과, 『하가쿠레葉隱』는 사가번佐賀藩의 나베시마 가문에서만 극소수의 무사들 사이에서 필사본 형태로 비밀리에 읽히는 '금서禁書'와 같은 존재였다.

당시 에도 막부가 통치 이념으로 삼았던 주자학朱子学은 이성, 합리, 질서를 강조한 반면, 『하가쿠레葉隱』는 '생각하지 말고 미친 듯이 돌진하라'고 말하는 등 비합리적이고 충동적인 행동을 찬미했기 때문에, 주류 사상과는 정면으로 배치되는 위험한 이단으로 취급받았다.

이처럼 에도 시대 내내 잊혔던 『하가쿠레葉隱』가 역사 전면에 화려하게 부활한 것은 20세기, 일본의 군국주의가 대두하던 시기였다. 1930년대 이후, 일본의 군국주의자와 국가주의자들은 국민을 전쟁에 총동원하고 덴노天皇에 대한 맹목적인 충성을 강요하기 위한 강력한 이데올로기적 도구를 찾고 있었다. 이때, 그들은 『하가쿠레葉隱』를 '재발견'하게 된 것이다. 그들은 책의 복잡한 맥락과 본래 의도는 무시한 채, '주군을 위해 죽음을 각오하라'는 구절만을 입맛에 맞게 잘라내 '주군'을 '덴노天皇'로, '번藩'을 '국가'로 바꾸어 군국주의 정신으로 선전했다.

그 결과, 『하가쿠레葉隱』는 '덴노天皇 폐하와 제국을 위해 목숨을 바치는 것은 사무라이 정신의 정수'라는 식으로 왜곡되어, 가미카제神風 대원들의 집단 자결이나 자폭인 '옥쇄玉碎'를 강요하는 선전 도구로 악용되었다. 특정 지역의 한 은퇴한 사무라이가 가졌던 복고주의적이고 극단적인 사상이, 국가 전체를 광기로 몰아넣는 군국주의 이데올로기의 핵심 도구로 변질된 것이다. 전후 작가인 미시마 유키오三島由紀夫가 『하가쿠레葉隱』에 깊이 심취하여 할복자살로 생을 마감한 사건은, 이 책이 가진 위험하고 매력적인 힘을 상징적으로 보여주는 것이라 하겠다.

결론적으로, 『하가쿠레葉隱』는 일본의 무사도를 이해하는 데 중요한 텍스트임은 분명하지만, 그것을 사무라이의 보편적인 정신 규범으로 여기는 것은 심각한 역사적 오류라고 할 수 있다. 『하가쿠레葉隱』는 평화로운 시대에 한 사무라이가 품었던 '이상적인 과거'에 대한 갈망이 담긴 하나의 특수하고 극단적인 목소리이며, 그 본질은 20세기 군국주의에 의해 발굴되고 왜곡된 결과물이라는 점을 반드시 기억해야 할 것이다.

현대적 무사도武士道의 발명

그렇다면 오늘날 우리가 아는 무사도武士道의 이미지는 어떻게 만들어졌을까? 그 배경에는 근대국가로 발돋움하던 메이지 시대 일본이 가졌던 서구를 향한 강렬한 열망과 깊은 문화적 콤플렉스가 자리한다. 당시 일본의 지식인에게 주어진 가장 큰 과제는, 서구인의 눈에 '도덕적 기준이 없는 미개한 민족'으로 비치는 경멸적인 시선을 극복하는 것이었다. 이를 위해 그들은 서구 열강의 '기사도Chivalry'에 필적할 만한, 일본 고유의 정신적 전통을 '발견'하거나 '재구성'하여 제시해야만 했다. 바로 이러한 시대적 필요성 속에서, 일본의 정신을 서구에 변호하고 소개하기 위한 개념으로 '무사도武士道'가 발명된 것이다.

이러한 시대적 요구에 부응하여 결정적인 역할을 한 인물이 바로 니토베 이나조新渡戸稲造(1862~1933)와 이노우에 데츠지로井上哲次郎(1856~1944)였다. 대외적으로는 미국에서 교육받고 서양인과 결혼했으며, 훗날 국제연맹 사무차장까지 지낸 대표적인 해외파 지식인이었던 니토베는 『Bushido: The Soul of Japan(무사도: 일본의 정신)』(1899)라는 한 권의 책을 출간한다. 여기서 주목할 점은 이 책이 처음부터 일본인이 아닌 서양인을 독자로 상정하여 영어로 쓰였다는 사실인데, 니

【그림 • 10】 니토베 이나조(新渡戸稲造: 1862~1933).
「近代日本人の肖像」, 国立国会図書館.

【그림 • 11】
니토베의 저작, 『Bushido: The Soul
of Japan(무사도: 일본의 정신)』
(1899).

토베는 서문에서 한 서양인 교수로부터 '일본에는 종교 교육이 없다는데, 어떻게 자녀들에게 도덕을 가르칩니까?'라는 질문을 받고 제대로 답하지 못했던 경험이 집필의 계기가 되었다고 밝히고 있다. 그는 이 책에서 무사도의 덕목인 의義, 용勇, 인仁, 예礼, 성誠, 명예名譽, 충의忠義 등을 서양의 기사도, 고대 그리스 철학, 성경의 가르침과 비교하며 서양인이 이해하기 쉬운 방식으로 설명했다. 즉, '무사도武士道'는 일본의 정신적 뿌리를 서구에 소개하기 위해 기사도의 틀에 맞춰 재구성하고 이상화한 개념이었던 것이다.

니토베의 시도는 대성공을 거두었는데, 그의 책은 서구 사회에서 베스트셀러가 되었고, 시어도어 루스벨트Theodore Roosevelt 미국 대통령이 이 책을 읽고 감명을 받아 주변에 선물했을 정도였다. 아이러니하게도, 서구에서의 성공은 다시 일본으로 역수입되어, 일본인 스스로 자신들의 '잊혔던 위대한 정신'으로 무사도武士道를 받아들이게 된다.

메이지 정부는 이를 국민 통합과 국가주의를 고취하는 데 더할 나위 없이 좋은 이데올로기적 도구로 활용했다.

　이와 동시에, 일본 국내에서는 니토베의 무사도武士道보다 훨씬 더 국가주의적이고 호전적인 담론이 철학자 이노우에 데츠지로井上哲次郎(1856~1944)에 의해 주창된다. 니토베가 국제적 감각을 지닌 기독교인이었다면, 이노우에 는 일본 고유의 정신을 강조한 국가주의 철학자였다. 그는 메이지유신 이후 일본 사회가 서구 사상의 유입으로 전통적인 도덕(불교·유교)이 약화되었다고 진단하고, 이를 대체할 새로운 국민도덕国民道徳의 필요성을 역설했다. 그리고 그는 그 해답을 바로 '무사도武士道'에서 찾았다.

【그림 • 12】 국가주의 철학자, 이노우에 테츠지로(井上哲次郎).

　이노우에는 그의 저서 『일본고학파의 철학日本古学派之哲学』(1902), 『국민도덕개론国民道徳概論』(1912) 등을 통해 자신의 이론을 체계화했다. 그의 무사도武士道는 니토베의 것과 결정적인 차이가 있었는데, 니토베의 무사도가 기독교적 윤리에 기반해 '인격 수양'과 의義, 용勇, 인

仁 등의 보편적인 덕목을 강조했다고 한다면, 이노우에의 무사도武士道는 모든 덕목의 정점에 덴노天皇에 대한 절대적 충의忠義와 국가国体를 위한 자기희생에 두었다는 점에서 큰 차이를 보였다. 즉, 이노우에에게 무사도武士道는 개인의 인격 완성을 위한 길이 아니라, 모든 일본 국민臣民(신민)이 덴노天皇를 위해 목숨을 바쳐야 하는 신성한 의무, 그 자체였다. 이에 일본 정부는 '국민의 의무'를 강조하며 국가 통치 이데올로기로 이용했다. 이노우에는 무사 계급의 윤리였던 무사도武士道를 모든 국민이 따라야 할 '야마토다마시이大和魂(일본 민족의 고유한 정신)'로 확장시켰고, 그 결과 일본 정부와 군부, 교육계는 이를 최대치로 활용했다. 예를 들어 학교 교육의 지침이 되었던「교육칙어教育勅語」의 철학적 기반을 제공했으며, 이는 '윤리' 과목에 해당하는 '수신修身' 교과서를 통해 학생들에게 주입되었다. '덴노天皇를 위해 죽는 것'을 최고의 명예로 여기는 그의 무사도武士道 이론은, 1930년대 이후 군국주의 이데올로기를 강화하고, 가미카제神風 특공대와 같은 비인간적인 행위를 정당화하는 데 직접적으로 악용되었다.

오카베 유키오(岡部幸雄) 해군 대위(大尉)의 유서(당시 23세)

1944년 10월 25일 특공 출격 후 사망

両親様、

何の便りも無いのは無事の便りと申します。

欣んで御静養下さい。

幸雄は本日、帝国海軍神風特別攻撃隊の一員として、敵艦船に突入致します。

武士とし、かねてより念願でありました死に場所を得たわけです。

日本男子とし、最高の栄誉と信じます。

思い残すことは何一つありません。

ただ、二十数年間、温かい御愛情を賜りながら、何一つ孝行らしいことが出来なかったのを、お詫び致します。

今、出撃に当たり、淋しいとか、悲しいとかいう感は少しもありません。

ただ、この大任を果し得るか、否か、それのみを念じて居ります。

兄上様、姉上様、色々有難う御座いました。

幸雄は皆様の御幸福を祈りつつ、征きます。

では、参ります。

幸雄

부모님께,

무소식이 희소식이라고 하지요.

모쪼록 편히 계셨으면 좋겠습니다.

유키오는 오늘, 제국 해군 가미카제 특별 공격대의 일원으로서, 적 함선에 돌격합니다.

무사로서, 이천부터 염원이었던 죽을 자리를 얻게 되었습니다.

일본 남아로서 최고의 영예라고 믿습니다.

마음에 남겨 둔 미련은 무엇 하나 없습니다.

【그림·13】
육군특별공격대(陸軍特別攻擊隊) 제72신부
(振武) 부대원 중 일부, 1945년 5월 26일 가
미카제 출격 하루 전에 촬영한 사진이다.
출격 후 전원 사망했다. 앞 열 좌측부터 하야
카와 츠토무루(川勉: 18세), 아라키 유키오
(荒木幸雄: 17세), 센다 다카마사(千田孝正:
18세), 후열 좌측부터 다카하시 가나메(高橋
要: 18세), 다카하시 미네요시(高橋峯好: 17
세). 이들의 계급은 모두 고쵸(伍長: 하사)
였다.

다만, 20여 년간 따뜻한 사랑을 받았음에도, 효도다운 효도 하나 제대로 하지 못한 것에 죄송할 따름입니다.

지금 출격에 임해서, 쓸쓸하다거나 슬프다는 느낌은 조금도 없습니다.

오직, 이 중대한 임무를 완수할 수 있을지 없을지 만을 생각하고 있습니다.

형님, 누님, 여러모로 감사했습니다.

유키오는 모두의 행복을 빌며 떠납니다.

그럼, 이만 줄이겠습니다.

유키오 올림

근대에 '발명'되고, 군국주의에 의해 '오염'된 무사도의 이미지는 제2차 세계대전 패전 이후에도 다양한 미디어와 문화 콘텐츠를 통해 성공적으로 재생산되며 오늘에 이르고 있다. 구로사와 아키라黒澤明(1910~1998) 감독의 영화 〈7인의 사무라이〉, 그리고 수많은 시대극 드라마, 만화, 애니메이션, 심지어 미국에서 제작된 미·일 합작 영화 〈라스트 사무라이Last Samurai〉(2003)나 비디오게임 〈고스트 오브 쓰시마 Ghost of Tsushima〉(2020)에 이르기까지, 대중문화는 명예와 의리를 위해 목숨을 버리는 낭만적인 사무라이의 모습을 끊임없이 그려낸다. 그 결과 '무사도武士道'는 실제 역사 속 무사의 모습보다는, 근대 일본의 필요에 의해 이상화되고 낭만적으로 채색된 이미지를 통해 전 세계에 각인되었다. 이는 '만들어진 전통'이 어떻게 현실의 역사를 뛰어넘어 강력한 문화 상징으로 자리 잡게 되는지를 보여주는 매우 흥미로운 사례라 할 수 있다.

한 잔의 차와 한 송이의 꽃: 다도茶道와 화도華道

다도는 차를 매개로 한 종합예술이자, 정신 수양의 도구이다. 중국에서 전래된 차 문화는 일본에서 독자적으로 발전했는데, 그 정점에 있는 인물이 바로 16세기 다인茶人 센노 리큐千利休다. 그는 당대 최고 권력자였던 도요토미 히데요시豊臣秀吉의 다두茶頭(다도를 총괄하는 직책)를 지내면서, 히데요시가 과시했던 황금 다실과 같은 화려하고 사치스러운 다도와는 정반대의 길을 추구했다. 그는 거칠고 투박한 다기, 자연 그대로의 모습을 살린 다실茶室을 선호하면서, 의도적으로 불완전

하고 소박한 요소들을 통해 내면의 아름다움을 추구하는 와비차わび茶를 완성했다. 이는 단순히 미학의 차원을 넘어, 물질적 권력에 대한 정신적 저항의 의미를 담고 있었다. 그가 정립한 자연과 조화를 이루고和, 서로를 공경하며敬, 몸과 마음을 맑게 하고淸, 고요함 속에서 본질을 추구한다寂는 '화경청적和敬淸寂'의 네 가지 정신은 오늘날까지 일본 다도의 핵심 철학으로 이어진다.

그러나 센노 리큐千利休는 히데요시에 의해 할복을 당해 비극적인 최후를 맞게 되었고, 그의 자손들은 흩어져 여러 다도의 유파를 열었는데, 그것이 오늘날 다도계의 3대 가문이라 불리는 산센케三千家, 즉 오모테센케表千家, 우라센케裏千家, 무샤노코지센케武者小路千家가 된다. 그리고 이 세 가문의 수장, 즉 이에모토家元는 다도의 최고 권위자로서, 각 유파의 모든 것을 통제하는 피라미드의 정점에 선다. 그들은 다도의 형식인 오테마에お点前를 규정하고, 제자들에게 단계별 자격증인 교조許状를 발급하며, 다도에 사용되는 도구인 다도구茶道具를 감정하고 이를 보증한다.

이와 같은 이에모토家元 제도는 센노 리큐利休가 정립한 다도의 전통을 수백 년간 변질 없이 보존하고, 체계적인 교육 시스템을 통해 널리 보급하는 데 크게 기여했다. 그러나 이와 같은 긍정적인 측면에도 불구하고 앞서 언급한 바와 같이 이에모토家元 제도의 권위주의와 폐쇄성도 늘 문제가 된다. 앞서 살펴본 대로 센노 리큐는 '슈하리守破離'를 정립하면서, "전통을 존중하고 계승하여守 근본을 잊지 말되 전통에 안주하지 말고 비판적 성찰을 통해 이를 발전시켜破, 자신만의 독창적인 세계를 창조하라離"라고 가르쳤다. 이는 오늘날의 이에모토家元

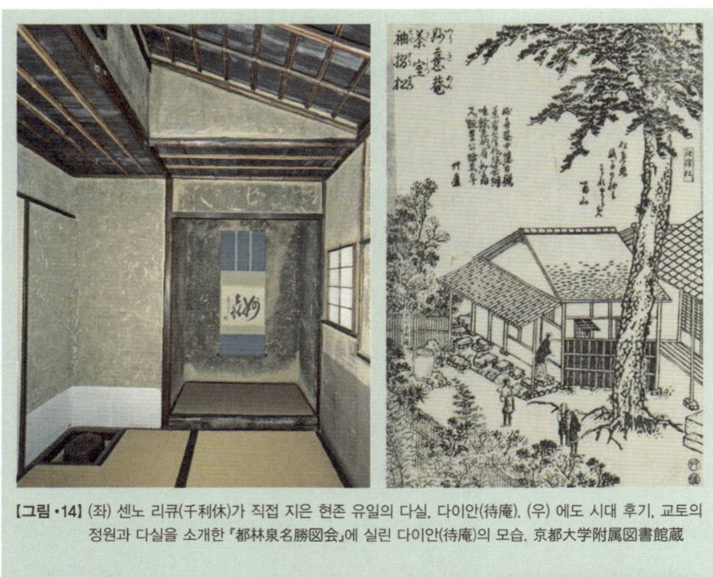

【그림 •14】(좌) 센노 리큐(千利休)가 직접 지은 현존 유일의 다실, 다이안(待庵). (우) 에도 시대 후기, 교토의 정원과 다실을 소개한 『都林泉名勝図会』에 실린 다이안(待庵)의 모습. 京都大学附属図書館蔵

【그림 •15】일본의 다도(茶道)는 사호(作法: 형식과 예법)뿐만 아니라, 다도구(茶道具) 또한 매우 중요하게 여긴다.

제도와 분명 충돌되는 지점이 있다.

지나친 상업화 문제 또한 피해 갈 수 없다. 단계별 자격증을 따기 위해서는 막대한 비용이 들며, 이것이 이에모토家元 가문의 주요 수입원이 된다. 그 결과 다도가 순수한 정신 수양의 길에서 일종의 '자격증

비즈니스'로 변질되었다는 비판을 낳기도 한다. 마지막으로는 세습 문제로, 이에모토家元의 지위는 실력과 무관하게 혈연에 따라 세습되는 경우가 대부분이다. 일본 사회 전반의 세습 문화와도 맞닿아 있는 이 문제는 대중들에게 존경과 동시에 비판의 대상이 되기도 한다. 실제로 일본의 인기 드라마『꽃보다 남자花より男子』에서 남자 주인공 4인방(F4) 중 한 명인 니시카도 소지로西門総二郎가 다도 종가의 후계자로 등장하는 설정은, 다도 이에모토家元 가문이 일본 사회에서 차지하는 상류층으로서의 막강한 부와 명예를 상징적으로 보여주는 예시라 할 수 있다. 과거 일본의 고액 납세자 명단인 죠자반즈케長者番付에 다도茶道나 화도華道 가문의 이에모토家元가 이름을 올리는 경우가 종종 있었던 것도 이러한 현실을 뒷받침한다.

화도華道는 흔히 이케바나生け花로도 불리는데, 꽃이나 나뭇가지, 이끼, 돌 등 다양한 자연 소재를 화기花器에 꽂아 생명의 아름다움을 표현하는 일본의 전통 예술이다. 단순히 공간을 장식하는 꽃꽂이를 넘어, 선과 공간의 미학을 통해 자연과 인간의 조화를 추구하고, 덧없이 피고 지는 식물의 모습을 통해 생명의 존엄성을 깨닫는 정신 수양의 과정으로, 이름에 '도道'가 붙는다.단순히 꽃을 아름답게 꽂는 기술이 아니라 하늘天, 땅地, 사람人의 조화를 상징하는 비대칭적 구성을 통해 자연의 섭리와 우주관을 담아내고자 하기 때문이다.

화도의 기원은 6세기경 불교의 전래와 함께 시작된 구게供花(공화) 의식으로 거슬러 올라간다. 불상 앞에 꽃을 바쳐 부처의 공덕을 기리는 이 종교적 행위는 일본 고유의 자연 숭배 사상과 결합하며 독자적인 예술 장르로 발전했다. 헤이안 시대平安時代(794~1185)에는 귀족들

[그림 •16] 화도(華道)를 소재로 한 우키요에(浮世絵).

이 정원에서 꽃을 감상하거나 시를 읊는 등, 꽃을 감상하는 문화가 정착되었고, 이는 『겐지모노가타리源氏物語』와 같은 문학작품에서 그 모습을 엿볼 수 있다. 그러나 오늘날과 같은 체계적인 예술 장르로서 화도가 탄생한 것은 15세기 무로마치 시대室町時代(1336~1573)였다. 교토의 로카쿠도六角堂라는 사찰의 승려였던 이케노보 센케이池坊専慶는 당시 귀족 사회에서 큰 명성을 얻은 꽃꽂이 명인이었다. 그는 단순히 꽃을 아름답게 꽂는 것을 넘어, 꽃과 가지의 구성을 통해 철학적·종교적 메시지를 담아내는 초기 형태인 릿카立花를 발전시켰다. 이것이 화도 최고最古 유파인 이케노보池坊의 시작이었다.

이후 아즈치모모야마 시대安土桃山時代(1573~1603)에 센노 리큐利休에 의해 다도茶道가 완성되면서, 다실茶室이라는 소박하고 정적인 공간에 어울리는 단순하고 자연스러운 꽃꽂이, 즉 차바나茶花도 함께 발전했다. 그리고 에도 시대江戸時代(1603~1868)에 이르러서는 화도가 무사 계급과 부유한 상인층까지 확산되며, 보다 체계적이고 정형화된 쇼카

274

生花 양식이 유행하는 등 대중화의 길을 걷게 된다.

메이지유신 이후 서양 문화가 유입되면서, 화도계에도 새로운 바람이 불기 시작했다. 전통적인 형식을 고수하는 유파에 반발하여, 시대의 변화에 맞는 새로운 표현을 추구하는 유파들이 탄생했다. 오늘날 일본 화도계는 수백 개의 유파가 있으며 각 유파는 이에모토家元를 중심으로 운영되고 있는데, 이케노보池坊를 필두로, 소게쓰류草月流, 오하라류小原流 등이 대표적이다.

이케노보池坊는 약 550년의 역사를 자랑하는 가장 오래되고 권위 있는 유파로 자리 잡아 릿카立花, 쇼카生花 등 고전적인 양식을 충실히 계승하며 화도의 '본가本家'로서의 자리를 지키고 있다. 현재 45대 이에모토家元가 그 전통을 잇고 있으며, 화도의 근본정신과 정통성을 중시한다.

오하라류小原流는 19세기 말, 오하라 운신小原雲心이 창시한 유파이다. 그는 서양 꽃이 수입되고 서양식 주택이 보급되는 시대적 변화에 맞춰, 기존의 선禪적인 아름다움을 강조하던 형식에서 벗어나 새로운 스타일을 창안했다. 넓고 얕은 수반水盤과 겐잔剣山(침봉)을 사용하여, 마치 자연의 풍경을 그대로 옮겨놓은 것 같은 사실적인 표현을 중시하는 모리바나盛り花 양식을 창시하여 큰 반향을 일으켰다.

소게쓰류草月流는 1927년에 데시가하라 소후勅使河原蒼風가 "꽃꽂이는 언제 어디서나, 누가 어떤 재료로 해도 좋다"라는 기치를 내걸고 창시한 가장 현대적이고 전위적인 유파다. 그는 화도를 전통적인 형식에 얽매인 수양이 아니라, 자유로운 자기 표현을 위한 '입체 조형 예술'로 규정했다. 꽃과 식물뿐만 아니라 돌, 철, 플라스틱 등 상상할 수 있는 모든 재료를 사용하여 공간 전체를 디자인하는 그의 혁신적인 시도는 화도의 영역을 순수예술의 경지로까지 확장시켰다는 평가를 받는다.

이처럼 현대 일본의 화도는 이에모토家元를 중심으로 수백 년의 전통을 엄격하게 계승하는 고전 유파와, 시대의 변화에 맞춰 새로운 미의식을 창조해나가는 현대 유파가 공존하며 다채로운 세계를 형성하고 있다.

일도一刀 일획一劃의 예술 :
검도劍道와 서도書道

서도書道 또는 슈지習字는 붓과 먹을 사용하여 한자漢字와 가나仮名 문자를 종이나 비단 위에 예술적으로 표현하는 일본의 전통 예술이다. 단순히 글씨를 아름답게 쓰는 기술을 넘어, 선의 굵기, 먹의 농담濃淡, 운필의 속도와 리듬, 그리고 글자 사이의 여백의 미 등을 통해 쓰는 사람의 인격과 정신 수양의 경지를 보여주는 고도의 정신 예술 장르이다.

일본 서도書道의 역사는 5~6세기경 백제를 통해 불교와 함께 한자가 본격적으로 전래되면서 시작되었다. 초기에는 중국의 서풍書風을 그대로 모방하는 데 집중했으며, 쇼토쿠 태자聖德太子(547~622)가 썼다고 전해지는 홋케기쇼法華義疏 등은 당시의 대표적인 서풍을 보여준다. 이 시기 서예는 일부 지배 계층과 승려들만이 향유하는 고급 학문이자 종교적 실천의 일부였다.

일본의 서도書道는 헤이안 시대平安時代에 중요한 전환기를 맞게 되는데, 9세기 말 견당사遺唐使 파견이 중지되면서 중국의 영향에서 벗어나 독자적인 국풍国風 문화가 발전하기 시작한 것이다. 이 시기 한자를 간략화한 일본의 고유 표음문자인 히라가나ひらがな와 가타카나カタカナ가 만들어졌다. 이 새로운 문자의 등장은 서도에 혁명을 가져왔다. 딱딱하고 힘 있는 한자 서체와는 다른, 부드럽고 우아하며 유려한 곡선미를 가진 일본 고유의 서풍, 즉 '와요쇼도和樣書道'가 탄생한다.

무사 계급이 집권한 가마쿠라 시대鎌倉時代(1185~1333) 이후에는 선禪불교가 서도에 큰 영향을 미쳤다. 선승禪僧들이 남긴 글씨인 '보쿠세키墨跡'는 기술적 완벽함이나 아름다움보다는, 깨달음의 경지에서 일순간에 써 내려간 기백을 더 중시했다. 힘 있고 비정형적이며, 때로는 거친 보쿠세키墨跡의 서풍은 무사의 기풍과도 잘 맞아떨어졌다. 그리고 에도 시대에 이르러서는 서도가 일부 지배층의 전유물에서 벗어나 서민에게까지 널리 확산되었다. 서민의 자제를 위한 교육기관인 데라코야寺子屋에서 읽기, 쓰기, 주판과 함께 서도를 가르치면서 일본의 식자율識字率은 비약적으로 높아졌다. 이 시기에는 다양한 유파와 개성적인 서예가들이 등장하며 서도의 황금기를 맞이하게 된다.

현대 일본의 서도계는 다도나 화도처럼 특정 가문이 절대적인 권위를 갖는 강력한 이에모토家元 체제를 가지고 있지는 않다. 대신, 닛텐日展, 마이니치 서도전每日書道展, 요미우리 서도전読売書道展 등 주요 언론사나 단체가 주최하는 거대 공모전과 협회会派를 중심으로 활동하는 경향이 더 강하다.

서예가로서의 명성과 지위는 대개 이들 공모전에서 어떤 상을 수

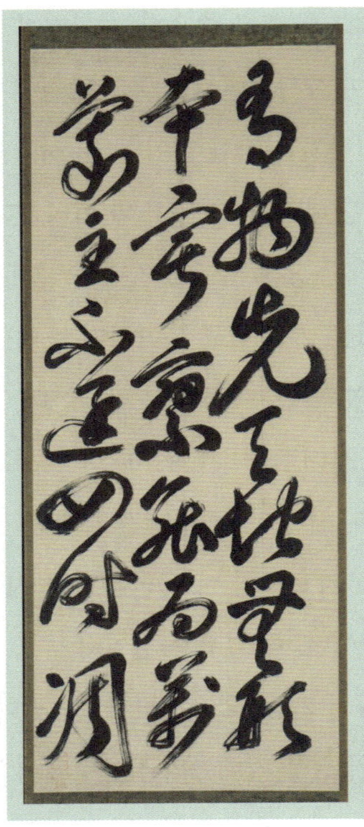

상했는지에 따라 결정되는데, 최고상을 수상하면 다음에는 심사위원으로 위촉되는 등, 공모전 시스템 자체가 서도계의 위계질서를 형성하고 있다. 하지만 강력한 중앙집권적 이에모토家元가 없을 뿐, 서도계 역시 스승과 제자師弟 관계를 기반으로 한 도제 시스템은 매우 강하게 남아 있다. 서예가는 대부분 특정 유파나 서예 단체에 소속되어, 그곳의 최고 스승의 필체를 배우고 지도를 받는다. 그리고 일정한 경지에 이르면 스승으로부터 예술가로서의 이름인 아호雅号를 받게 되는데, 이는 사실상 이에모토家元 제도와 매우 유사한 방식으로 작동하는 권위 체계라고 할 수 있다. 각 협회나 유파가 하나의 작은 이에모토家元처럼 기능하며, 그 안에서 파벌이 형성되기도 한다.

현대 일본의 서도계는 크게 세 가지 흐름으로 나뉜다. 중국과 일본의 고전 명필을 그대로 따라 쓰며 전통을 계승하는 임서臨書, 한자를 바탕으로 하되 작가의 개성을 담아 창작하는 창작 서예, 그리고 문자의 의미에서 벗어나 순수한 조형미와 추상적인 선의 아름다움을 추구하는 전위 서예前衛書道 등으로, 비교적 다양한 스타일이 공존하며 예술적 지평을 넓혀가고 있다.

일본의 서도는 중국의 서예를 받아들여 독자적인 '와요和様' 스타일을 창조하고, 시대의 변화 속에서 대중화의 길을 걸어왔다. 현대에 이르러서는 중앙집권적인 이에모토家元 대신 공모전과 협회를 중심으로 운영되지만, 그 내부에는 여전히 스승과 제자, 유파 중심의 도제식 전통이 강하게 남아 있는 독특한 구조를 가지고 있다.

한편, 전쟁이 일상이었던 전국시대戦国時代의 무술武術은 오로지 적을 죽이고 자신을 지키기 위한 극도로 실용적인 기술, 즉 '살인술殺人術'이었다. 유파마다 독자적인 비기秘技가 있었지만, 그 모든 기술의 목적은 오직 전장에서의 승리와 생존이었다. 그러나 도쿠가와 이에야스德川家康가 천하를 통일하고 약 260여 년간 전쟁 없는 평화로운 에도시대江戸時代가 이어지자, 칼이 곧 직업인 사무라이 계급은 심각한 위기를 맞게 된다. 전사戦士로서의 역할을 잃고 행정 관료로 변모한 그들에게, 과거의 살인술은 더 이상 실용적인 의미를 갖지 못하게 되었다. 이때 사무라이들은 귀족에게 자신의 교양과 신분을 과시하고 정치적·사회적 입지를 다지기 위해 서도書道와 와카和歌에 심취했던 것처럼, 무사로서의 정당성을 증명하기 위해 전투 기술을 신체 단련과 정신 수양의 수단으로 재정립하기 시작했는데, 이것이 바로 '술術'이 '도道'로 변모하게 된 배경이 된다.

검도剣道를 필두로 유도柔道와 궁도弓道 등은 이러한 무도의 대표적인 예시가 되는데, 따라서 다른 도道와 마찬가지로 무도는 단순히 기술의 연마에 그치지 않고, 수련의 전 과정에 걸쳐 예의범절인 '레기사호礼儀作法'을 엄격히 중시하게 된다. 따라서 무도는 수련 전후의 묵상과 인사, 도장道場을 대하는 태도, 상대를 존중하는 마음가짐 등을 통해 기술의 연마가 곧 인격의 완성으로 이어지도록 하는 것을 목표로 하게 되었는데, 그 결과 무도는 주군에 대한 절대적인 충성忠, 불굴의 정신력, 엄격한 자기 절제 등 이상화된 '도道'로서 무사 계급의 정신적 지주 역할을 하게 되었다.

'도道'로의 전환 이전부터 존재했던, 즉 메이지유신 이전에 성립된 전통 무술들을 '고류무술古流武術'이라고 부른다. 이 유파들은 다도나 화도처럼 이에모토家元 제도와 매우 유사한 소케宗家(종가) 제도를 통해 그 명맥을 이어왔다. 소케는 특정 유파의 정통성을 계승하는 가문이자, 그 가문을 이끄는 당대 최고의 스승(종가)을 의미한다. 소케는 해당 유파의 모든 기술과 철학, 비전秘伝에 대한 절대적인 권위를 가지며, 이를 왜곡 없이 다음 세대에 전수할 책임을 지게 된다. 그리고 제자는 스승에게 입문하여 수년간의 혹독한 수련을 거쳐 단계별로 실력을 인정받는 증명서, 즉 면허免許를 받게 되는데, 그 유파의 모든 것을 전수 받았다고 인정받는 최고 경지가 바로 '멘쿄가이덴免許皆伝(면허개전)'이며, 이는 제자가 스승과 동등한 경지에 올랐음을 의미한다.

일본에서 가장 오래된 무술 유파 중 하나로 알려진 덴신쇼덴 가토

【그림 •18】 하카마(袴)를 착용하고 이아이도(居合道: 거합도)를 시연하고 있는 여성 수련자.

리 신토류天真正伝香取神道流나, 도쿠가와 쇼군 가문의 검술 사범剣術指南役를 맡았던 야규 신카게류柳生新陰流 등 수많은 '고류무술古流武術' 유파가 오늘날까지도 이러한 소케宗家 제도를 통해 그 전통을 이어가고 있다.

메이지유신 이후, 일본이 근대국가로 나아가는 과정에서 전통적인 '고류무술古流武術'은 새로운 형태로 재편되게 되는데, 이를 현대 무도라고 부른다. 일본의 대표적인 현대 무도는 쥬도柔道(유도), 켄도剣道(검도), 아이키도合気道(합기도)가 있다.

쥬도柔道는 현대 무도의 가장 상징적인 예시로, 교육자였던 가노 지고로嘉納治五郎는 1882년, 여러 고류 유술柔術의 기술을 집대성하고 자신만의 철학을 더해 유도를 창시했다. 그는 위험한 살상 기술들을 배제하고, 상대를 다치지 않게 제압하는 기술을 중심으로 교육적 체계를 만들었는데, 특히 그는 '힘을 가장 효율적으로 사용한다'는 '정력선용精力善用'과 '나와 타인이 함께 번영한다'는 '자타공영自他共栄'이라는 철학을 성립, 유도를 단순한 스포츠를 넘어 인격 형성의 길로 제시했다. 이후 유도는 올림픽 정식 종목으로 채택되며 세계인의 스포츠로 발전하게 되었다.

켄도剣道는 다양한 검술 유파劍術流派의 기술을 '대일본무덕회大日本武德会'와 같은 단체가 중심이 되어 학교 교육과 경찰 훈련에 적합하도록 통일된 형식과 규칙을 정해 정립해 일반인도 배울 수 있도록 대중화했다. '시나이竹刀(죽도)'와 호구防具를 사용하여 안전성을 확보하고, '한판'을 결정하는 기준을 명확히 하여 스포츠로서의 성격을 강화했다.

아이키도合気道는 20세기 초 우에시바 모리헤이植芝盛平가 창시한 무도로, 상대의 공격적인 힘에 힘으로 맞서는 대신, 그 힘의 흐름을 이용하여 원을 그리듯 부드럽게 제압하는 것이 특징이다. 상대를 파괴하는 것이 아니라 조화를 이루는 것을 목표로 하기에 '싸우지 않는 무도', '사랑의 무도'라고도 불린다.

일본의 무도는 전장에서의 살인 기술로 시작하여, 평화로운 시대에 무사들의 자기 단련의 길로 변모했으며, 근대에 이르러서는 교육 목적과 스포츠 규칙이 결합한 형태로 대중화되었다.

일본의 전통 공연 예술:
천의 얼굴 뒤에 숨은 비극과 희극

일본의 전통 공연 예술은, 한국인이 생각하기 쉬운, 전통을 계승하고 보전하는 데 주력하는 단순한 의미의 무형문화재가 아니다. 노

能·교겐狂言·가부키歌舞伎·분라쿠文楽·라쿠고落語 등 저마다 특성을 가진 다양한 장르의 공연 예술은 현대에 와서도 대중의 사랑을 받으며 전국의 전용 극장에서 성황리에 공연되고 있다. 또한 앞서 살펴보았듯이, 이에모토家元 제도를 통해 전통 공연의 배우나 명인들은 사회적인 추앙을 받으며 부와 명예를 얻는 등 특권 계층으로서의 지위를 충분히 누리고 있다. 전수자를 찾지 못해, 맥이 끊길 것을 걱정하는 한국의 문화 환경과는 상당한 차이가 있는 셈이다. 전통의 보존과 발전이라는 차원에서 이에모토家元 제도의 순기능이 작동한 사례라 할 것이다.

노能와 교겐狂言: 엄숙한 가면극과 풍자극의 조화

노能와 교겐狂言은 14세기 무로마치 시대에 간아미観阿弥와 제아미世阿弥 부자父子에 의해 완성된 무대 예술로, 그 뿌리는 '사루가쿠申楽/猿楽'2)라는 민속 예능에 두고 있다. 노能는 주인공인 '시테シテ'가 가면을 쓰고 등장하여, '우타이謡(노래)'와 '마이舞(춤)'을 통해 신이나 무사의 영혼, 비극적인 여성 등의 이야기를 풀어내는 상징적인 가면 음악극이다. 극의 전개가 매우 느리고 절제되어 있으며, 주로 비극적인 내용을 다룬다. 반면, 교겐狂言은 가면을 거의 쓰지 않고, 일상적인 대화와 과장된 몸짓으로 서민들의 실수나 어리석음을 풍자하여 웃음을 유발하는 대사 중심의 희극이다. 비유하자면, 노能가 엄숙한 '뮤지컬'이라면 교겐狂言은 유쾌한 '콩트'나 '단막 희극'에 가깝다.

---

2) 헤이안 시대(平安時代)에 중국으로부터 전해진 산가쿠(散楽)에 일본의 예능이 융합되어 무로마치 시대(室町時代)에 성립된 일본의 전통 예능.

분위기와 형식 그리고 내용이 판이하게 다른 노能와 교겐狂言이지만, 이 두 공연은 하나의 무대에서 번갈아 상연되며 서로를 보완하는 관계이다. 하나의 노能 공연이 끝나면, 다음 노能가 시작되기 전 막간에 교겐狂言이 상연되는데, 이 때문에 교겐을 '막간 교겐幕間狂言' 또는 '아이교겐間狂言'이라고도 부른다. 교겐狂言은 무거운 분위기의 노能 공연 사이에 관객에게 웃음과 휴식을 제공하며, 때로는 앞서 공연된 노能의 내용을 서민의 시각에서 알기 쉽게 풀어주는 역할을 하기도 한다.

노能와 교겐狂言에도 간제류觀世流·호쇼류宝生流·이즈미류和泉流·오쿠라류大蔵流 등 유서 깊은 여러 유파가 있으며, 각 유파는 세습되는 이에모토家元를 정점으로 철저하게 관리된다. 이들은 수백 년 전 제아미가 완성한 공연의 형식과 대본, 동작이 거의 변하지 않고 그대로 전승되는 것을 최고의 가치로 여긴다.

가부키歌舞伎: 일본식 버라이어티쇼

가부키는 17세기 초, 이즈모노 오쿠니出雲の阿国라는 여성이 교토의 가와라河原(강변)에서 당시의 상식을 깨는 파격적이고 이국적인 복장으로 춤과 노래를 선보인 것에서 시작되었다. '가부키歌舞伎'라는 말 자체가 '기발하다', '상식을 벗어나다'는 뜻의 '가부쿠傾く'에서 유래했을 정도로, 초기 가부키歌舞伎는 매우 자유분방하고 때로는 선정적이기도 했던 스트리트 퍼포먼스였다. 그도 그럴 것이 당시 가부키歌舞伎공연이 이루어졌던 가와라河原은 행정권이 미치지 않는 무법 지대이자, 사농공상의 신분 질서 어디에도 속하지 못하고 사회적으로 천대받던 가와라모노河原者들의 생활 터전이었다. 가부키歌舞伎 배우들은 이러

【그림 •19】 노(能)의 공연 모습.

한 최하층 계급 출신이 많았으며, 그들의 공연은 지배층의 위선을 풍자하고 억압된 서민들 욕망을 분출하는 창구 역할을 했다. 이처럼 가부키歌舞伎는 쇼군과 귀족을 위한 가면극 노能와는 정반대로, 서민의 애환과 저항 정신 속에서 태어난 '민중의 예술'이었다.

서민 사이에서 폭발적인 인기를 누리기 시작한 가부키歌舞伎는 바쿠후幕府(막부)의 골칫거리였다. 가부키歌舞伎의 주역이었던 여성 배우나 미소년 배우들이 종종 매춘을 겸하면서 사회적 문제를 일으켰기 때문이다. 오쿠니를 필두로 한 여성 배우들의 가부키는 선풍적인 인기를 끌었지만, 배우들의 미모를 둘러싼 팬들의 과도한 경쟁과 다툼, 그리고 배우들이 암암리에 매춘을 하는 일이 빈번해지자, 결국 도쿠가와 바후쿠는 '풍기를 문란하게 한다'는 이유로 1629년 여성의 무대 출연을 전면 금지시켰다. 이로 인해 온나 가부키歌舞伎의 역사는 막을 내리게 되었지만, 이는 또 다른 문제를 불러온다. 여성 배우의 빈자리를 곧바로 변성기 이전의 아름다운 와카슈若衆(소년)들이 채우게 되는데, 이들 역시 남색男色의 대상이 되어 또 다른 형태의 매춘과 사회적 물의를 일으켰다. 이에 막부는 1652년, 미소년의 무대 출연마저 금지시켰고, 와카슈 가부키歌舞伎 또한 막을 내리게 되었다.

연이은 금지령으로 존폐의 위기에 놓인 가부키는 살아남기 위해 새로운 길을 모색했다. 배우의 외모나 성적 매력에 의존하는 대신, 성인 남성인 야로野郎들이 배우로 등장해 연기력과 극적인 구성을 통해 승부하는 야로 가부키野郎歌舞伎로의 변신을 꾀하게 된다. 이 과정에서 여성 역할을 전문으로 하는 배우 '온나가타女形'가 등장하게 되었고, 복잡한 무대 장치와 극적인 스토리가 가미되면서 오늘날과 같은 극 형식 가부키歌舞伎의 기틀이 마련되었다. 결국 막부의 탄압이 역설적으로 가부키를 단순한 쇼에서 고도의 예술로 발전시키는 계기가 된 셈이다.

현대 가부키계에는 이치카와 단주로市川團十郎·오노에 기쿠고로尾上菊五郎·나카무라 간지로中村鴈治郎 등 특정 가문이 이에모토家元를 형성하고 있으며, 강력한 세습 시스템이 존재한다. 배우들은 가문 대대로 내려오는 예명인 묘세키名跡을 물려받으며, 좋은 배역은 대부분 이들 명문가 출신에게 돌아간다. 예를 들어 온나가타女形 나카무라 카즈타로中村壱太郎(1990~)는 가부키歌舞伎와 일본 전통 무용, 두 장르의 이에모토家元를 모두 물려 받은 경우이다. 아버지는 가부키歌舞伎의 나카무라 간지로中村鴈治郎 가문의 4대 이에모토家元였고, 어머니는 일본 전통 무용의 아즈먀류吳妻流 가문의 6대 이에모토家元였기 때문이다. 이와 같은 공고한 이에모토家元 시스템은 가부키의 전통을 지키는 순기능도 하지만, 동시에 일반인은 상상하기 어려운 특권 의식과 폐쇄성이라는 부작용을 낳기도 한다.

이러한 특권 의식을 상징적으로 보여준 사건이 바로 2010년에 일어난 이치카와 에비조市川海老蔵의 폭행 사건이다. 당시 가부키계 최고의 스타이자 명문 중의 명문인 이치카와 가문의 후계자였던 에비조(현재 아버지의 이름을 계승하여 13대 이치카와 단주로가 됨)는, 도쿄의 한 술집에서 폭행 사건에 휘말려 얼굴에 큰 부상을 입었다. 처음에는 일방적인 피해자로 알려졌으나, 경찰 조사 결과 그가 먼저 상대방에게 시비를 걸고 폭력을 행사하는 등 원인을 제공했다는 사실이 밝혀지게 된다. 이 사건은 일본 사회에 큰 충격을 주었는데, 대중은 평소 그의 오만하고 방탕한 생활 태도와 특권 의식에 대해 맹렬히 비판했다. 하지만 동시에 '원래 가부키歌舞伎 배우들은 사는 세계가 다른 사람들', '저런 기행마저도 예인芸人의 풍모'라며 옹호하거나, 그래도 변하는 것은 없을 것이라는 일종의 체념 섞인 시선도 존재했다. 이는 가부키歌舞伎 명문가에 대한 일본 대중의 이중적인 인식을 명확히 보여주는 일례라고 할 수 있다. 결국 에비조는 무기한 출연 정지라는 중징계를 받았지만, 얼마 지나지 않아 무대에 복귀하여 여전히 최고의 스타로 군림하고 있다. 재능 있는 신인이 있더라도 가문의 후광 없이는 주역을 맡기조차 어려운 이 폐쇄적인 세계에서, 명문가의 후계자는 큰 사회적 물의를 일으켜도 결국 시스템의 보호 아래 복귀할 수 있음을 보여준 상징적인 사건이었다.

이처럼 공고한 전통의 세계에 새로운 바람을 불어넣으려는 시도

가 없었던 것은 아니다. 그 대표적인 사례가 바로 슈퍼 가부키ㅈㅡ-ㅍㅓ-歌舞伎다. 슈퍼 가부키는 3대 이치카와 엔노스케市川猿之助가 1986년에 창시한 새로운 형태의 가부키이다. 그는 고전적인 레퍼토리에 얽매여 젊은 관객으로부터 외면받는 전통 가부키歌舞伎의 위기를 타파하고자 야마토 타케루ㅑㅁㅏㅌ タケル와 같은 일본 신화나, 심지어 인기 만화『원피스ONE PIECE』를 원작으로 삼는 등 현대 관객이 쉽게 공감할 수 있는 현대적인 스토리를 채택했다. 그리고 와이어를 이용한 '주노리宙乗り(공중 곡예)', 빠른 무대 전환, 현대적인 조명과 음향 효과 등 화려하고 스펙터클한 연출을 적극적으로 도입하여 시각적 즐거움을 극대화했다. 그리고 일반 대중에게 어려운 고전적 표현 대신 현대적인 대사를 사용하여 누구나 쉽게 극을 이해할 수 있도록 했다.

슈퍼 가부키ㅈㅡ-ㅍㅓ-歌舞伎는 상업적으로 큰 성공을 거두며, 가부키歌舞伎에 무관심했던 젊은 층과 외국인 관객을 극장으로 끌어들이는 데 혁혁한 공을 세웠다. 그러나 그 한계 또한 명확했는데, 우선 보수적인 가부키歌舞伎 팬과 평론가들로부터는 '이는 진정한 가부키가 아니라, 단지 엔노스케의 쇼에 불과하다', 즉 전통을 파괴하고 있다는 비난을 받았다. 그리고 무엇보다 슈퍼 가부키ㅈㅡ-ㅍㅓ-歌舞伎는 가부키歌舞伎의 '내용'과 '형식'을 혁신했을 뿐, '세습'이라는 구조 자체를 바꾼 것은 아니었다. 슈퍼 가부키ㅈㅡ-ㅍㅓ-歌舞伎라는 장르 자체가 '이치카와 엔노스케市川猿之助'라는 특정 가문의 브랜드가 되었으며, 현재는 그의 후계자들이 그 명맥을 잇고 있다. 결국 슈퍼 가부키ㅈㅡ-ㅍㅓ-歌舞伎는 이에모토家元 시스템이라는 거대한 나무에 새로운 가지 하나를 덧붙인 '체제 내의 혁신'이었을 뿐, 시스템 자체를 근본적으로 개혁하는 '혁명'에는 이르지 못했다는 평가를 받는다.

분라쿠文楽: 세계인을 매혹시킨 인형극

닌교조루리人形浄瑠璃라고도 불리는 일본의 전통 인형극 분라쿠文楽는 '닌교人形(인형)'를 조종하는 닌교즈카이人形遣い, 무성영화의 변사와 같이 대사와 이야기를 노래하듯 읊는 소리꾼 다유太夫, 그리고 샤미센三味線 반주자가 하나로 어우러진 종합 무대 예술이다. 유네스코 세계 문화유산으로도 등재된 분라쿠는 정교한 인형 조종술과 깊이 있는 드라마로 일본의 3대 전통극 중 하나로 꼽힌다.

분라쿠文楽의 기원은 17세기 초, 각기 다른 길을 걷던 세 가지 예능이 오사카大阪에서 운명적으로 만나면서 시작되었다. 하나는 인형을 들고 길거리에서 공연하던 인형 조종사, 다른 하나는 비파琵琶를 켜며 서사시를 읊던 맹인 법사들의 후예인 조루리浄瑠璃(소리꾼), 그리고 마지막은 오키나와에서 건너와 새로운 악기로 각광받던 샤미센三味線 연주자였다. 이 세 요소가 결합된 닌교조루리人形浄瑠璃는 에도 시대에 이르러, 두 명의 위대한 천재에 의해 단순한 볼거리에서 수준 높은 드라마 예술로 비약적인 발전을 이루게 되는데, 그 주인공은 극작가 지카마쓰 몬자에몬近松門左衛門(1653~1724)과 소리꾼 다케모토 기다유竹本義太夫(1651~1714)였다.

지카마쓰는 '일본의 셰익스피어'라 불리는데, 당시 서민의 현실적인 고뇌와 감정을 작품에 녹여냈다. 특히 신분 차이나 사회적 굴레 때문에 사랑을 이루지 못하고 동반 자살을 택하는 연인의 이야기를 그린 세와모노世話物(사회극)는 큰 인기를 끌었다. 그의 대표작인 『曽根崎

心中(소네자키신주)』는 실제 사건을 바탕으로, 의리와 인정 사이에서 갈등하는 인간의 모습을 생생하게 그려내어 관객의 눈물을 자아냈다. 다케모토는 지카마쓰의 희곡에 생명을 불어넣는 독보적인 소리꾼이었다. 그의 박력 있고 애절한 조루리浄瑠璃 창법은 기다유부시義太夫節라는 하나의 장르로 정립되었고, 오늘날까지 분라쿠文楽 소리꾼의 전범典範으로 남아 있다. 이 두 사람의 협력으로 닌교조루리人形浄瑠璃는 황금기를 맞았으며, 19세기 초 오사카의 우에무라 분라쿠켄植村文楽軒이 세운 극장 분라쿠좌文楽座가 큰 성공을 거두면서, '분라쿠文楽'라는 이름이 이 장르의 명칭으로 굳어지게 되었다.

분라쿠文楽가 서양 등 다른 문화권의 인형극과 구별되는 가장 큰 특징은 무대 위에서 한 개의 인형을 세 명의 닌교즈카이人形遣い가 조종한다는 점이다. 이를 산닌즈카이三人遣い라고 하는데, 주 조종사 오모즈카이主遣い는 인형의 머리와 오른손을 조종하며, 수십 년의 경력을 가진 최고참이 맡는다. 오모즈카이主遣い만이 무대 위에서 유일하게 본인의 얼굴을 드러낼 수 있으며, 왼손 조종사 히다리즈카이左遣い, 발 조종사 아시즈카이足遣い는 검은 옷과 검은 복면을 쓴 채 등장한다. 이들 닌교즈카이人形遣い는 관객에게 보이기는 하지만 관객과 연기자 사이의 무언의 약속으로 보이지 않는 존재, '구로코黒子'로 설정된다. 오모즈카이人形遣い가 되기 위해서는 발 10년, 왼손 10년이라는 말이 있을 정도로 길고 험난한 수련 과정이 필요하다. 닌교즈카이人形遣い 세 사람은 그 어떤 신호도 없이 완벽하게 하나가 되어, 마치 살아 있는 듯한 인형의 섬세한 감정 연기를 창조해낸다.

한편 무대에 마련된 별도의 공간 '유카床'에서 다유太夫와 샤미센

【그림·20】 가나데혼 주신구라(仮名手本忠臣蔵) 공연 모습(2024년 11월). 국립분라쿠극장(国立文楽劇場).

三味線 연주자가 극 전체를 이끌어가는데, 다유太夫는 단순히 옛날 무성영화의 변사처럼 해설만 하는 것이 아니라 등장하는 모든 인물의 대사와 감정, 지문과 심리 묘사까지, 때로는 격정적으로 때로는 애절하게 혼자서 소화해내는 '목소리 연기의 달인'이다. 그의 소리는 극의 모든 감정을 지배한다. 그리고 샤미센三味線 또한 단순한 반주가 아니라, '또 하나의 다유太夫'라 불릴 정도로 중요한 역할을 수행한다. 때로는 격렬한 연주로 전투 장면의 긴박감을, 때로는 가늘고 여린 소리로 인물의 슬픈 심정을 표현하며, 말로는 다 표현할 수 없는 분위기와 감정을 오직 연주만으로 그려낸다.

　　분라쿠文楽는 다른 전통극과 깊은 영향을 주고받으며 발전했는데, 특히 분라쿠文楽와 가부키歌舞伎는 '쌍둥이 예술'이라고 할 만큼 밀접한 관계를 맺고 있다. 이 두 예능은 소재 면에서 많은 부분을 공유하는데, 가부키歌舞伎의 인기 레퍼토리 다수가 원래 분라쿠文楽를 위해 쓰인 작품이기 때문이다. 지카마쓰가 쓴『소네자키 신주曽根崎心中』나, 47인의 무사 이야기를 다룬『가나데혼 주신구라仮名手本忠臣蔵』등 분라쿠에서 크게 인기를 끈 작품들은 곧바로 가부키 무대로 옮겨졌다. 당시 가부키歌舞伎 배우들은 인기를 얻기 위해 분라쿠文楽 인형의 독특하고 과장된 움직임을 흉내 내 연기하기도 했는데, 이처럼 두 장르는 서로의 인기 작품을 이식하고 경쟁하며 함께 발전해왔다고 할 수 있다.

분라쿠文楽는 노能와 교겐狂言과도 직접적인 관련은 없으나, 주제와 소재의 원류를 공유하는 측면이 있다. 노能와 교겐狂言은 분라쿠文楽보다 더 오래된 예술로,『헤이케모노가타리平家物語』와 같은 군담 문학이나 전설, 설화 등 일본 드라마의 원형이 되는 이야기를 먼저 무대화했다. 분라쿠文楽 역시 이러한 전통적인 이야기들을 소재로 삼아, 귀족적이고 상징적인 노能와는 다른, 서민적이고 사실적인 드라마로 재창조해냈다. 예를 들어, 의리義理와 인정人情 사이의 갈등과 같은 주제는 양쪽 장르 모두에서 공통적으로 나타나는 핵심적인 테마이다.

분라쿠는 인형·소리·음악이라는 세 요소가 정교하게 결합해 인간의 희로애락을 깊이 있게 그려내는 독특한 전통 인형극이며, 가부키歌舞伎와 함께 에도 시대 서민 문화를 꽃피운 위대한 예술이라 할 수 있다.

라쿠고落語: 방석 위의 1인극

라쿠고落語는 일본의 전통적인 1인 만담으로, 다소 모순된 비유일 수 있으나 앉아서 하는 '스탠딩 코미디'라고 할 수 있다. 공연자인 라

쿠고카落語家는 무대 위에 놓인 방석, 즉 자부통座布団에 앉아서 오직 센스扇子(부채)와 테누구이手拭い(손수건)만을 소품으로 사용하여 여러 등장인물을 연기하며 재미있게 이야기를 풀어낸다. 이야기의 마지막에는 항상 허를 찌르는 반전이나 익살스러운 결말, 즉 '오치落ち(떨어뜨림)'가 있는 것이 특징이다. 일본의 간사이関西 지역 사람들이 일반적 대화에서도 '오치落ち'를 찾는 이유는 바로 유머를 중요시하는 그들의 성향상, 대화에서도 '킬포(킬링 포인트)'가 필요하기 때문일 것이다.

라쿠고落語의 직접적인 기원은 17세기 후반 에도 시대에, 교토·오사카·에도(도쿄)의 길거리나 신사 경내에서 대중을 상대로 재미있는 이야기를 들려주던 전문 이야기꾼들로, 이들 중 교토 로쿠조六条에서 활동한 쓰유노 고로베에露の五郎兵衛, 에도의 시카노 부자에몬鹿野武左衛門, 오사카의 요네자와 히코하치米沢彦八 등이 라쿠고落語의 시조로 꼽힌다.

하지만 그 원류를 더 거슬러 올라가면, 16세기 말 아즈치모모야마 시대의 정토종 승려였던 안라쿠안 사쿠덴安楽庵策伝을 만나게 된다. 그는 신자에게 불교의 가르침을 더 재미있고 알기 쉽게 전하기 위해, 지방 영주인 다이묘大名의 일화나 서민들의 우스갯소리를 수집하여 설법에 활용했다. 그가 엮은 '웃음으로 잠을 깨운다'는 뜻의 설화집『세이스이쇼醒睡笑』는 라쿠고落語의 원형이 되었다. 이처럼 종교적인 설법에서 시작된 이야기는 에도 시대에 들어서면서 서민의 가장 중요한 오락거리로 자리 잡게 된다. 처음에는 길거리에서 돗자리를 깔고 공연했지만, 점차 인기를 얻으면서 요세寄席라 불리는 상설 공연장이 생겨났고, 이곳에서 라쿠고落語는 만담·마술·음악 등 다른 공연과 함께 서민의 저녁을 책임지는 최고의 엔터테인먼트가 되었다.

【그림·21】 방석에 의지해 1인극을 진행 중인 라쿠고(落語) 연기자.

라쿠고落語는 다른 전통 예술과 비교할 때, 형식의 미니멀리즘과 관객과의 직접적인 소통 방식에서 독보적인 개성을 드러낸다. 교겐狂言 역시 서민의 삶을 다루는 희극이라는 점에서 라쿠고落語와 유사하지만, 그 형식은 완전히 다르다. 교겐狂言은 여러 배우가 무대 위에서 의상과 소품을 갖추고 공연하는 '연극'이다. 반면 라쿠고落語는 오직 한 명이 앉은 채로, 목소리 톤과 표정, 고개의 방향만으로 두 사람 이상의 대화를 표현하고 모든 상황을 묘사하는 화술話術의 예술이다. 따라서 관객은 그의 말과 연기를 단서 삼아 머릿속으로 모든 장면을 상상해야 한다. 화려한 가면과 의상의 노能, 거대한 무대장치와 군무가 특징인 가부키歌舞伎, 세 사람이 조종하는 정교한 음악 인형극 분라쿠文楽와는 달리, 라쿠고落語는 이 모든 시청각적 장치를 의도적으로 제거한다. 라쿠고落語 연기자가 사용하는 소품은 오직 부채와 손수건뿐이다. 부채는 젓가락·칼·담뱃대·붓 등 상상할 수 있는 모든 도구로 변신하고, 손수건은 지갑·책·편지 등이 된다. 이처럼 극도의 미니멀리즘을 통해 역설적으로 관객의 상상력을 극대화하는 것이 라쿠고落語가 가진 특별한 매력이다. 또한 라쿠고落語 연기자는 종종 관객의 반응을 살피며 이야기의 속도나 내용을 조절하는 등, 관객과 직접 소통하며 함께 극을 만들어가는 특징이 있다.

라쿠고落語는 공식적인 이에모토家元 제도를 가지고 있지 않다. 하지만 그에 못지않은 엄격하고 폐쇄적인 도제徒弟 시스템과 '묘세키名跡(예명)' 세습이 존재한다. 라쿠고落語 연기자가 되기 위해서는 스승 '시쇼師匠'의 제자로 들어가야 한다. 제자가 된 후에는 수년간 스승의 집에서 허드렛일을 하며 어깨너머로 기예를 배우는 '젠자前座(견습)' 시절을 거친다. 이후 실력을 인정받으면 '후타쓰二ㄱ目'로 승격하여 자신의 이름으로 공연할 수 있게 되고, 마침내 최고의 경지인 '신우치真打'가 되어야만 스승으로 인정받고 제자를 들일 수 있다. 이 과정은 짧게는 10년, 길게는 15년 이상이 걸리는 험난한 길이다.

가부키와 마찬가지로 라쿠고落語에도 대대로 이어져 내려오는 존경받는 예명, 즉 '묘세키名跡'가 존재한다. 산유테이 엔초三遊亭圓朝, 가쓰라 분라쿠桂文楽와 같은 전설적인 이름은 아무나 가질 수 없으며, 스승이 자신의 제자 중 가장 뛰어난 한 명에게 물려준다. 따라서 라쿠고落語계는 혈연보다는 기예와 스승에 대한 충성도를 바탕으로 한 실력 위주의 세습이 이루어진다고 할 수 있다. 하지만 이 역시 스승의 결정이 절대적인 권위를 갖는 폐쇄적인 위계질서를 형성하며, 유파 내의 정치적 역학 관계가 후계자 선정에 큰 영향을 미치기도 하므로 결과적으로 혈연으로 세습되는 경우 또한 적지 않다.

라쿠고落語는 1인극이라는 형식상의 특성 못지 않게 다루는 주제에서도 다른 전통 예술과 차이를 보인다. 신이나 전설적인 무사의 이야기를 다루는 노能, 역사적 사건이나 비극적인 사무라이의 세계를 그리는 가부키歌舞伎나 분라쿠文樂와 달리, 라쿠고落語의 주인공은 대부분 에도 시대의 평범한 서민이다. 따라서 이야기의 무대는 주로 서민이 모여 사는 '나가야長屋(길고 좁은 공동주택)'이며, 등장인물 역시 우리 주변에서 흔히 볼 수 있는 소시민이다. 예를 들면, 머리는 나쁘지만 마음씨는 착한 요타로与太郎, 아는 척은 다 하지만 정작 아는 건 없는 덜렁이, 구두쇠 집주인과 영악한 세입자, 공처가 남편과 그를 쥐락펴락하는 똑똑한 아내, 어설픈 도둑 같은 인물들의 소소하고 어리석은 일상이 라쿠고落語의 주된 소재가 된다.

라쿠고落語는 지배층의 거대 담론이 아닌, 서민의 눈높이에서 그들의 삶의 애환과 희망을 해학적으로 풀어낸다. 사회에 대한 풍자의 기능을 하면서도, 힘든 삶을 살아가는 서민에게 웃음과 위로를 주는 가장 친근한 예술이었다. 라쿠고落語는 오늘날까지도 일본인에게 에도 시대 서민의 진짜 삶과 생각, 그리고 웃음 코드를 생생하게 전해주는 귀중한 문화유산으로 사랑받고 있다.

우키요에浮世絵, 덧없는 세상의 아름다움

우키요에浮世絵는 에도 시대에 서민층을 중심으로 유행했던 풍속화이다. 우키요浮世란 본래 '근심스러운 세상'이라는 불교적 의미였으나, 에도 시대에 이르러서는 '덧없는 세상이니 즐기며 살자'는 의미로 바뀌어, 당대의 유행과 풍속을 가리키는 말이 되었다. 우키요에浮世絵는 이러한 '덧없는 세상'의 다양한 모습을 소재로 삼았다.

현대 사회에서 배우와 가수 등 연예인과 스포츠 스타의 포토카드, 증명사진, 화보집 등이 유행하는 것과 마찬가지로 에도 시대 유명 가부키歌舞伎 배우의 초상을 그린 '야쿠샤에役者絵', 아름다운 기녀나 여인들의 모습을 그린 '비진가美人画' 그리고 유명 스모 선수의 우키요에浮世絵가 대중들에게 큰 인기를 끌었고, 유명한 관광지의 풍경화 '메이쇼에名所絵', 역사적 이야기 등 또한 우키요에浮世絵의 주요 소재로 사랑받았다.

초기 우키요에浮世絵는 먹으로만 그린 단색 목판화 스미즈리에墨摺絵에 손으로 채색하는 방식이었으나, 18세기 중반 스즈키 하루노부鈴木春信에 의해 여러 개의 목판을 사용하여 다채로운 색상을 한 번에 찍어내는 기술이 발명되었다. 이렇게 만들어진 총천연색 목판화를 '비단처럼 아름다운 그림'이라는 뜻에서 '니시키에錦絵'라고 불렀다. 니시키에의 등장은 우키요에浮世絵의 대중화와 예술적 발전에 결정적인 계기가 되었다.

이처럼 목판화 기술로 대량생산이 가능해 진 우키요에浮世絵는 대중에게 더욱 널리 보급되었으며, 대량으로 생산된 우키요에浮世絵는 19세기 중반 일본의 주요 수출품이었던 도자기를 포장하는 종이 완충재로도 사용되었다. 그런데 이렇게 우연히 부차적으로 유럽에 건너가게 된 우키요에浮世絵는 서양 미술계에 큰 충격을 주게 된다. 기존 유럽의 회화에서 찾아볼 수 없던 과감한 구도, 원근법을 무시한 평면적인

【그림·22】 가츠시카 호쿠사이(葛飾北斎), 『神奈川沖浪裏』(1831).

【그림·23】
Claude Achille Debussy, 1905, La Mer, trois esquisses symphoniques pour orchestre(드뷔시의 〈바다〉(1905년)의 공연 포스터).

색채, 강렬한 윤곽선 등 우키요에浮世絵의 독특한 표현 양식은 당시 인상주의와 후기 인상주의 화가들에게 새로운 영감의 원천이 된 것이다.

제4장에서 설명한 것처럼 빈센트 반 고흐는 우키요에浮世絵를 그대로 모사한 작품을 다수 남겼고, 클로드 모네는 우키요에浮世絵를 수집하고

정원을 일본식으로 꾸몄으며, 에드가 드가는 우키요에浮世絵의 비대칭
적인 구도를 작품에 적극적으로 활용했다. 이는 동양의 예술이 서양
의 예술사에 직접적이고 결정적인 영향을 끼친 중요한 사례로 평가
받는다.

J-컬처와 K-컬처의 동상이몽

콘텐츠 강국

일본 대중문화의 성공과 실패

1990년대까지만 해도 일본의 대중문화, 즉 J-컬처(日流)는 아시아 시장의 절대 강자였다. 특히 J-POP은 아시아 전역의 음악 트렌드를 선도했으며, 일본은 만화·애니메이션·비디오게임 등의 콘텐츠 분야에서 누구도 넘볼 수 없는 '콘텐츠 제국'으로 군림했다. 그러나 2000년대 이후, 견고해 보였던 일본 시장의 틈을 비집고 한국의 대중문화, 즉 K-컬처, 한류(韓流)가 상륙하여 하나의 사회 현상으로 자리 잡았다. 그 작은 시작을 기반으로 지금의 K-컬처는 일본을 넘어 세계를 호령하고 있다고 해도 과언이 아니다. 과연 무슨 일이 있었던 것일까. 이번 장에서는 이와 같은 물음을 해결하기 위해 일본 대중문화의 심장이라 할 수 있는 J-POP을 중심으로 J-컬처의 특징을 분석하고, 그 변화의 과정을 추적하고자 한다.

'아이돌アイドル' 시스템의 원조,
J-POP

K-POP이 세계를 무대로 활약하기 훨씬 이전, 아시아 대중음악 시장의 최강자는 J-POP이었다. 특히 일본이 창조하고 완성한 '아이돌アイドル' 시스템은 서구의 팝스타와는 작동 원리와 지향점 자체가 다른, 지극히 일본적인 문화 상품이었다. 아이돌 그룹의 육성, 팬덤 문화, 기획사 중심의 제작 방식 등 K-POP이 밟아온 아이돌 산업의 여러 원형을 제시한 것은 바로 일본이었다.

일본의 '아이돌'은 무엇이 그토록 특별했을까? 그 핵심에는 '미완성의 매력'과 그 위에서 피어나는 '성장 서사', 그리고 팬과의 유대를 극대화하는 '유사 연애 감정의 상품화'라는 세 가지 키워드가 자리한다.

일본 아이돌 시스템은 '완벽함'이 아닌 '미완성未完成'에서 그 가치를 찾았다. 데뷔 시점부터 압도적인 실력을 선보여야 하는 서구 팝스타와 달리, 일본의 아이돌, 특히 2000년대 '만나러 갈 수 있는 아이

돌会いに行けるアイドル'이라는 기치 아래 등장한 〈AKB48〉과 같은 그룹의 멤버는 노래나 춤 실력이 다소 미숙한 상태로 대중 앞에 나선다. 완벽한 결과물 대신, 그들이 땀 흘려 노력하며 점차 발전해가는 성장 서사인 '모노가타리物語' 그 자체가 가장 중요한 상품이었기 때문이다. 팬들은 이 '미완성의 아이'가 시련을 극복하고 스타로 커가는 과정을 지켜보며 단순한 소비자를 넘어, 아이돌의 성공에 직접 기여하는 '프로듀서' 혹은 '후원자'로서의 강한 애착과 동질감을 느끼게 된다. 수많은 멤버 중 팬 투표로 순위를 매기는 〈AKB48〉의 '총선거総選挙' 시스템은 성장 서사에 대한 열망을 팬덤의 직접 참여로 끌어들여 흥행을 성공시킨 대표적인 사례다.

　　팬덤의 열정은 아이돌과의 '친밀감'을 통해 더욱 증폭된다. 일본 아이돌의 핵심 매력은 범접할 수 없는 '동경의 대상'이 아니라, 악수회握手会나 팬미팅, 소셜 미디어 등을 통해 직접 소통할 수 있는 '가까운

【그림 •1】 AKB48_members_at_the_J!—ENT_LIVE(cropped).

존재'라는 점에 있다. 이 과정에서 팬들은 아이돌을 '나만이 아는', '내가 지켜주고 키워줘야 하는' 특별한 존재로 여기게 되며, 이는 종종 '유사 연애 감정'으로까지 발전한다. 기획사는 이러한 팬들의 감정을 앨범과 굿즈 판매량과 직결시키기 위해, 앨범에 악수회 참가권이나 투표권을 포함시키는 등 고도로 상업화된 팬덤 비즈니스 모델을 구축했다.

그리고 이 '유사 연애'라는 환상을 깨지 않기 위한 극단적인 장치가 바로 '연애 금지 규칙'이다. 아이돌의 연애는 팬들과의 '암묵적인 약속'을 저버린 배신으로 간주되며, 발각되면 그룹 탈퇴는 물론, '스스로 삭발하고 눈물로 사죄하는 영상을 공개'[1]하는 등 가혹한 대가를 치르기도 한다. 이는 한 개인의 인권보다 팬덤의 판타지를 우선시하고, 아이돌을 하나의 독립된 인격체가 아닌, 팬의 욕망을 충족시키기 위한 '상품'으로 취급하는 일본 아이돌 문화의 어두운 단면을 극명하게 보여준다.

반면, 서구의 팝 스타는 정반대의 길을 걷는다. 비욘세Beyoncé, 테일러 스위프트Taylor Swift, 아리아나 그란데Ariana Grande와 같은 글로벌 스타들은 데뷔 시점부터 대중을 압도할 만한 '완성된 실력'을 선보였다. 그들의 성장은 대중에게 공개되기 전, 기획사 내부에서 혹독한 트레이닝을 통해 이미 끝마쳐진 상태였다. 그들에게 '미숙함'은 상품이

---

1) 〈AKB48〉의 멤버 미네기시 미나미(峯岸みなみ) 삭발 사죄 사건. 2013년 1월, 아이돌 그룹 〈AKB48〉의 멤버 미네기시가 다른 아이돌 그룹 〈GENERATIONS from EXILE TRIBE〉의 멤버 시라하마 아란(白濱亜嵐)의 숙소에서 하룻밤을 묵은 것이 주간지에 보도되자, 소속사는 '연애 금지' 규정을 들어 미네기시에게 스스로 삭발 후 사과 동영상까지 촬영하도록 만든 사건.

될 수 없는 결함일 뿐이다.

또한, 이들은 친근한 유사 연애의 대상이 아닌, 압도적인 재능과 흥행을 통해 팬들의 선망을 자아내는 '동경의 아이콘Aspirational Figure' 으로 격상한다. 팬들은 스타의 삶을 우러러보며 대리 만족을 느끼고, 그들의 음악과 메시지를 통해 영감을 얻는다. 따라서 이들에게 '연애 금지'란 상상조차 할 수 없는 규칙이다. 오히려 스타의 사생활과 연애 경험은 그들의 인간적인 매력을 더하고, 때로는 훌륭한 창작의 자양분 이 된다. 테일러 스위프트가 자신의 이별 경험을 녹여낸 곡들이 어떻 게 전 세계적인 공감과 상업적 성공을 이끌어냈는지를 보면, 그 차이 는 더욱 명확해진다. 그들은 팬들의 환상 속에 갇히기보다, 자신의 신 념을 표현하고 사회적 목소리를 내는 '아티스트'로서의 정체성을 더 욱 중요하게 여긴다.

이런 면에서 일본의 '아이돌アイドル' 시스템은 서구와는 전혀 다 른 길을 걸어온 셈인데, 이 특성은 언제 형성되었으며 시대의 흐름에 따라 어떻게 변화해왔을까? 그 계보를 추적하는 것은 J-POP과 일본 대중문화의 본질을 이해하는 첫걸음이 될 것이다.

일본 여성 아이돌의 계보: 성장 서사와 역동성

일본의 '아이돌' 문화는 시대의 거울처럼 사회의 변화와 대중의 욕망을 비추며 진화해왔다. 특히 여성 아이돌의 계보는 순수한 동경의 대상에서 시작하여, 친근한 이웃집 소녀를 거쳐, 아티스트로, 그리고 다시 팬들이 직접 키워내는 육성 시스템으로 변화무쌍하게 그 모습을 바꾸어왔다.

1970년대: 컬러TV 시대, '국민적 아이돌'의 탄생

1970년대 컬러TV의 보급은 일본 대중문화의 풍경을 완전히 바꾸어놓았다. 브라운관을 통해 전달되는 화사하고 생생한 이미지는 이전 시대와는 비교할 수 없는 스타 탄생을 가능케 했고, 바로 이 지점에서 '아이돌'이라는 산업이 본격적으로 태동했다. 이 시대를 연 주역은 아마치 마리天地真理(1971년 데뷔), 미나미 사오리南沙織(1971년 데뷔), 코야나기 루미코小柳ルミ子(1971년 데뷔) 등 '신인 3인방新三人娘'으로, 이들은 뛰어난 가창력보다는 청순한 외모와 앳된 이미지로 승부했다. 남성 팬에게 이들은 '가상의 연인'이자 순수함의 상징이었고, 이들의 노래와 미소는 전후 경제성장의 피로감 속에서 대중에게 큰 위안을 주었다.

곧이어 3인조 그룹 〈캔디즈キャンディーズ〉(1973년 데뷔)와 2인조 듀오 〈핑크 레이디ピンク・レディー〉(1976년 데뷔) 가 등장하며 그룹 아이돌 시대를 열었다. 특히 〈핑크 레이디〉는 화려한 의상과 따라 하기 쉬운 안무로 일본 열도를 휩쓸었으며, 어린 소녀에게는 선망의 대상이자 흉내 내고 싶은 롤 모델이 되었다. 한편, 야마구치 모모에山口百惠(1973년 데뷔)는 10대라고는 믿기지 않는 성숙한 분위기와 깊이 있는 가창력으로 기존 아이돌의 문법을 깨뜨렸으며, 인기의 정점에서 은퇴를 선언하고 결혼을 택하는 전설적인 행보로 아이돌의 '삶' 자체를 하나의 서사로 각인시켰다.

1980년대: 버블 경제와 '아이돌 황금시대'

일본의 경제가 정점에 달했던 1980년대는 명실상부한 '아이돌 황금시대'였다. 이 시대를 양분한 두 거목은 단연 마쓰다 세이코松田聖子(1980년 데뷔)와 나카모리 아키나中森明菜(1982년 데뷔)였다. 이들은 TBS의 〈더 베스트 텐ザ・ベストテン〉과 NTV의 〈더 톱 텐ザ・トップテン〉 같은 인기 음악 순위 프로그램의 최상위권을 독점하며 치열한 라이벌 구도를 형성했고, 그들의 일거수일투족은 온 국민의 관심사였다.

마쓰다 세이코는 밝고 명랑하며 귀여우면서도 여우 같은 '부릿코ぶりっ子' 캐릭터와 '세이코짱 컷'이라는 독특한 헤어스타일로 '영원한 아이돌'의 상징이 되었다. 그녀는 어떤 스캔들에도 흔들리지 않는 프로페셔널한 모습으로 '이상적인 아이돌'의 전형을 보여주었다. 반면 나카모리 아키나는 어둡고 반항적인 이미지, 허스키하고 깊이 있는 보컬로 세이코와는 정반대의 매력을 어필했다. 그녀의 음악과 스타일은 단순한 소녀가 아닌, 고뇌하는 한 명의 여성으로서의 모습을 투영하며 폭넓은 공감을 얻었다. 이 외에도 고이즈미 교코小泉今日子(1982년 데뷔)와 같은 개성 강한 아이돌들이 등장하며 1980년대는 그야말로 아이돌의, 아이돌에 의한, 아이돌을 위한 시대였다.

1990년대: 시스템의 혁신, 프로듀서의 전성시대

1990년대 버블 경제가 붕괴되면서, 온 국민이 하나의 스타를 사랑하던 시대는 막을 내렸다. 대중의 취향은 급격히 다변화되었고, 1980년대의 완벽한 '우상'은 더 이상 통하지 않게 되었다. 바로 이 공백을 파고든 두 명의 선 굵은 프로듀서가 등장하며, 일본 아이돌 산업은 새로운 국면을 맞이한다.

먼저 포문을 연 것은 아키모토 야스시秋元康였다. 그는 1985년 후지TV의 '저녁 방과 후 스튜디오' 콘셉트의 프로그램 〈저녁노을냥냥夕やけニャンニャン〉을 통해 〈오냥코 클럽おニャン子クラブ〉이라는 대규모 소녀 그룹을 탄생시켰다. 전문적인 훈련을 받은 아이돌이 아닌, '학교에 있을 법한 평범하지만 귀여운 옆집 소녀'들을 대거 무대에 올린 이 파격적인 기획은, 완벽한 '우상'을 동경하던 기존 팬덤과 달리, 미숙하지만 노력하는 아이돌을 지켜보고 응원하며 그 성장 서사를 소비하는 '오타쿠' 팬덤의 부상을 알리는 신호탄이었다. '물량 공세'와 '성장 서사'라는 아키모토의 전략은 훗날 〈AKB48〉(2005년 데뷔)의 성공으로까지 이어지며 일본 아이돌 산업의 절대적인 주류 공식으로 자리 잡게 된다.

1990년대 후반, '아이돌 빙하기アイドルの冬の時代'에 혜성처럼 등장하여 다시 한번 '국민 아이돌' 신드롬을 일으킨 인물이 바로 록 밴

【그림 •2】 일본 오타쿠의 성지, 하키하바라(秋葉原) 소재 Sofmap의 J-POP 섹션.

드 〈샤란Q シャ乱Q〉의 보컬리스트 출신 프로듀서, 츤쿠♂つんく♂였다. 그는 TV도쿄의 오디션 프로그램 〈ASAYAN〉을 통해 〈모닝구무스메 モーニング娘。〉(1997년 데뷔)를 결성했다. 이들의 탄생 서사부터가 드라마틱했는데, 오디션 최종 탈락자 5명에게 "5일 안에 CD 5만 장을 팔면 데뷔시켜주겠다"는 패자부활전 미션을 부여했고, 이를 극적으로 성공시키며 데뷔 전부터 강력한 팬덤을 구축했다.

츤쿠♂의 시스템은 '경쟁과 진화'로 요약된다. 그는 그룹이 안정기에 접어들 만하면 새로운 멤버를 충원하고 기존 멤버를 내보내는 '졸업卒業' 시스템을 도입하여, 그룹 내에 끊임없이 경쟁 구도를 만들었다. 팬들은 누가 다음 센터가 될지, 누가 졸업하게 될지를 지켜보며 그룹의 서사에 깊이 몰입했다. 특히 1999년 발매된 〈LOVE 머신 LOVE マシーン〉은 일본의 장기 불황 속에서 "일본의 미래는 세계가 부러워해 日本の未来は世界がうらやむ"라는 희망적인 가사로 공전의 인기를 구가하며, 〈모닝구무스메〉를 단순한 아이돌을 넘어 하나의 사회 현상으로 만들었다.

2000년대: '아이돌 빙하기'와 실력파 '아티스트'의 시대

〈오냥코 클럽〉과 〈모닝구무스메〉가 새로운 팬덤 문화를 개척했지만, 역설적으로 아이돌은 대중 전체가 아닌 특정 팬덤을 위한 하위문화(서브컬처) 장르로 점차 협소화되었다. 이 시기를 '아이돌 빙하기'라고 부르며, J-POP의 주도권은 완전히 다른 유형의 여성 가수들에게 넘어갔다.

이 시대를 지배한 것은 뛰어난 가창력, 작사·작곡 능력, 그리고

동 세대 여성들의 절대적인 지지를 받는 카리스마를 갖춘 '아티스트'들이었다. ZARD, 하마사키 아유미浜崎あゆみ 그리고 우타다 히카루宇多田ヒカル 등이 그 대표주자이다. 특히 1998년 R&B를 기반으로 데뷔한 우타다 히카루의 앨범 『First Love』(1999)는 일본 역사상 가장 많이 팔린 앨범으로 기록되며 J-POP의 새로운 시대를 열었다.

이러한 아티스트 시대의 문을 연 또 다른 핵심 인물은 아무로 나미에安室奈美恵였다. 그녀의 성공은 J-POP 산업에 '현대적 기획사 시스템'을 확고히 정착시켰다는 점에서 큰 의의를 가진다. 그녀는 10대 시절, 춤과 노래를 혹독하게 가르치는 것으로 유명했던 오키나와 액터스 스쿨沖縄アクターズスクール에서 전문적인 트레이닝을 받았다. 이는 재능 있는 원석을 어린 시절부터 발굴하여, 철저한 훈련을 통해 '완성된 실력파'로 키워 데뷔시키는 시스템의 성공 가능성을 증명한 것이었다. 프로듀서 코무로 테츠야小室哲哉와 손잡고 발표한 세련된 댄스곡들이 연이어 밀리언셀러를 기록하면서, 그녀의 태닝한 피부와 미니스커트, 통굽 부츠 스타일을 따라 하는 '아무라アムラー' 현상은 1990년대 일본을 상징하는 사회적 신드롬이 되었다.

일본 남성 아이돌의 계보:
자니즈 제국의 독주

일본 여성 아이돌 시장이 시대의 변화에 따라 다양한 프로듀서와 기획사들의 각축장이었다면, 남성 아이돌 시장은 그 역사가 전혀 다른

궤적을 그린다. 그것은 곧 하나의 제국, 연예기획사 자니즈 사무소ジャ
ニーズ事務所가 구축한 독점의 역사라고 해도 과언이 아니다.

자니 기타가와ジャニー喜多川(1931~2019)가 1962년 설립한 자니즈
사무소는 일본 최초로 소년들을 모아 춤과 노래를 가르치는 시스템을
도입한, 남성 아이돌 산업의 명실상부한 개척자였다. 1968년 데뷔한
〈포 리브스フォーリーブス〉의 성공을 시작으로, 1980년대에는 〈다노킨
트리오たのきんトリオ〉, 〈시부가키타이シブがき隊)〉 그리고 롤러스케이트
를 타는 파격적인 콘셉트의 〈히카루GENJI光GENJI〉 등을 연이어 성공
시키며 남성 아이돌 시장을 완전히 석권했다. 자니즈 제국이 수십 년간
독점 체제를 유지할 수 있었던 이유는 단순히 아이돌을 잘 만드는 것을
넘어, 방송과 미디어 생태계 전체를 장악하는 데 성공했기 때문이다.

우선 자니즈는 자사 아이돌 그룹이 진행하는 버라이어티쇼를 직
접 기획하거나, 황금 시간대 프로그램의 MC 자리를 독점시키고 자사
아이돌의 끼워 팔기를 통해 방송 프로그램을 사유화했다. 이를 통해
일반 대중에게 끊임없이 소속 아이돌의 인간적인 매력을 노출시키며
국민적 인지도를 확보할 수 있었다. 그리고 인기 TV 드라마나 영화의
주연 자리에 자사 아이돌을 독점 캐스팅하여, '가수'를 넘어 '배우'로
서의 이미지를 구축하고 팬덤을 전 세대로 확장시켰다. 게다가 연습생
인 '자니즈 주니어ジャニーズ Jr.' 시스템을 통해 지속적으로 어린 소년
들을 선발, 선배 그룹의 백댄서로 세우며 무대 경험과 위계질서를 체
득시키는 등 도제식 교육을 통해 소속 아티스트들의 완벽한 수직 계열
화에 성공한다. 데뷔부터 전성기, 그리고 배우나 MC로서의 2막까지,
연예인의 전 생애 주기를 기획사가 완벽하게 통제하고 관리했다.

독점적 지위를 바탕으로, 자니즈 사무소는 제9장에서 살펴본 전통 예술의 '이에모토家元'와 같이 연예계의 절대 권력으로 군림했다. 창업자 자니 기타가와는 유파의 수장처럼, 자신만의 독특하고 일관된 미적 기준인 중성적이고 소년미가 넘치는 외모, 마르고 작은 체구를 가진 아이돌을 선발하고 프로듀싱했다. '자니즈적ジャニーズ的'이라는 말이 하나의 형용사처럼 쓰일 정도로, 그의 취향은 성공 공식으로 이어졌다. 소속 연예인이 중년의 나이가 되어서도 '~군君'이라 불렸던 것은 이러한 '영원한 소년' 이미지 강요의 단적인 예이다. 이후 밝혀진 사실이지만 이는 그의 추악한 성적 취향과도 깊은 관련을 맺고 있었다.

이 절대 권력은 라이벌의 등장을 철저히 봉쇄하는 데에도 사용되었다. 〈SMAP〉, 〈TOKIO〉, 〈V6〉, 〈KinKi Kids〉, 〈아라시嵐〉 등 1990년대와 2000년대를 지배한 그룹들을 배출하며 방송계를 장악한 자니즈는, 암묵적인 압력을 통해 경쟁 관계에 있는 타 기획사 소속 남성 아이돌 그룹이 TV 프로그램, 특히 주요 음악 방송에 출연하는 것을 필사적으로 방해했다. 방송사들은 자사의 인기 프로그램에 출연하는 수많은 자니즈 소속 연예인들을 잃을 것을 우려하여, 자니즈의 '심기'를 거스르지 않으려 스스로 다른 남성 그룹의 섭외를 포기했다. 실제로 2019년 일본 공정거래위원회는 〈SMAP〉 전 멤버 3인의 방송 출연에 압력을 가한 혐의에 대해 자니즈 사무소에 '주의' 조치를 내렸는데, 이는 그간 소문으로만 무성했던 미디어 통제력이 사실임을 국가 기관이 인정한 상징적인 사건이었다.

이 때문에 〈DA PUMP〉나 〈w-inds.〉와 같이 실력을 갖춘 다른 소속사의 연예인들을 주류 음악 방송에서 모습을 보기 어려웠으며, 이는 일본 남성 아이돌 시장의 다양성을 저해하고 장르 전체를 고인 물로 만드는 결정적 원인이 되었다. 물론 예외적으로 〈EXILE〉과 같은 일부 그룹이 성공하기는 했으나, 이들은 자니즈가 장악한 '아이돌'의 영역이 아닌, '아티스트'의 영역에서 자신들만의 길을 개척한 경우에 가깝다. 〈EXILE〉은 남성적이고 성숙한 이미지, 그리고 보컬과 퍼포먼스라는 실력을 정체성으로 내세웠다. 또한 TV가 아닌 대규모 라이브 투어와 팬클럽 비즈니스를 중심으로 독자적인 수익 모델을 구축함으로써, 자니즈의 영향력에서 벗어나 생존할 수 있었다.

수십 년간 철옹성처럼 군림하던 자니즈 제국은 2023년, 제국의 심장부에서 곪아 터진 충격적인 내부 문제로 공중 분해되었다. 창업자 자니 기타가와가 수십 년에 걸쳐 소속 소년 연습생들을 상대로 상습적인 성 착취를 저질러왔다는 사실이 영국 BBC의 다큐멘터리 〈Predator: The Secret Scandal of J-Pop(약탈자: J-POP의 숨겨진 스캔들)〉을 통해 폭로된 것이다.

그러나 이 문제는 사실 완전히 새로운 것이 아니었다. 일본의 탐사 보도 주간지 『주간문춘週刊文春』이 1999년부터 수차례에 걸쳐 의혹을 제기했고, 자니즈 측이 제기한 명예훼손 소송에서 2003년 도쿄 고등법원은 "기사의 핵심 부분인 성희롱(성 착취)에 대해서는 진실이라고 믿을 만한 상당한 이유가 있다"고 판시하며 사실상 성 착취의 진실성을 인정한 바 있다. 그러나 자니즈의 막강한 미디어 권력 앞에 일본의 주류 언론들은 이 판결조차 외면하며 오랫동안 침묵으로 동조해왔다.

하지만 BBC 보도로 국제적인 비난 여론이 들끓고, 유엔 인권이사회의 전문가 그룹까지 나서 "수백 명의 소속사 연예인이 성 착취에 연루됐다는 의혹은 신빙성이 높다"는 조사 결과를 발표하자 상황은 급변했다. 일본 국내외 기업들이 자니즈 소속 연예인과의 광고 계약을 줄줄이 파기하기 시작했고, 더 이상 침묵할 수 없게 된 자니스 사무소는 결국 외부 전문가 조사를 통해 성 착취가 수십 년에 걸쳐 만연했음을 공식적으로 인정했다.

창업자의 성범죄라는 뿌리 깊은 부패는 제국 전체의 도덕성을 서서히 좀먹었다. '이에모토'와 같은 절대 권력의 비호 아래, 일부 소속 연예인들은 자신들 역시 법과 사회적 규범 위에 군림하는 특권층이라는 오만함에 빠져들었다. 그들은 스캔들이 터져도 사무소의 막강한 힘이 언론을 통제하고 자신들을 지켜줄 것이라 믿었고, 이는 개인의 추악한 일탈과 범죄로 이어졌다. 제국의 창업자를 닮은 '작은 자니즈'들이 탄생한 것이다.

가장 대표적인 사례가 2018년과 2020년에 연이어 터진 인기 그룹 〈TOKIO〉의 멤버, 야마구치 타츠야山口達也의 성범죄와 음주 교통사고 사건이다. 국민적 호감도가 높았던 그는 자택으로 여고생을 불러내 강제로 입을 맞추는 등 강제추행 혐의로 입건되어 일본 사회에 엄청난 충격을 주었고, 그룹을 탈퇴하고 자숙 중이었음에도 음주 교통사고를 일으켜 현장에서 체포되기도 했다. 이 사건은 단순히 한 개인의 일탈을 넘어, 자니즈라는 거대 기획사의 보호막 속에서 인기 아이돌이 어떤 특권 의식을 가지고 있었는지를 명백히 보여주었다. 이 외에도 다른 자니즈 소속 연예인들의 음주 상태에서의 불미스러운 사건, 미성년자와의 음주, 마약 소지 등 크고 작은 범죄와 일탈이 끊이지 않았다. 하지만 많은 경우, 사건은 대중에게 제대로 알려지기도 전에 사무소의 강력한 언론 통제와 영향력 행사로 축소되거나 무마되었다. 오직 야마구치 타츠야의 사례처럼 더 이상 감출 수 없는 명백한 범죄 행위만이 대중에게 알려지고 그룹 탈퇴와 연예계 은퇴라는 처벌로 이어졌을 뿐이었다.

결국, 자니 기타가와 개인의 비뚤어진 욕망과 그것을 가능케 한 제국의 독점적 권력은, 소속 연예인들에게 왜곡된 특권 의식을 심어주는 토양이 되었는데, 무소불위의 '이에모토'의 존재가 개별 구성원의 도덕적 해이와 악업으로 이어진 것이다. 이는 수십 년에 걸친 내부의 부패가 결국 제국 전체를 무너뜨리는 필연적인 과정이었음을 보여준다.

이 전대미문의 스캔들로 자니즈 사무소는 2023년 10월 17일부로 61년 역사의 막을 내리고 완전히 해체되었다. 회사명은 피해자 보상 업무만을 전담하는 'SMILE-UP.'으로 변경되었고, 소속 연예인의 매니지먼트 업무는 별개의 신설 법인 'STARTO ENTERTAINMENT'로 이관되었다. 이는 일본 연예계 역사상 최악의 스캔들이자, 절대적이고 폐쇄적인 연예계의 '이에모토'형 권력 구조가 어떻게 괴물을 만들고, 일본 사회 전체의 묵인하에 비극이 지속될 수 있는지를 보여준 참담한 사건이었다. 그리고 한발 더 나아가 피라미드와 같은 계급사회 일본의 한 단면을 보여주는 사건이라고도 할 수 있겠다.

일본의 '잃어버린 10년'과
한류의 시작

공고해 보였던 일본의 J-POP 및 연예계는 2000년대에 들어서면서 한류라는 예기치 못한 외부 변수로 인해 큰 전환기를 맞는다. 한류가 일본에서 시작될 수 있었던 배경을 이해하기 위해서는, 역설적으로 일본의 가장 화려했던 시절, 즉 버블 경제와 그 처참했던 붕괴의 과정을 먼저 살펴볼 필요가 있다. 문화는 그것을 향유하는 사회가 처한 경제적·정치적·정서적 상황과 분리해서 생각할 수 없으며, 특히 사회의 경제성장 단계나 구조의 변화는 그 사회 구성원들의 가치관과 문화소비 방식에 지대한 영향을 끼치기 때문이다. 따라서 일본에서 한류가 유행하기 시작한 현상을 이해하기 위해서는, 우선 당시 일본의 경제적 상황이라는 변수도 함께 고려해야만 한다.

버블 경제의 붕괴와 J-컬처의 위기

제2차 세계대전 패전 이후, 일본은 한국전쟁의 전쟁 특수를 통해 경제 재건의 발판을 마련했고, 이후 냉전 체제 속에서 미국의 비호 아래 공산 진영의 방파제 역할을 수행하며 고도성장을 구가했다. 그 결과 1980년대에 이르러 일본 경제는 절정기를 맞이하게 된다. 그러나 그와 반대로 미국은 이러한 일본을 상대로 막대한 무역수지 적자에 시달리고 있었고, 이는 심각한 정치적 문제로 비화하게 된다. 결국 미국의 강력한 압력 아래 1985년 9월 22일, 뉴욕 플라자 호텔에서 G5(미국·일본·서독·영국·프랑스) 재무장관들은 달러화 강세를 시정하기 위한

인위적인 외환시장 개입에 합의하는데, 이것이 바로 '플라자 합의プラザ合意'다. 이 합의의 핵심은 달러를 팔고 엔화와 마르크화를 사들여 달러 가치를 떨어뜨리는 것이었고, 그 결과는 즉각적으로 나타났다. 합의 이전 1달러당 240엔대였던 엔화 가치는 불과 1년 만에 150엔대까지 폭등했다.

급격한 엔고円高는 일본 수출 기업의 채산성을 극도로 악화시켰고, '엔고 불황円高不況'에 대한 공포가 사회를 뒤덮었다. 이에 일본 정부와 일본은행日本銀行은 내수 경기를 부양하기 위해 1986년부터 1987년까지 다섯 차례에 걸쳐 기준금리를 5.0%에서 사상 최저 수준인 2.5%까지 인하했다. 이로 인해 시중에 풀린 막대한 유동성은 갈 곳을 잃고 주식과 부동산 시장으로 흘러 들어갔고, 이는 일본 역사상 전례 없는 자산 거품, 즉 '버블 경제バブル経済'의 도화선이 되었다.

버블 경제 속에서 일본의 자산 가치는 천정부지로 치솟았다. "도쿄 23구의 땅을 전부 팔면 미국 전체를 살 수 있다"는 말이 더는 농담이 아니었고, 기업들은 막대한 자금력을 바탕으로 뉴욕의 록펠러 센터(미쓰비시지쇼)나 엠파이어 스테이트 빌딩 등을 사들였다.

1988년 세계 시가총액 상위 10개 기업 중 1위 NTT를 포함해 7개가 일본 기업이었으며, 50위권 내에는 무려 33개의 일본 기업이 포진해 있었다. 이는 일본의 경제력이 세계의 정점에 달했음을 보여주는 상징적인 지표였다. 다른 일화를 살펴보면, 당시 일본 기업들은 넘쳐나는 자금으로 인재 확보 전쟁을 벌였고, 그 결과 예비 신입사원 대학생을 경쟁사에 뺏기지 않기 위해 졸업 전까지 해외 연수나 고급 리조트에 머물게 하는 '감금 아닌 감금'까지 발생하기도 했다. 한편 방송국은 넘쳐나는 광고 수입을 바탕으로 그야말로 '돈의 전쟁'을 벌였다. 유명 연예인들을 대거 투입하고, 거대한 세트를 짓거나, 유럽이나 미국 등지에서 호화로운 해외 촬영을 진행하는 것이 드물지 않았다. 개인 역시 주가와 부동산 가격은 반드시 오른다는 불패 신화 속에서 명품 소비와 해외여행에 열광하며 유례없는 풍요를 만끽했다.

영원할 것 같았던 파티는 1989년, 일본은행이 과열된 경기를 잡기 위해 급격한 금리 인상과 대출 총량 규제를 단행하면서 막을 내리기 시작했다. 1990년 새해 첫 거래일부터 주가가 폭락하기 시작했고, 이듬해부터는 부동산 가격마저 곤두박질쳤다.

1991년 최고점을 찍었던 일본의 부동산 가치는 이후 10년 이상 끝없이 추락하여 2000년대 초반에는 버블이 시작되기 전인 1980년대 초반 수준까지 폭락했다. 10여 년간의 자산 가치 상승분이 모두 사라진 것이다. 자산 가치의 폭락은 막대한 부실채권을 낳았고, 기업과 은행의 연쇄 도산, 극심한 신용 경색으로 이어졌다. 일본 경제는 이후 30년 가까이 이어지는 장기 불황과 디플레이션의 늪, 즉 '잃어버린 시대失われた時代'로 빠져들었다. 이러한 경제적 충격은 일본 사회를 깊은 패배감과 무기력에 빠뜨렸고, 특히 이 시기에 성장한 젊은 세대는 노력해도 계층 사다리를 오를 수 없다는 자포자기와 체념에 빠져 '사토리 세대悟り世代(득도 세대)'로 불리게 되었다.

버블 경제의 풍요 속에서 24시간 방송 체제를 구축하며 팽창했던 일본 방송계는, '잃어버린 시대'의 도래와 함께 직격탄을 맞았다. 방송국의 주 수입원인 광고비가 급감하면서, 방송사들은 유례없는 재정 압박에 시달렸다. 일본 최대 광고대행사 덴츠電通의 통계에 따르면, 1991년 약

1조 4,597억 엔에 달했던 지상파 TV 광고비는 불과 2년 만인 1993년에 약 1조 3,428억 엔으로, 1,169억 엔(약 8.0%)이 감소했으며, 이후 장기간 정체 상태에 머물렀다. 송출해야 할 시간은 늘어났는데 제작비는 급감한 모순적인 상황 속에서, 방송사들은 '최소 비용으로 최대 효과를 내는' 저예산 콘텐츠 제작에 사활을 걸게 되었다. 이는 일본 TV 프로그램의 내용을 근본적으로 바꾸는 결정적인 계기가 되었다.

버블 시대의 호화로운 해외 로케이션 드라마나 거대 세트의 버라이어티 쇼는 자취를 감추었다. 대신 과거 인기 프로그램의 재방송이나 하이라이트만 모은 총집편이 크게 늘었다. 또한 최소한의 제작비로 출연자들의 입담에 의존하는 저예산 스튜디오 토크쇼와 개그맨과 유명인을 병풍처럼 앉혀 놓고 진행하는 '히나단(雛壇)' 버라이어티가 전성시대를 맞았다.

그리고 이 시기 부족한 콘텐츠의 빈자리를 메우는 가장 효과적인 대안 중 하나가 바로 저렴한 해외 콘텐츠 수입이었다. 이때 바로, 할리우드 영화나 미국 드라마와 함께, 지리적으로 가깝고 문화적 이질감이 적으면서도 상대적으로 저렴한 가격의 양질의 콘텐츠, 한국 드라마가 일본 방송사의 눈에 들어오기 시작했다. 2003년 NHK 위성 채널을 통해 방영된 〈겨울연가冬のソナタ〉는 바로 이 틈새를 파고들어 일본 사회에 거대한 신드롬을 일으키는 데 성공하게 된다.

그러나 이 시기 방송된 모든 해외 콘텐츠가 '붐'을 일으키지 않았듯, 경제적 필요성만으로 한류의 성공적인 일본 시장 안착을 모두 설명할 수는 없다. 여기에는 오랜 불황기 속에서 일본인들이 느꼈던 정서적 공허함과, 그들이 한국 드라마 속에서 발견한 '무언가'에 대한 이야기가 반드시 함께 고려되어야 한다.

일본인의 향수를 자극한 K-드라마

버블 붕괴가 일본 대중문화 시장에 '구조적 틈'을 만들었다면, 그 틈을 비집고 들어가 일본 사회 전체를 뒤흔든 것은 콘텐츠 자체의 힘이었다. 한류 붐의 시작을 이야기할 때, 2003년 NHK의 위성 채널BS2에서 처음 방영된 후 폭발적인 인기에 힘입어 2004년 지상파(NHK 종합) 황금 시간대로 옮겨 방영된 드라마 〈겨울연가冬のソナタ〉를 빼놓을 수 없다. 남자 주인공 배용준은 '욘사마ョン様'라는 애칭으로 불리며 하나의 사회 현상을 일으켰다. 왕이나 주군에게 붙이는 극존칭인 '사마様'가 외국 배우에게 붙여진 것은 전례 없는 일이었으며, 이는 단순한 인기를 넘어선 존경과 애정이 담긴 열광이었음을 보여준다. 그렇다면 당시 일본인들, 특히 중장년 여성들은 왜 이토록 한국 드라마에 열광했던 것일까?

1990년대 초 버블 경제 붕괴 이후, 일본 사회는 '잃어버린 10년'이라 불리는 장기 경기 침체와 사회적 불안 속으로 빠져들었다. '일본은 끝났다'라는 패배주의가 만연했고, 미래에 대한 불안과 불확실성은 사회 전체를 짓눌렀다. 이러한 상황 속에서 많은 일본인, 특히 사회와 가정의 중심에서 묵묵히 시대를 견뎌내고 있던 중장년층 여성들은 현실의 팍팍함을 잊게 해줄 정서적 위안과 순수한 감동에 대한 깊은 갈증을 느끼고 있었다.

당시 일본 드라마의 주류는 도시적이고 쿨한 남녀의 가벼운 연애를 그린 '트렌디 드라마トレンディドラマ'였다. 〈도쿄 러브스토리東京ラブ

[그림·3]
드라마 〈겨울연가〉는 서울 중앙고등학교, 춘천
남이섬, 거제 외도 등 국내 촬영지에 일본 팬이
몰려드는 관광 특수도 함께 누렸다.

ストーリー〉나 〈롱 베케이션ロングバケーション〉과 같은 작품들은 세련된
영상미와 감각적인 대사로 큰 인기를 끌었지만, 그 안에는 깊은 감정
적 교감이나 지고지순한 헌신보다는 엇갈리고 쿨하게 헤어지는, 다소
냉소적인 연애관이 담겨 있었다. 바로 이 지점에서 〈겨울연가〉가 일본
드라마에 없었던 '정서적 공백'을 파고들었다. 운명적인 첫사랑, 기억
상실, 안타까운 엇갈림, 그리고 수많은 시련을 넘어 마침내 이루어지
는 지고지순한 사랑 이야기는, 현실에 지친 시청자들에게 강력한 감정
적 몰입과 카타르시스를 선사했다. 계산적이고 쿨한 관계에 지쳐 있던
이들에게, 〈겨울연가〉의 순수하고 격정적인 서사는 잊고 있던 감성의
샘을 자극하는 청량제와도 같았다.

〈겨울연가〉의 서사는 당시 일본인들에게 매우 '새로우면서도 동
시에 그리운' 것이었다. 목숨을 걸고 한 사람만을 사랑하는 순수하고
격정적인 사랑, 즉 '순애보純愛譜'라는 테마는 당시의 일본 트렌디 드라

마에서는 찾아보기 힘든 '고전적인' 것이었다. 이는 일본의 중장년 여성 시청자에게 자신의 젊은 시절이나 혹은 부모 세대의 사랑 이야기를 떠올리게 하는 강한 향수를 자극하며 깊은 공감을 얻었다.

특히 배용준이 연기한 주인공 '강준상'은 부드러운 미소와 지적인 분위기, 그리고 한 여자를 향한 변치 않는 순정을 가진 인물로 그려졌다. 이는 당시 일본 미디어에서 찾아보기 어려웠던, 헌신적이고 책임감 강한 남성상에 대한 판타지를 완벽하게 충족시켰다. 또한, 한국 드라마 속에서 비중 있게 다뤄지는 부모와 자식 간의 깊은 유대, 어른에 대한 공경, 가족 공동체를 위한 희생과 같은 모습은 개인주의와 핵가족화가 심화되던 일본 사회에서 시청자들이 '잃어버렸다고 느끼는' 전통적 가치를 재확인시켜주는 역할을 했다.

만약 〈겨울연가〉가 마이너 민영 방송사의 심야 시간대에 방영되었다면, 단순한 마니아 드라마로 끝났을 가능성이 크다. 그러나 일본 최고의 신뢰도를 자랑하는 공영방송 NHK에서 방영되었다는 점은 한류 붐의 결정적인 기폭제가 되었다. NHK에서의 방영은 드라마에 '국가가 인정한 양질의 콘텐츠'라는 공신력을 부여했고, 특히 주 시청자층인 중장년층에게 거부감 없이 다가갈 수 있는 가장 확실한 통로가 되어주었다. 그리고 최초 위성 채널BS2에서 방영을 시작하여 입소문을 통해 마니아층을 형성한 뒤, 그 인기를 바탕으로 지상파 전국 방송(NHK 종합)의 황금 시간대로 확대 편성하는 NHK의 전략도, 드라마의 인기를 일부 팬덤의 열광에서 전국적인 사회 현상으로 증폭시키는 데 결정적인 기여를 했다.

앞서 살펴본 지상파 방송국의 사정과 더불어, 2000년대 초반은 일본에서 CS/BS 위성방송과 케이블 TV가 본격적으로 보급되던 '다채널 시대'의 서막이었다. 폭발적으로 늘어난 채널들은 24시간 내내 방송을 채워야 했고, 시청자들을 끌어 모을 새롭고 다양한 콘텐츠 확보에 사활을 걸었다. 이러한 상황에서 한국 드라마는 매우 매력적인 대안이었다. 할리우드 드라마에 비해 수입 라이선스 비용이 훨씬 저렴하면서도, 탄탄한 스토리와 높은 제작 완성도를 갖추고 있어 '가성비 좋은 콘텐츠'로 주목받기 시작했다. 〈겨울연가〉의 대성공은 다른 방송사들이 앞다투어 한국 드라마를 수입하고, '한류 전문 채널'까지 생겨나는 계기가 되었다.

결론적으로, 2000년대 초반 〈겨울연가〉가 촉발한 일본 내 한류 붐은, 버블 붕괴 이후 일본 사회가 겪고 있던 경제적·정서적 공백이라는 토양 위에, 일본 드라마가 상실했던 순애보와 전통적 가치를 담은 콘텐츠가, NHK라는 공신력 있는 플랫폼과 다채널 시대의 도래라는 미디어 환경의 변화와 절묘하게 맞물려 일어난 현상이라고 할 수 있다.

그리고 드라마의 성공은 영화, K-POP, 공연, 나아가 한국 음식과 한국 관광 등 한국 문화 전반에 대한 관심으로 자연스럽게 확산되었다. 게다가 초기 한류의 주 소비층이었던 어머니 세대의 문화적 취향은 가족 내에서 유대감이 깊은 자녀 세대, 즉 새로운 세대에게까지 영향을 미치며, 지금 우리가 목격하는 거대한 한류의 초석이 되었다.

저작권의 역설: 개방적인 K-POP, 팬심을 사로잡다

드라마 〈겨울연가〉가 일본 중장년층의 마음에 불을 지폈다면, 그 불꽃은 곧 젊은 세대로, 그리고 K-POP이라는 새로운 장르로 옮겨붙었다. 드라마의 성공은 OST, 출연 배우, 나아가 한국이라는 나라 자체에 대한 관심으로 이어졌고, 이는 K-POP이 일본 시장에 진입할 수 있는 비옥한 토양을 마련해주었다. 그러나 K-POP의 성공은 단순히 드라마의 후광 효과만으로 설명할 수 없다. 여기에는 일본 J-POP 시장의 구조적 빈틈을 파고든 K-POP만의 차별성이 결정적으로 작용했다.

2000년대 후반, J-POP이 여전히 CD 판매와 대여라는 전통적인 수익 모델에 의존하고 있을 때, K-POP은 새로운 시대의 무기, 즉 '인터넷'을 적극적으로 활용했다. 역설적이게도 일본의 강력한 저작권 보호 시스템이 오히려 J-POP의 글로벌 확산에 족쇄가 되었다. 일본의 기획사들은 저작권 보호를 위해 소속 가수의 뮤직비디오나 음원을 유튜브와 같은 영상 공유 사이트에서 엄격하게 통제했고, 심지어 공식 채널에서조차 전체 영상이 아닌 짧은 버전만 공개하는 경우가 흔했다. 이는 불법 복제는 막았을지 몰라도, 잠재적인 해외 팬들의 접근 자체를 원천적으로 차단하는 결과를 낳았다.

반면, '인터넷은 곧 무료 홍보 채널'이라는 인식이 강했던 한국의 기획사들은 정반대의 전략을 취했다. 이들은 고품질의 뮤직비디오를 제작하여 유튜브에 무료로 공개했고, 팬들이 이를 자유롭게 공유하고 2차 창작물을 만드는 것을 장려했다. 그 결과, 일본의 팬들은 자국 아이돌의 영상은 찾아보기 어려운데, 정작 한국 아이돌의 화려한 퍼포먼스 영상은 언제 어디서든 손쉽게 접할 수 있는 아이러니한 상황에 놓이게 되었다. 이 디지털 접근성의 차이는 K-POP이 일본 내 초기 팬덤을 형성하는 데 결정적인 역할을 했다.

K-POP 아이돌 시스템은 일본, 특히 자니즈 사무소의 성공 모델

을 적극적으로 벤치마킹하며 시작된 후발 주자였다. 그룹 결성 방식, 합숙을 통한 집중 트레이닝, 팬덤과의 소통 방식 등 많은 부분에서 일본 시스템의 영향을 받았다. 그러나 K-POP은 여기에 머무르지 않고, 서구 팝 스타의 '완성형 실력주의'를 결합하여 완전히 새로운 '하이브리드 아이돌' 모델을 창조해냈다.

이는 팬들이 미숙한 원석을 함께 키워나가는 일본의 '육성형 아이돌'과, 데뷔 시점부터 압도적인 실력으로 동경의 대상이 되는 서구의 '완성형 아티스트' 모델의 장점을 결합한 형태였다. 즉, K-POP 아이돌은 일본 아이돌과 마찬가지로 기획사가 제공하는 체계적인 시스템 안에서 팬들과 소통하며 '유사 연애 경험'과 '성장 서사'를 공유하지만, 무대 위에서는 서구 팝 스타처럼 완벽에 가까운 실력과 퍼포먼스를 겸비한 존재였다.

'외래종'으로서 일본 시장을 개척해야 하는 K-POP이 현지의 인맥이나 방송국의 비호 없이 오직 실력만으로 평가받아야 한다는 현실은 K-POP의 정체성을 규정했다. 이 '익숙하면서도 새로운' 하이브리드 모델은, 기존 일본 아이돌 팬덤이 즐기던 소위 '덕질'의 문법을 따르면서도, 일본 아이돌에게서는 느낄 수 없었던 압도적인 퍼포먼스로 신선한 충격을 주며 시장의 빈틈을 정확하게 공략했다.

2000년대 후반, 일본 아이돌 시장은 극도로 동질화된 상태였다. 남성 시장은 '자니즈'라는 단 하나의 스타일이, 여성 시장은 '오타쿠' 지향의 특정 모델이 시장을 독점하고 있었고, 이는 역설적으로 새로운 유형의 아이돌을 원하는 소비자들에게 '부재의 시장'을 만들어냈다.

남성 아이돌 시장에서, 자니즈 제국은 수십 년간 '소년미'를 가진 아이돌을 표준으로 제시해왔다. 바로 이 지점을 〈동방신기(東方神起)〉가 파고들었다. 2005년 일본에 진출한 〈동방신기〉는 자니즈 아이돌과는 모든 면에서 대척점에 있었다. 180cm가 넘는 큰 키와 남성적인 외모, 완벽한 라이브 가창력과 여러 멤버가 하나의 몸처럼 움직이는 '칼군무'는 '소년'이 아닌 '프로페셔널 아티스트'로서의 강력한 카리스마를 발산했다. 자니즈 아이돌에게 익숙했던 팬들과 새로운 남성상을 원했던 팬들에게 동방신기는 J-POP 시장에 존재하지 않던 유일한 선택지였고, 이는 〈빅뱅BIGBANG〉, 〈2PM〉, 〈샤이니SHINee〉, 〈슈퍼주니어 SUPER JUNIOR〉 등 각기 다른 매력을 가진 후속 그룹들의 성공으로 이어졌다.

【그림·4】 일본에서 독보적인 '걸크러쉬' 매력을 선보이며 인기 몰이를 한 〈2NE1〉.

여성 아이돌 시장 역시 〈AKB48〉과 〈모모이로 클로버Z ももいろクローバーZ〉 등, '미숙하지만 열심히 하는 소녀'를 팬들이 응원하며 키

워나가는 모델이 주류를 이루고 있었다. 〈AKB48〉의 공식 라이벌로 등장한 〈노기자카46乃木坂46〉은 보다 세련되고 청초한 '아가씨' 콘셉트로 차별화를 꾀했지만, 근본적으로는 팬들의 지지를 통해 성장하는 '육성형'의 틀 안에 있었다. 완벽한 퍼포먼스보다는 의도된 미숙함과 서투른 열정을 더 중요한 가치로 삼았다.

이러한 시장에 2010년 등장한 〈소녀시대少女時代〉와 〈카라KARA〉는 혁명과도 같았다. 9명의 멤버 전원이 긴 다리를 뽐내며 한 치의 오차도 없이 선보이는 〈Gee〉와 섹슈얼하면서도 참신했던 〈미스터〉의 안무는 일본 대중에게 엄청난 시각적 충격을 안겨주었다. 귀여움과 친근함을 넘어, 세련된 비주얼과 압도적인 퍼포먼스, 성숙한 여성미를 갖춘 이들의 등장은 '동경의 대상'으로서의 여성 아이돌에 대한 갈증을 해소시켜 주었다. 이후 중독성 강한 멜로디와 복고 콘셉트로 인기를 끈 〈티아라T-ARA〉, 독보적인 '걸크러쉬' 매력을 선보인 〈2NE1〉 등이 연이어 성공하며, 일본의 젊은 여성들까지 K-POP 팬덤으로 흡수하는 기폭제가 되었다.

한국의 '하이브리드 아이돌' 모델은 일본의 시스템에서 벤치마킹한, 팬과의 소통을 통한 유사 연애 경험과 성장 서사를 중요하게 여긴다는 점에서 일본 팬에게 익숙하게 다가간 측면이 있다. 데뷔 후 음악 방송 1위, 연말 시상식 대상, 빌보드 차트 진입 등, 팬들은 자신이 응원하는 아이돌의 '성공 서사'에 적극적으로 동참하며 함께 성장하는 경험을 소비한다. 다만 그 서사의 시작점이 '아마추어의 성장'이 아닌, '프로의 성공'이라는 점에서 일본 아이돌과 근본적인 차이를 보인 것이다. 자국 내의 치열한 서바이벌 경쟁을 뚫고 살아남은 경쟁력 있는 아이돌 그룹이 일본 시장에 투입되었고, 이들은 일본의 아이돌 시스템을 기반으로 하되 외부자로서 생존하기 위해 서구적인 실력주의를 극한으로 결합해야만 했다. 이것이 바로 일본의 '육성형' 아이돌 생태계에 나타난 강력하고 파괴력 있는 '포식자', 즉 하이브리드 아이돌의 탄생 과정이다. 이처럼 K-POP은 후발 주자로서 일본의 시스템을 학습하되, 자신들만의 강점을 결합하여 '청출어람'의 결과물을 만들어내며 일본이라는 거대한 벽을 넘는 데 성공한다.

대중문화의 가장 큰 무기는
개방성과 다양성

아시아의 그 어느 나라보다 먼저 근대화의 문을 열었던 일본은 19세기 서구 사회에 '자포니즘Japonisme'이라는 강렬한 인상을 남겼을 뿐만 아니라, 전후에는 J-POP, 만화, 애니메이션, 게임 등 다채로운 문화 요소를 전 세계로 확산시키며 명실상부한 '콘텐츠 대국'으로 자리매김했다. 이처럼 막강한 문화적 자부심과 경제력, 그리고 과거 피식민지였던 한국에 대한 차별적 시선이 팽배했던 일본에서 한류가 성공할 수 있었던 것은, 버블 붕괴 이후 일본 사회가 겪었던 구조적 균열과 정서적 공백 덕분이었다. K-POP은 디지털을 활용한 개방적 전략으로 일본의 폐쇄적인 미디어 생태계의 틈을 파고들었고, 일본의 '육성형' 시스템과 서구의 '완성형' 실력을 결합한 '하이브리드 아이돌'이라는 새로운 모델을 제시하며 J-POP에 없던 선택지에 대한 갈증을 채워주었다. 결국, J-POP과 K-POP의 역동적인 역사는 단순히 두 나라 대중문화의 비교를 넘어, 우리가 일본 사회를 더 깊이 들여다볼 수 있게 하는 흥미로운 창을 제공한다. 특히 반세기 동안 남성 아이돌 시장을 지배했던 자니스 제국의 불투명한 운영 방식과 그 비극적인 몰락은, 일본 사회 저변에 뿌리 깊게 자리한 폐쇄적인 이에모토家元적 권력 구조가 비단 전통 예술계뿐만 아니라 현대 대중문화 산업 속에서도 어떻게 작동하고 있는지를 여실히 보여주는 상징적인 사례라 할 수 있을 것이다.

제11장

오타쿠와 함께한 40년, 일본 사회의 자화상

사회적 희생양 찾기와 오타쿠 문화의 동행

일본의 대중문화는 고도의 경제성장과 오랜 사회적 안정을 토대로, 양과 질 모든 면에서 세계적으로 막대한 영향을 끼쳐왔다. 그런데 이 문화의 내부에는 '오타쿠(オタク)'와 '후죠시(腐女子)'로 불리는 독특한 팬덤이 존재한다. 이 팬덤 현상은 그간 미디어를 통해 오해와 편견의 대상이자, 사회적 병리 현상의 근원적 문제를 외면하고 나타난 현상만을 쉽게 설명하고 싶어 하는 많은 이에게 이유 없는 공격을 받아왔다. '오타쿠'는 과연 무엇이고 누구일까. 널리 알려진 '오타쿠'의 이미지는 언제, 어떻게 형성되었을까. 고도성장기의 그늘과 장기 불황 속에서 일본의 젊은 세대는 어떤 정서적 변화를 겪어왔을까. 이러한 질문들을 따라가다 보면, 우리는 일본 사회와 일본의 또 다른 모습을 하나 더 발견하게 될 것이다.

일본의 고도성장과
오타쿠의 탄생

'오타쿠ぉ宅'는 상대방의 집이나 가정을 높여 부르는 말이자, 처음 만나는 사람에게 사용하는 정중한 이인칭 대명사로, 한국어로는 '댁', '댁네', '그쪽 분'을 뜻하는 평범한 어휘이다. 이 평범한 어휘가 언제부터 우리가 아는 '오타쿠ォタク/otaku'로 변했을까. 오타쿠의 어원에 대해서는 여러 설이 있지만, 칼럼니스트 나카모리 아키오中森明夫가 1983년 잡지 『만화 부릿코漫画ブリッコ』에 연재한 칼럼 「'오타쿠' 연구'ぉたく'の研究」에서 비롯되었다는 설명이 가장 유력하다. 나카모리는 당시 코믹마켓コミケ과 같은 동인지 판매 행사에 모인 SF나 애니메이션 팬들이 서로 어떻게 불러야 할지 몰라 어색하게 상대를 부를 때, "오타쿠ぉ宅"라는 호칭을 자주 쓴다는 점을 포착, 이 새로운 유형의 팬덤을 '오타쿠'라고 명명했다.

それでこういった人達を、まあ普通、マニアだとか熱狂的ファンだとか、せーぜーネクラ族だとかなんとか呼んでるわけだけど、どうもしっくりこない。なにかこういった人々を、あるいはこういった現象総体を統合する適確な呼び名がいまだ確立してないのではないかなんて思うのだけれど、それでまぁチョイわけあって我々は彼らを『おたく』と命名し、以後そう呼び伝えることにしたのだ。

_『漫画ブリッコ』1983年6月号、「『おたく』の研究 (1) 街には『おたく』がいっぱい」

그래서 이런 사람들을, 뭐 보통은 마니아나 열광적인 팬, 기껏해야 '네쿠라족根暗族(근본적으로 어두운 족속)' 따위로 부르고 있지만, 아무래도 뭔가 딱 떨어지지가 않아. 뭔가 이런 사람들 혹은 이런 현상 전체를 아우를 만한 적절한 명칭이 아직 확립되지 않은 것은 아닐까 하는 생각이 드는데, 그래서 뭐, 이러저러한 이유로 우리들은 그들을 '오타쿠お宅'라고 명명하고, 이후로도 그렇게 부르기로 한 거야.

_「'오타쿠'의 연구(1) 거리에는 '오타쿠'가 가득」, 『만화 부릿코』 1983년 6월호,

또 하나, 일본에서 1980년대 초 큰 인기를 끌었던 『초시공요새 마크로스超時空要塞マクロス』[1] 라는 애니메이션에서 등장한 대사 때문에 '오타쿠'라는 용어가 시작됐다는 설명도 있다. 이 애니메이션의 남자

---

1) 〈초시공요새 마크로스(超時空要塞マクロス)〉: 마이니치 방송(MBS)이 제작하고 TBS 계열에서 1982년 10월 3일부터 1983년 6월 26일까지 방영된, 전 36화로 구성된 TV 장편 애니메이션.

주인공 이치죠 히카루一条輝가 여자 주인공 린 민메이リン·ミンメイ를 포함해 상대를 부를 때 "오타쿠お宅"라고 말하는 장면이 자주 등장하는데,2) 이 애니메이션의 인기에 힘입어 팬들 사이에서 자기 자신을 가리키는 표현으로 '오타쿠'를 사용하는 것이 유행하며 대중화되었다는 것이다.

두 이야기를 종합하자면 결국 존댓말 이인칭 호칭이 특정 집단의 정체성으로 전치되었다는 점은 명확한 것으로 보이며, 또한 '특정 취미에 몰두하는 행위'뿐만 아니라, '사교적 미숙함'이라는 부정적인 뉘앙스를 함께 담고 태어난 단어였음을 확인할 수 있다. 실제로도 일본의 공영방송 NHK에서는 '오타쿠お宅'를 비속어로 분류, 방송에서 금지해왔다. 이 단어가 제도권 문학에 처음으로 등장한 것은, 2003년 일본 최고 권위의 문학상인 아쿠타가와상芥川賞을 수상한 와타야 리사綿矢りさ의 소설, 『발로 차주고 싶은 등짝蹴りたい背中』(2003)에서였다. 이는 '오타쿠'라는 존재가 일본 사회의 '음지'에서 '양지'로 나오는 데 상당히 오랜 시간이 걸렸다는 것을 상징적으로 보여준다.

일반적으로 생각해봐도, 특정 취미에 몰두하는 사람이 모두 비사교적일리 없으며, 수많은 취미 영역의 극히 일부에 불과한 만화·애니메이션·비디오게임을 애호하는 사람을 속어로 낮춰 부르며 비난할 이유도 전혀 없다. 그럼에도 '오타쿠'에는 어째서 이와 같은 부정적인 의미가 담기게 된 것일까?

---

2) 예를 들어, 3화에서 이치죠(一条)가 민메이에게 "お宅、ヘルメットも真っすぐ被れないの。"라고 말하는 장면을 들 수 있음(약 16분 1초~16분 6초 부분).

결론부터 이야기하자면, 오늘날 많은 사람이 떠올리는 '오타쿠'의 전형적인 이미지, 즉 "외모적으로는 비만에, 패션에도 무관심하여 체크무늬 셔츠와 뿔테 안경에 정리되지 않은 머리 스타일을 하고 있으며, 내면적으로는 사교성도 부족하여, 고립된 상태로 오로지 주된 관심사인 마니악한 분야의 만화와 애니메이션 그리고 비디오게임 등에 과몰입하고 있는 사람"과 같은 극단적인 스테레오타입은 하루아침에 만들어진 것이 아니다. 이는 시대의 변화와 사회적 사건 속에서 여러 이미지가 덧씌워지며 완성된 결과물이며, 일본의 집단주의 문화에서 작용하는 동조압력同調圧力이 만들어낸 희생양일 뿐이다.

1960년대 후반부터 (1990년대 약간의 부침이 있기는 했으나) 최근까지도 일본의 대중문화는 고도의 경제성장과 오랜 사회적 안정을 토대로, 양과 질 모든 면에서 세계적으로 막대한 영향을 끼쳐왔다. 그중에서도 만화·애니메이션·비디오게임과 같은 일본의 서브컬처는 국경을 넘어 하나의 거대한 문화 현상이 되었다. 그리고 이 문화의 중심에는 호기심 혹은 오해와 편견의 대상이 되어온 '오타쿠ぉ宅'와 '후죠시腐女子'로 불리는 독특한 팬덤이 존재한다.

대중적 취미의 확산과 마니아의 탄생(제1세대): 1960년대 중반~1970년대 중반

1960년대를 지나며 일본은 전후戦後 패망의 상처를 딛고 '경제대국'으로 도약했다. 1950년대, 기성세대의 질서를 거부하고 무절제한 자유를 추구했던 '태양족太陽族'의 허무주의를 지나, 1964년 도쿄 올림픽의 성공적인 개최와 함께 '고도 경제성장高度経済成長'이 본궤도에 오르면서, 일본 사회는 역사상 유례없는 풍요와 안정을 맞이했다. 일본에는 도시를 중심으로 한 거대한 '신중간대중新中間大衆', 즉 자신을 중산층이라 여기는 샐러리맨 계층이 형성되었고, 이들은 이전 세대가 상상할 수 없었던 여유 시간과 가처분소득을 갖게 되었다. 바로 이 지점에서 일본인의 삶은 '생존'에서 '생활'로, 그리고 '생활'에서 '여가'로 그 중심이 옮겨가기 시작했고, 이는 다채로운 취미의 확산과 열광적인 팬덤 문화의 성장으로 이어졌다.

이 시기 일본 문화를 상징하는 키워드는 '3C', 즉 컬러TVColor TV, 쿨러Cooler(에어컨), 그리고 자동차Car였다. 대중매체의 폭발적인 성장과 이동의 자유는 '마이카 붐マイカーブーム'과 '디스커버 재팬Discover Japan' 캠페인을 통한 국내 여행, 프로야구를 중심으로 하는 스포츠 관람과 같은 대중적 취미를 탄생시켰다.

닛산日産의 '서니サニー'와 도요타トヨタ의 '코롤라カローラ'가 출시된 1966년은 '마이카 원년'으로 불린다. 자동차 소유가 대중화되면서, 주말에 가족과 함께 교외로 드라이브를 가거나, 자동차를 직접 세차하고 꾸미기 시작한 것이다. 차는 단순한 이동 수단을 넘어, '마이홈'과 함께 중산층의 성공을 상징하는 중요한 아이콘이었다.

자동차의 보급과 함께, 1964년 개통된 신칸센新幹線은 일본인의 활동 반경을 전국으로 넓혔다. 특히 일본국유철도JNR가 1970년 오사카 만국박람회를 기점으로 시작한 '디스커버 재팬Discover Japan' 캠페인은 이러한 흐름에 불을 붙였다. 젊은 여성을 모델로 내세워 '아름다운 일본과 나美しい日本と私'라는 감성적인 카피와 함께 각 지역의 숨겨진 매력을 소개한 이 캠페인은, 국내 여행을 단순한 관광이 아닌, 자

【그림 •1】 아름다운 일본과 나(美しい日本と私) 캠페인 포스터(1970).

국의 아름다움을 재발견하는 세련되고 지적인 취미 활동으로 격상시
켰다.

마지막으로 컬러TV의 보급은 스포츠를 최고의 대중 오락으로
만들었다. 특히 프로야구팀 요미우리 자이언츠読売ジャイアンツ는 나가
시마 시게오長嶋茂雄, 오 사다하루王貞治와 같은 국민적 스타를 앞세워
1965년부터 1973년까지 9년 연속 리그 우승이라는 전무후무한 기록
을 세웠다. 이 시기 자이언츠의 경기를 온 가족이 TV 앞에 모여 시청
하는 것은 저녁의 일상적인 풍경이었을 만큼, 스포츠 관람은 일본 사
회 전체를 하나로 묶는 최고의 오락거리로 등극한다.

이와 같은 대중적인 취미의 확산과 동시에, 특정 취미 분야에 깊이 몰두하는 열광적인 '마니아ᐟ^{マニア}' 집단, 즉 오타쿠의 원형이라 할 수 있는 팬덤도 이 시기에 나타나기 시작했다. 이들의 가장 큰 특징은 단순히 콘텐츠를 '소비'하는 것을 넘어, 그와 관련된 '정보'를 수집하고 분석하며 교류하는 것에 더 큰 열정을 보인다는 점이다.

예를 들어, 전후 일본의 젊은이들은 재즈, 록 등 최신 서구 음악에 열광했다. 이들 중 일부는 음악 감상을 넘어, 고가의 수입 오디오 기기를 직접 조립하고 부품(진공관·앰프·스피커 등)의 성능을 비교 분석하는 '오디오 마니아'로 발전했다. 또한, 집에서 고가의 음반이나 오디오를 갖추기 어려웠던 젊은이들은, 최고의 사운드 시스템을 갖추고 희귀한 음반을 틀어주던 '재즈카페ジャズ喫茶'에 모여들었다. 단순히 음악을 듣는 공간을 넘어, 같은 취미를 가진 이들이 모여 고급 음악 정보를 교환하는 중요한 커뮤니티 장소였다.

니콘Nikon과 캐논Canon 등 일본 기업이 세계적인 SLR 카메라를 생산하기 시작하면서, 사진 또한 일부 전문가의 영역에서 대중적인 취미로 확산되었다. 특히 기차를 전문적으로 촬영하는 '토리테츠撮り鉄'를 필두로 한 철도 팬덤은, 열차의 모델명, 운행 시간표, 엔진 소리 등 방대한 정보를 수집하고 공유하는 대표적인 마니아 집단으로 성장했다.

이와 함께 오타쿠 문화의 직접적인 뿌리가 된 팬덤인 '특촬물特撮物과 SF 애니메이션 팬덤'이 등장하게 된다. 1966년 방영을 시작한 『울트라맨ウルトラマン』과 같은 특촬물은 아이들뿐만 아니라 중고등학생과 성인에게까지 큰 인기를 끌었다. 영상녹화기기VCR가 없었던 이 시절, 팬들은 한 번 지나가면 다시 볼 수 없는 작품의 모든 것을 기억하기 위해 필사적으로 노력했다. 이들은 잡지에 실린 설정 자료, 제작진 인터뷰, 촬영의 비밀 등을 수집하고, 서로 모여 작품의 세부적인 내용을 분석하고 토론했다. 이는 훗날 아즈마 히로^{東浩紀}(1971~)가 지적한 '데이터베이스 소비^{データベース消費}'3)의 원형으로, 작품 자체뿐만 아니라 작품의 생산과 소비 과정 전체를 둘러싼 방대한 정보와 서사를 남김없이 소비—이는 팬덤의 핵심 활동이다—하기 시작한 최초의 사례라고 할 수 있다. 콘텐츠의 내부가 아니라 그 안팎의 맥락까지 소비하는 팬덤의 등장은 1980년대 이후 본격화될 오타쿠 문화의 서막을 알리는 중요한 변화였다.

팬덤의 확장과 심화(제2세대): 1970년대 후반~1980년대 전반

1960년대 시작된 팬덤 문화는 1970년대 후반부터 1980년대 전반에 걸쳐 폭발적인 성장을 기록한다. 이 시기 일본은 기술 발전의 비약과 더불어 경제 대국으로 올라섰다. 경제적 여유가 생긴 대중적 마니아들은 특정 분야에 더 깊이 몰두하며 팬덤 문화를 폭발적으로 성장시켰다. 이 시기는 일본 팬덤 문화의 '황금시대'라 할 수 있다.

그 전 시대의 팬덤이 TV와 잡지라는 한정된 매체를 중심으로 형성되었다면, 이 시기에는 새로운 미디어와 산업의 등장으로 팬덤의 대상과 활동 방식이 극적으로 다각화되었다.

---

3) 1980년대 이후 일본의 콘텐츠 소비자는 더 이상 완결된 서사나 거대 담론이 아니라 개별 작품과 장르의 수많은 단편적 설정과 이미지를 데이터베이스에 검색하듯 필요에 따라 호출하여 소비하는 양태를 보인다는 이론, 『동물화하는 포스트모던(動物化するポストモダン)』(2001)

1980년대는 제10장에서 다룬 바와 같이 마쓰다 세이코松田聖子와 나카모리 아키나中森明菜로 대표되는 '아이돌 황금시대'였다. 팬들은 레코드판과 카세트테이프로 그들의 노래를 반복해서 들었고, 『더 베스트 텐ザ・ベストテン』과 같은 TV 음악 순위 프로그램을 시청하며 순위에 일희일비했다. 또한 『묘조明星』, 『헤이본平凡』과 같은 아이돌 전문 잡지에 실린 화보와 인터뷰 기사를 스크랩하며 스타의 모든 것을 '콘텐츠'로 소비했다. 이는 TV라는 강력한 매체가 만들어낸 대중적인 형태의 팬덤이었다.

1983년에는 닌텐도任天堂의 가정용 게임기 '패밀리 컴퓨터ファミリーコンピュータ' '패미컴ファミコン'이 발매되어 또 다른 유형의 팬덤인 '게임 팬덤'을 탄생시켰다. 특히 『드래곤 퀘스트ドラゴンクエスト』(1986)와 같은 롤플레잉게임RPG의 등장은, 팬들이 단순히 게임을 즐기는 것을 넘어 게임의 세계관을 탐구하고, 숨겨진 아이템이나 공략법과 같은 '정보'를 공유하는 문화를 만들어냈다. 당시 아이들은 서점에 모여 '공략본攻略本'을 탐독하고, 친구들과 비밀 기술이나 암호를 교환하며 커뮤니티를 형성했다. 이는 상호 간의 정보 교류가 핵심적인 활동이 되는 마니아적 팬덤의 또 다른 형태였다.

이 시기 팬덤 문화의 가장 중요한 변화는, '오타쿠'의 직접적인 뿌리가 된 '특촬물特撮物과 SF 애니메이션' 팬덤의 약진이었다. 1970년대 후반, 냉전 시대의 우주 개발 경쟁이라는 사회적 분위기 속에서 일본 애니메이션계에는 혁명적인 작품이 연이어 등장했다. 〈우주 전함 야마토宇宙戦艦ヤマト〉(1974)는 이전의 아동용 만화영화와는 차원이 다른, 성인이 감상할 수 있는 장대한 서사와 깊이 있는 주제 의식을 선보이며 '아니메ｱﾆﾒ 신세대'라 불리는 청소년 팬들을 열광시켰다. 이어서 등장한 〈기동 전사 건담機動戦士ガンダム〉(1979)은 로봇을 단순한 영웅이 아닌 '리얼 로봇'이라는 병기로 묘사하고, 전쟁의 비극과 정치적 이데올로기의 대립을 심도 있게 그려내며 팬덤의 연령대를 더욱 끌어올렸다. 기존의 특촬물 팬덤은 이러한 새로운 SF 애니메이션에 열광하며 자연스럽게 흡수되었고, 팬덤의 규모는 이전과 비교할 수 없을 정도로 커졌다.

때마침, 팬덤의 열기에 기름을 붓는 기술 혁신이 일어났다. 바로 가정용 VCR의 보급이었다. VCR은 콘텐츠 소비 방식을 근본적으로 바꾸어놓은 '마법의 도구'였다. 이제 팬들은 더 이상 한 번 보고 사라지는 방송에 만족할 필요가 없었다. 이들은 자신이 좋아하는 애니메이션을 비디오테이프에 녹화해, 물리적으로 '소유'할 수 있게 된 것이다. 그 결과 팬들은 녹화된 영상을 수십, 수백 번씩 돌려보며, 이전에는 알아챌 수 없었던 작화의 디테일, 메카닉의 설정, 배경에 숨겨진 복선 등 프레임 단위의 정보를 분석하고 탐닉하기 시작했다. 이것은 단순히 스토리를 즐기는 것을 넘어, 작품을 하나의 거대한 '데이터베이스'로 인식하고 그 구성 요소를 해체해가며 그 전 과정을 즐기는, 훗날 오타쿠 문화의 핵심적인 소비 방식의 원형이 되었다.

하지만 1980년대 초반, VCR과 비디오테이프는 여전히 고가의 사치품이었다. 당시 VCR 한 대의 가격은 20만 엔에 육박했고, 녹화용 테이프 한 개의 가격도 수천 엔에 달했다. 비용의 문제는 역설적으로 팬덤 커뮤니티를 더욱 활성화시키는 계기를 제공한다. 경제적인 문제와 기술적인 문제로 영상을 전부 다 소유할 수 없었던 팬들은 자신이

녹화한 테이프를 다른 팬의 것과 교환하거나, 함께 모여 감상회上映会를 열었다. 정보 교류와 작품 분석에 대한 열정은 동인지同人誌라는 매체를 매개로 폭발했다. 팬들은 자신이 분석한 설정 자료, 비평, 팬아트, 패러디 만화 등을 동인지로 만들어 '코믹마켓コミケ'과 같은 행사에서 교류했다. 정보의 희소성과 불균형이 심했던 시대였기에, 희귀한 영상물이나 깊이 있는 정보를 가진 개인이나 서클은 커뮤니티 내에서 추앙받거나 명성을 얻을 수 있었다.

[그림 •2] 인산인해를 이루고 있는 코믹마켓(コミケ) 풍경.

정리하자면, 1970년대 후반부터 1980년대는 경제적 풍요와 VCR이라는 새로운 기술이 만나, 일본의 팬덤 문화가 양적으로 팽창하고 질적으로 심화된 결정적인 시기였다. 특히 '특촬물特撮物과 SF 애니메이션 팬덤'을 중심으로 형성된, 미디어를 '소유'하고 그 안의 '정보'를 해체하며 분석하고, 이를 '커뮤니티'를 통해 교류하는 독특한 문화는, 1980년대 중반 이후 '오타쿠'라는 이름으로 불리게 될 새로운 인간형의 탄생을 예고하고 있었다.

풍요 속의 소외, '오타쿠'와 '모에^{萌え}'의 시대: 1980년대 후반~1990년대

1980년대 후반, 일본은 버블 경제라는 미증유의 풍요를 만끽하고 있었고, 많은 일본인은 맹목적인 낙관론 속에서 과시적인 소비를 즐겼다. 그러나 모두가 이 파티의 주인공은 아니었다. 일본의 수직적이고 집단 중심적인 사회구조는 여전히 변함없었고, 아이러니하게도 고도성장의 다른 한쪽에선 많은 젊은이가 주류 사회에서 밀려나고 있었다.

물질 만능주의 속에서 전통적인 가족 가치관은 해체되어 개인을 지켜주는 방패막이는 약화되었고, 젊은 세대는 혹독한 입시 지옥^{受驗地獄}에 시달리는 동시에 이지메^{いじめ}와 폭력이 만연한 교실에서 숨 막히는 동조압력^{同調壓力}을 견뎌내야 했다. 이 무한 경쟁에서 탈락하거나 적응하지 못한 이들은 등교 거부^{登校拒否}, 은둔형 외톨이 '히키코모리^{引きこもり}'로 전락하여 사회로부터 보이지 않는 차별 속에 고립되었다. 이러한 젊은 세대의 깊은 상실감과 소외감은, 그들이 몰두하는 팬덤 문화의 성격 자체를 근본적으로 바꾸어놓았다.

전 시대의 팬덤이 〈우주 전함 야마토^{宇宙戰艦ヤマト}〉(1974)나 〈기동전사 건담^{機動戰士ガンダム}〉(1979)처럼, 역경을 헤쳐나가는 영웅들의 거대 서사에 열광했다면, 오타쿠 불리게 된 이 시기의 서브컬처 팬덤은 점차 자신들의 불안과 무력감을 투영할 수 있는 새로운 주인공을 찾기

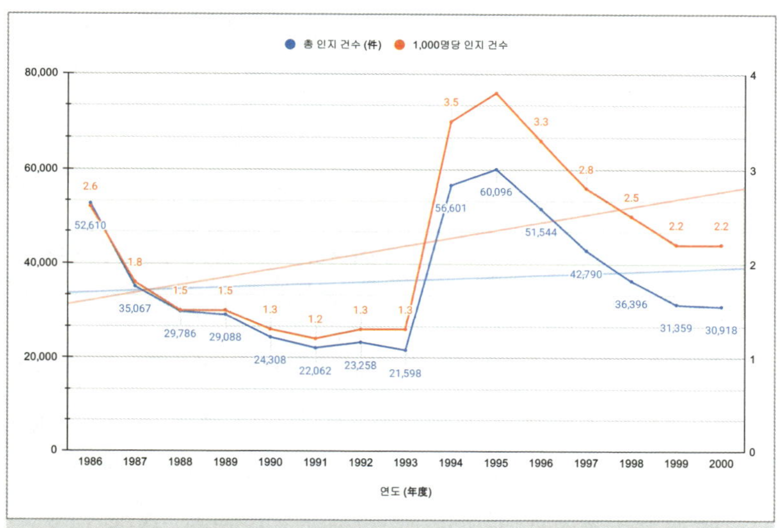

【표·1】학교 폭력—이지메(いじめ)의 연도별 인지 건수 및 1,000명당 인지 건수. 일본 문부과학성(文部科学省).

시작했다.

그 정점에 있는 작품이 바로 〈신세기 에반게리온新世紀エヴァンゲリオン〉(1995)이다. 이 작품의 주인공 '이카리 신지碇シンジ'는 이전 시대의 열혈 주인공들과는 정반대의 인물이다. 그는 타인과의 관계에 서툴고, 무서운 아버지를 상대로 인정받고 싶은 욕망과 피하고 싶은 두려움 사이에서 고뇌하며, 싸워야 할 이유조차 찾지 못하고 끊임없이 도망치려 하는 지극히 내성적이고 심약한 소년으로 그려진다. 경쟁 완화 교육 정책으로 '유토리 교육ゆとり教育'을 받은 세대, 태어나면서부터 저성장 시대만을 경험하며 현실의 부딪히기도 전에 '깨달음' 즉 '사토리さとり'를 알아버린 세대인 '유토리·사토리 세대ゆとり·悟り世代'4)에게, 큰 꿈

---

4) 유토리(여유) 세대(1987~1999년생): 주입식 경쟁 교육을 줄인 '여유 교육'을 받고 자라, 조

이나 물질적 욕망 없이 그저 하루하루 사는 것을 버거워하는 주인공의 정서는 깊은 공감을 자아냈다.

〈에반게리온〉은 이들 세대에게 하나의 거대한 사회 현상이 되었다. 팬덤은 점차 외부의 거대 서사에서, 개인의 내면과 상처를 파고드는 마니악한 주제로 깊이 침잠하기 시작했고, 이는 일반 대중과의 인식의 괴리를 더욱 크게 만들었다.

이러한 내향적인 경향은 '미소녀美少女'와 '모에萌え'라는 키워드의 폭발적인 유행과 함께 더욱 가속화되었다. '모에萌え'는 특정 캐릭터에게 느끼는 강렬한 애착과 열광을 의미하는 말로, 팬들은 현실의 복잡한 인간관계 대신, 가상의 캐릭터와의 유사 연애 감정에 더욱 깊이 몰두하기 시작했다. 이러한 소비 양상은 아즈마 히로키東浩紀가 지적했듯, 작품의 깊이 있는 서사 대신 개별적인 '모에 요소萌え要素'를 즉각적으로 소비하는 '데이터베이스 소비データベース消費'의 형태로 나타났다. '츤데레ツンデレ', '쿨데레クーデレ'와 같은 성격 유형,5) '네코미미猫耳(고양이 귀)', '메가네眼鏡(안경)'과 같은 외형적 속성, '학생회장', '소꿉친구'와 같은 캐릭터 설정 등, 이미 검증된 매력적인 요소들의 조합 자체를 즐기게 된 것이다. 이는 마치 게임의 '캐릭터 생성 창'에서 여

직의 룰보다는 '개인의 삶과 워라밸'을 최우선으로 여기는 세대를 가리킨다. 사토리(득도)
세대: 유토리 세대에서 한발 더 나아가 장기 불황 속에서 승진·연애·소비 같은 '물질적 욕
망을 해탈(포기)'하고 현재의 안정을 택한 이들로, 한국의 'N포 세대'나 '소확행'을 추구하
는 청년들과 본질적으로 같다.

5) 츤데레(ツンデレ), 쿨데레(クーデレ): 앞에서는 쌀쌀맞거나(ツンツン) 쿨(クール) 하지만,
정작 속내는 좋아 어쩔 줄 모르는, 친해지고 나면 혹은 알 수 없이 때때로 매우 친절한 모습을 보
이는 캐릭터나 인물을 가리키는 신조어.

【그림 •3】 미소녀의 고양이 귀(猫耳), 고양이 꼬리(猫のしっぽ), 안경(眼鏡), 오드아이(オッドアイ), 메이드 복(メード服), 메카닉 의수(メカニック義手), 니하이(ニーハイ), 만화(漫画) 등등, 오타쿠의 모에(萌え) 요소의 풀세트.

러 옵션을 조합해 이상형을 만드는 것처럼, 익숙한 요소들의 새로운 조합이 주는 쾌감을 즉각적으로 소비하는 행태였다. 이러한 소비 방식은 오타쿠 문화를 더욱 마니악하고 한정된 취미 영역으로 좁혀나갔다.

후조시腐女子와 관계성의 미학

한편, 비교적 남성 중심의 오타쿠 문화와는 다른 결을 가진 독특한 여성 팬덤, '후조시腐女子'의 등장은 일본 서브컬처의 또 다른 중요한 축을 이룬다. 일본어 '후조시腐女子'는 '썩은 여자'를 뜻하는 멸칭인데, 이들은 스스로 '정상적인 연애물을 즐기지 못하고 남성의 동성애만을 애호할 정도로 썩어버렸다'는 의미에서 자조적으로 이렇게 부르며, 주로 남성 캐릭터 간의 동성애적 관계를 다루는 '보이즈 러브BL' 장르를 창작하거나 소비한다. 정신과 의사 사이토 타마키斎藤環는 남성 오타쿠가 피규어 수집 등을 통해 캐릭터 자체를 '소유'하려는 욕망을 보이는 반면, 후조시腐女子는 캐릭터에 자신을 투영하기보다 두 캐릭터 사이의 감정적 교류와 미묘한 심리 변화, 즉 '관계성'을 제3자의 시점에서 관찰하고 소비하는 경향이 강하다고 분석했다.

이러한 소비 방식은, 가부장적 사회구조 속에서 여성이 찾은 또 다른 '해방구'라는 관점에서 이해할 수 있다. 현실 세계의 이성애 관계에서 여성이 겪는 억압과 불평등, 그리고 정형화된 성 역할에서 벗어나, BL이라는 가상의 세계 속에서는 남성 캐릭터들의 관계를 통해 권력의 역학, 감정의 교류, 성적 주도권 등을 안전하게 탐색하고 즐길 수 있기 때문이다. 즉, 여성이 '욕망의 대상'이 되는 대신, 관계를 관찰하고 분석하는 '주체적인 관찰자'의 위치에 서게 되는 것이다. 이는 제3장에서 다룬 '유곽'에서처럼, '통제된 사회 속에서 욕망을 분출하고 재구성하는 공간'으로서의 함의를 공통으로 지닌다고 볼 수 있다.

모든 책임은 오타쿠에게: 사회의 희생양 찾기

'모에萌え'와 데이터베이스 소비로 대표되는 1990년대, 오타쿠 문화가 점차 대중의 이해로부터 멀어지며 괴리되던 상황에서, 그 이미지를 회복 불가능한 수준으로 추락시킨 결정타는 바로 연이어 발생한 흉악 범죄와, 그에 대한 일본 사회의 비겁한 희생양 찾기였다.

수직적이고 집단주의적인 사회구조와 그로 인한 강력한 동조압력同調圧力 속에서, 일본의 눈부셨던 고도성장기는 그림자도 짙게 드리

워 수많은 '낙오자'를 양산했다. 치열한 입시 경쟁과 획일적인 회사 문화에 적응하지 못한 젊은이들은 등교 거부, 히키코모리引きこもり 등으로 내몰렸지만, 일본 사회는 이러한 구조적 병폐를 직시하고 해결하기보다 외면하는 길을 택했다. 그리고 바로 이 시점, 사회 전체의 불안과 분노를 쏟아부을 완벽한 표적이 등장했다.

1988년부터 1989년에 걸쳐 네 명의 여자아이를 연쇄적으로 유괴 살해한 미야자키 츠토무宮崎勤가 체포되었을 때, 언론은 그의 방을 가득 채운 애니메이션, SF 특촬물이 담긴 비디오테이프, 로리콘ロリコ ン6) 취향의 만화 잡지를 집중적으로 보도하며 그를 '오타쿠 살인마'로 규정했다. 선천적 장애와 비사교적인 성격으로 인해 현실의 도피처였

【그림•4】 고독에 숨은 비정상, 애니메이션과 비디오만이 친구, 사교성이 없고 과묵한 미야자키」, 미야자키 츠토무의 범죄를 보도한 신문. 기사 속 사진은 일러스트로 대체함.

---

6) 로리콘(ロリコン): 로리타 콤플렉스(ロリータ·コンプレックス)의 약칭으로, 10대 혹은 미만의 여성을 선호하는 성적 취향을 의미.

던 미야자키의 서브컬처 애호 취향은 그가 저지른 범죄와 뒤섞여 '오타쿠 문화'라는 거대한 프레임으로 덮어씌워졌다. 결국 이 사건으로 인해 '오타쿠=잠재적 성범죄자, 로리콘'이라는 사회적 낙인이 찍히기 시작했다.

1997년, 고베神戶에서 14세 중학생이 초등학생 2명을 살해하고 '사카키바라 세이토酒鬼薔薇聖斗'라는 가명으로 "자, 게임이 시작됐습니다"라는 성명서를 남긴 엽기적인 사건이 발생했을 때도, 사회적 비난의 화살은 다시 한번 오타쿠 문화로 향했다. 언론은 그가 폭력적인 비디오게임과 애니메이션에 심취해 있었다고 보도하며, 가상 세계에 대한 몰입이 현실 감각을 마비시킨 원인이라고 지목했다. 이 사건은 당시 사회 문제였던 '키레루 17세キレる17歳' 현상의 상징이 되었다. '키레루キレル'란 사소한 일에 분노를 참지 못하고 극단적인 폭력성을 드러내는 것을 의미하며, 버블 붕괴와 장기 불황 속에서 극심한 스트레스와 압박감에 시달렸던 17세 전후 젊은이들의 병리 현상을 일컫는 용어였다. 사회는 이 현상에 대한 심층적인 구조적 분석 대신, 게임과 애니메이션이라는 손쉬운 '악마'를 찾아낸 것이다.

결국, 만화와 애니메이션에 탐닉하는 오타쿠의 모습은 원인이 아니라, 소외된 젊은이들이 겪는 고통의 결과이자 증상이었음에도, 일본 사회는 이 둘의 관계를 전도시켜버렸다. 미디어와 대중은, 소극적이고 내성적인 '이카리 신지'에게 자신을 투영했던 수많은 소외된 젊은이의 모습과 현실과 가상을 구분하지 못하는 '미야자키 츠토무'의 모습을 '위험한 범죄자 집단'이라는 스테레오타입으로 구분 없이 뒤섞어버렸다. 이는 일본 사회에 만연했던 오타쿠에 대한 막연한 불안감이 실제 범죄 사건을 계기로 '도덕적 공황'으로 폭발한 결과였다. 사회 시스템의 근본적인 문제를 해결하는 고통스러운 자기반성 대신, '오타쿠'라는 이질적인 집단을 사회악으로 규정하고 모든 책임을 전가하는 손쉬운 길을 택한 것이다.

전 세계로 수출된
'오타쿠' 현상

일본 사회가 만들어낸 "패션 등에 무관심하여 '촌스럽고', 인간관계가 서툴러 '비사교적'이며, '특이'한 취향을 바탕으로 만화와 애니메이션 그리고 게임 등에 '집착적'으로 '과몰입'하는 사람"이라는 오타쿠의 스테레오타입은, 역설적이게도 1990년대 이후 전 세계를 휩쓴 일본 서브컬처의 인기에 편승해 국경을 넘기 시작했다. 당시 인기의 중심에 있었던 애니메이션과 만화 자체에서 오타쿠를 스테레오타입의 인물로 희화화하거나 어둡게 묘사하는 경우가 많았고, 해외의 소비자들은 작품의 재미와 함께 그 안의 왜곡된 인물상까지 무비판적으로 수용하게 되었다. 그 결과, '오타쿠'라는 단어는 각 문화권의 고유한 맥락과 만나 원산지와는 또 다른 형태의 편견으로 자리 잡게 되었다.

오늘날 한국인에게도 이 '오타쿠'라는 단어는 낯설지 않은데, 이는 일본 서브컬처 도입 초기에 오타쿠가 원어 그대로 음차되어 수입되었기 때문이었다. 그러나 이 단어가 한국 사회에 정착하는 과정은 순탄치 않았다. 무엇보다 한국 사회의 '왜색倭色'에 대한 강한 거부감 속에서 일본어 속어를 직접 사용하는 것 자체가 부정적으로 인식되었기 때문이었다. 게다가 단어가 수입될 당시 이미 일본 내에서 형성된 최악의 부정적인 이미지도 그대로 따라 들어왔는데, 이런 이유로 한국에서도 일본에서처럼 '오타쿠'라는 단어는 '속어' 신세를 면하기 어려웠다.

물론 2000년대 후반에 들어서면서, '오타쿠'는 '오덕후'→'오덕'→'덕후'→'덕' 등과 같은 젊은 세대의 신조어로 진화하며 점차 대중화되었다. 그 과정에서 "한 우물을 파는 전문가"라는 긍정적 의미가 부여되고, '덕업일치德業一致'와 같은 신조어가 생겨나면서 비속어적인 색채가 다소 희석되기 시작했다. 그리고 이러한 분위기 속에서 신문과 방송에서는 이를 '마니아'라는 격식 있는 표현으로 순화하기도 했다. 하지만 그와 동시에 '오타쿠'에서 파생된 멸칭蔑称으로 '씹덕'이라는 단어가 여전히 사용될 만큼, 그 근저에 깔린 '비사교적이고 음침한 일본 서브컬처 애호가'라는 부정적 인식이 완전히 사라진 것은 아니었다.

한편 영어권에서 'Otaku'는 1990년대 초 일본 애니메이션 붐과 함께 팬덤에 처음 도입되었다. 흥미롭게도, 초기에는 팬덤 내부에서 팬 스스로 일본의 서브컬처 속의 이미지로부터 차용된, '사교성은 부족하지만 특정 분야에 깊이 몰입한 사람'이라는 정체성을 드러내기 위해 사용되었으며, 그 이미지는 자조적인 유머에 가까웠다. 그러나 이 용어가 대중 매체로 확산되는 과정에서, 서구의 기자와 번역가들은 이를 이미 존재하던 속어인 'Nerd' 혹은 'Geek'으로 번역하기 시작했다. 당시 'Nerd'나 ''Geek'은 "공부나 기술 등에만 몰두하는 괴짜, 사회성이 부족한 외톨이"라는 부정적인 의미가 강했기에, '오타쿠'의 부정적 이미지는 서구 사회에 더욱 쉽게 고착되었다.

그런데 영어권 팬덤 내부에서는 'Otaku'의 의미가 더욱 복잡하게 분화하며 새로운 멸칭이 탄생하기도 했다. 바로 'Wapanese'와 'Weeaboo^Weeb'이다. 'Wapanese'는 'White(백인)' 또는 'Wannabe(되고 싶어 하는 사람)'와 'Japanese(일본인)'의 합성어로 일시적으로 인기를 끌다가 점차 'Weeaboo'라는 단어가 그 의미를 그대로 계승하여 더욱 널리 사용되게 된다. 이는 일본인이 아니면서 일본 문화, 특히 애니메이션과 만화에 과도하게 집착하여 맹목적으로 일본을 찬양하거나 어설프게 일본인처럼 행동하는 사람을 경멸적으로 지칭하는 용어로 2000년대 초반 인터넷 커뮤니티에 등장했다.

여기서 주목해야 할 부분은 'Otaku'와 달리 'Weeaboo'는 서양 팬들이 자신들의 팬덤 내에서 다른 서양 팬을 비난하고 경계하기 위해 사용하는 '내부의 낙인'이라는 점이다. 이는 일본 문화에 대한 깊이 있는 이해 없이, 애니메이션 속 왜곡된 이미지를 통해 일본을 환상의 나라로 여기거나, 실생활에서 어설픈 일본어를 남발하는 등 '도를 넘은' 행태를 보이는 팬들을 조롱하고 팬덤의 경계를 설정하려는 일종의 팬덤 내 자정 작용— '사회적 문지기Social Gatekeeping'—이라고 할 수 있다.

물론 1990년대 후반 닷컴 붐과 2000년대 슈퍼히어로 영화 붐을 거치며, 'Nerd'와 'Geek'은 "특정 분야의 전문성을 가진 똑똑하고 멋진 사람"이라는 긍정적인 이미지로 극적인 반전을 이루었다. 그럼에도 'Otaku'라는 단어 자체는 여전히 일본의 애니메이션, 만화, 게임에 깊이 몰두하는 특정 팬덤을 가리키는, 일본 서브컬처에서 묘사된 스테레오타입의 이미지를 강하게 유지하고 있다.

즉 '오타쿠'라는 스테레오타입은 일본의 특수한 사회적 상황 속에서 탄생했지만, 그들이 소비했던 강력한 문화 콘텐츠를 타고 전 세계로 퍼져나갔다. 그리고 각 문화권은 자신들의 기존 언어와 사회적 맥락(한국의 '왜색', 영어권의 '너드')이라는 필터를 통해 '오타쿠'를 재해석하고 수용하며, 원산지와는 또 다른 독특한 의미의 지층을 만들어냈다.

누구라도 우리는
행복한 오타쿠

일본 사회에서 차별적 낙인이 선명했던 오타쿠의 이미지는 2000년대로 접어들면서 새로운 콘텐츠의 대두와 인터넷, 스마트폰 등 IT의 발달 그리고 오타쿠의 저변 확대로 다시 한번 극적인 변화를 겪게 된다.

소설 『전차남電車男』(2004)과 같은 오타쿠를 소재로 한 콘텐츠의 인기는 비록 오타쿠의 스테레오타입을 재생산하기도 했지만, 순수하고 인간미 있는 연애의 주체로 그리며 대중적 친밀감을 높이는 계기가 되었다. 그리고 이 시기 본격적으로 대중화되기 시작한 인터넷이라고 하는 공간은 오타쿠가 차별적 시선에 맞서 자신들의 목소리를 내고 자신들을 재정의하여 스스로 변호할 수 있는 강력한 무기가 되어주었다.

게다가 오타쿠의 전유물로 인식되었던 애니메이션·만화·비디오게임의 직접 소비과 관련 팬덤의 부차적인 소비(굿즈·동인지·피규어 등)는 일본 국내 시장만 하더라도 2023년을 전후해 약 6~7조 원 규모의 안정적인 산업으로 성장했으며, 글로벌 시장 기준으로 애니메이션이 약 42조 원, 만화가 약 22조 원, 비디오게임이 약 617조 원의 시장 규모를 기록하는 등 과거 소수 오타쿠의 전유물로 취급받던 서브컬처가 이제는 국경을 넘어 막대한 부가가치를 창출하는 21세기 핵심 문화 산업으로 자리 잡았다. 참고로 같은 시기 글로벌 반도체 시장이 약 770조 원, 글로벌 스마트폰 시장이 약 580조 원 규모인 것을 볼 때, 서브컬처 산업이 명실공히 주류 산업으로 성장했음을 확인할 수 있다. 이와 같은 서브컬처의 대중화로 인해 코어 소비자였던 오타쿠와 새롭게 참가한 일반인 소비자 사이의 경계가 모호해진 부분도 큰 변화라고 할 수 있을 것이다.

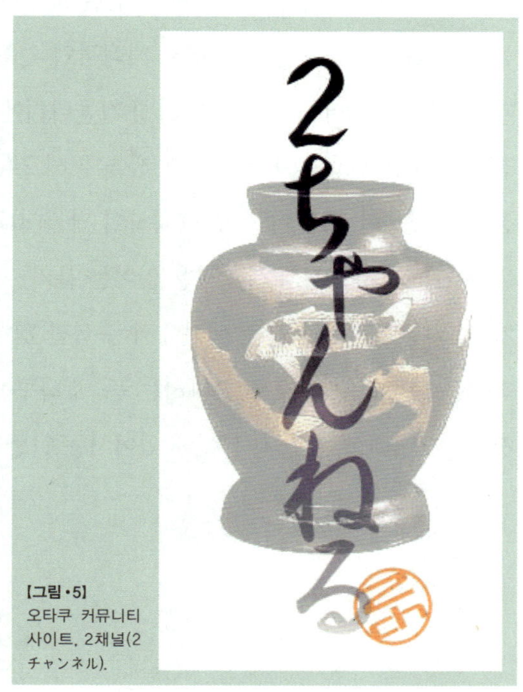

[그림 •5]
오타쿠 커뮤니티
사이트, 2채널(2
チャンネル).

오타쿠는 "사회성이 부족하다^{コミュ障}"[7)]는 편견에 대해

1990년대 미디어에 의해 '위험하고 음침한 범죄자 집단'으로 낙인찍힌 이후, 오타쿠는 오랫동안 사회적 편견의 대상이 되어왔다. 그러나 인터넷의 발달과 함께, 익명성이 보장되는 2채널^{2チャンネル, 2ch}과 같은 공간은 이들이 주류 미디어가 만들어낸 스테레오타입에 대해 자신들의 목소리로 직접 반박하는 중요한 장場이 되었다.

우선 '인간관계가 서툴러 친구가 없다'는 것은 오타쿠의 가장 대표적인 스테레오타입일 것이다. 이에 대해 그들은 '소통 능력의 부재'가 아니라 '소통 방식과 대상의 차이'일 뿐이라고 항변한다. 그들은 주류 사회의 피상적인 잡담이나 인간관계, 즉 '리아쥬^{リア充}(현실 생활에 충실한 사람, 인싸)'에 관심이 없을 뿐 자신들의 장場 안에서는 그 누구보다 활발한 소통을 하고 있기에 결코 폐쇄적인 외톨이가 아니라고 주장한다. 실제로도 오타쿠 팬덤은 인터넷 커뮤니티에서 애호하고 있는 특정 작품에 대한 심층적인 분석과 논쟁을 통해 24시간 내내 끊임없이 소통하고 있으며, 그들이 서로 협력하여 만들어내는 정교한 2차 창작물 등은 고도의 사회성과 상호작용 없이는 불가능한 것이 사실이다. 게다가 코믹마켓^{コミケ}과 같은 행사에서 수십만 명이 모여 자신이 만든 창작물을 판매하고 정보를 교환하는 등, 오타쿠는 그 어떤 집단보다 열정적으로 소통하며 특정 분야에 있어서는 일반인을 압도하고 있다.

---

7) コミュ障: 커뮤니케이션 장애(コミュニケーション障害)의 약자로, 커뮤니케이션 능력이 낮거나 대인관계에 어려움을 겪는 사람을 가리키는 신조어.

오타쿠는 "가난하며 외모에 관심이 없다"는 편견에 대하여

그리고 많은 미디어가 종종 오타쿠를 번듯한 직업 없이 아르바이트로 연명하는 '프리터プリーター'나 저소득층으로 묘사하지만, 오타쿠는 이를 현실과 가장 동떨어진 편견이라고 일축한다. 실제로 그들의 주장은 매우 현실적인데, 예를 들어 애니메이션 오타쿠의 경우, 블루레이 디스크 전권 세트, 한정판 피규어, 성우 라이브 이벤트 참가 그리고 소셜 게임의 가챠ガチャ(확률형 아이템) 등등 본격적인 '덕질'은 상당한 경제력을 요구하는 값비싼 취미라는 것이다. 이들은 많은 오타쿠가 IT 엔지니어·공무원·연구직 등 안정적인 전문직에 종사하고 있음을 주장하며, '가난한 오타쿠'라는 이미지는 미디어의 악의적인 날조라고 비판한다. 또한 '체크무늬 셔츠, 뿔테 안경, 더벅머리'로 대표되는 외모적 스테레오타입은 오타쿠들이 극도로 싫어하는 편견 중 하나이다. 그들은 이러한 이미지가 미야자키 츠토무宮崎勤 사건 이후 미디어가 만들어낸, 30년도 더 된 낡은 이미지라고 주장한다. 현대의 오타쿠는 패션에 민감한 '오샤레 오타쿠おしゃれオタク'부터 평범한 학생, 회사원에 이르기까지 매우 다양하며, 외모만으로는 누구도 오타쿠임을 구분할 수 없다고 주장한다. 또한, 한정된 자원을 값비싼 의류가 아닌 자신의 취미에 우선 투자하는 것은, 미적 감각의 부재가 아니라 합리적인 가치 판단의 결과일 뿐이라고 반박한다.

실제 노무라 종합연구소의 보고서에 따르면, 오타쿠는 시장 경제 측면에서 특정 취미 분야에 막대한 비용을 투자하는 핵심 소비자 계층이며, 이들 중에는 직업적으로 고학력 전문직 종사자도 상당수 포함되어 있다고 밝히고 있어, 이들의 주장이 전혀 근거 없는 이야기라고 볼 수 없다. 무엇보다 애니메이션과 게임 등의 핵심 콘텐츠가 전 세계로 확산되면서 수백조 원 규모의 거대한 글로벌 산업을 형성한 현재 상황을 고려할 때, 대중화된 서브컬처를 애호하는 팬덤의 스펙트럼은 매우 다양해졌고, 지난 세대의 전형적인 오타쿠의 패션을 비롯한 외모적인 스테레오타입은 이미 그 시효를 다 했다고 볼 수 있다.

오타쿠는 "은둔형 외톨이, 잠재적 범죄자"라는 낙인에 대해

마지막으로 오타쿠들이 가장 격렬하게 분노하고 저항하는 지점은 오타쿠가 곧 히키코모리引きこもり이며 이들은 잠재적 범죄자라는 낙인이다. 이들은 은둔형 외톨이는 이지메, 입시 경쟁, 가정불화 등 사회구조적 문제로 인해 발생한 사회적 병리 현상이며, 오타쿠 문화는 전혀 다른 차원의 취미 활동이라고 명확히 선을 긋는다. 사회에서 상처받고 고립된 히키코모리가 때때로 애니메이션이나 게임에서 위안을 찾는 경우가 있을 뿐, 애니메이션이나 게임이 사람을 히키코모리로 만드는 것이 아니라는 것이다. 은둔형 외톨이 중에 오타쿠가 있을 수는 있지만, 오타쿠가 곧 은둔형 외톨이는 아니다라는 논리이다. 그리고 '잠재적 범죄자'라는 낙인에 대해서는 수백만 명의 팬들이 즐기는 문화 콘텐츠를, 단 몇 명의 극단적인 범죄자의 사례를 들어 전체 팬덤을 범죄자 집단으로 매도하는 것은 명백한 '마녀사냥'이자, 사회 문제의 근본적인 원인을 외면하려는 미디어와 대중의 비겁한 책임 전가라고 비판한다.

정신과 의사 사이토 타마키斎藤環와 같은 은둔형 외톨이에 관한 전문가들은, 사회에서 소외되거나 상처받은 은둔형 외톨이가 대인 관

계의 부담이 적은 애니메이션이나 게임에서 위안을 찾는 경우가 있을 뿐, 애니메이션이나 게임이 사람을 은둔형 외톨이로 만드는 것이 아니라고 명확히 선을 긋고 있다. 오타쿠의 주장처럼 원인과 결과가 전도된 것이라고 할 수 있다. 그리고 앞서 언급한 바와 같이 오타쿠 문화가 코믹 마켓コミケ과 같이 본질적으로 타인과의 교류와 사회적 활동을 전제로 하고 있으나, 은둔형 외톨이의 본질은 '사회적 관계의 단절'이다. 따라서 '사회적 관계를 갈망하는 오타쿠'와 '사회적 관계를 단절한 은둔형 외톨이'는 근본적으로 다른 집단이라고 볼 수 있다. 실제 일본 정부의 히키코모리 실태 조사에서도 그들의 고립 원인으로 '직장 문제', '인간관계의 어려움', '질병' 등이 주로 꼽힐 뿐, '특정 취미에 대한 과몰입'이 핵심 원인이라는 통계는 존재하지 않는다.

그리고 일본 법무성이 발표하는 『범죄백서犯罪白書』 등 공식적인 범죄 통계 어디에도, 흉악 범죄자와 애니메이션, 게임, 만화 소비 사이에 유의미한 상관관계가 있다는 데이터는 존재하지 않는다. 수백만, 수천만 명이 즐기는 주류 취미를 특정 범죄와 연결 짓는 것은 통계적으로 무의미하다고 볼 수 있다. 즉 '오타쿠'라는 취미 집단을 '은둔형 외톨이나'나 '잠재적 범죄자'와 동일시하는 것은, 통계적 근거가 희박하며 사회 문제의 원인을 특정 하위문화에 전가하려는 '도덕적 공황Moral Panic'에 가깝다고 볼 수 있다.

주류 사회의 지칠 줄 모르는 희생양 찾기

이러한 인식 개선의 흐름 속에서, 2010년대 이후 일본에서는 오타쿠라는 정체성이 주류 문화의 일부로 편입되기 시작했다. 방송인 나카가와 쇼코中川翔子와 같은 몇몇 유명인은 스스로 '오타쿠'라 칭하며 애니메이션과 게임에 대한 해박한 지식을 뽐내 큰 인기를 얻었고, SNS를 통해 대중문화에 대한 이해도를 드러내며 젊은 층과 소통했던 아소 다로麻生太郎와 같은 유력 정치인도 스스로 오타쿠라 칭하며 친근감을 어필했다. 이는 1990년대 후반 닷컴 붐 이후 'Nerd'나 'Geek'이 '괴짜'에서 '똑똑하고 멋진 전문가'로 이미지가 격상된 서구의 '긱 시크Geek Chic' 현상과도 유사하다.

그러나 오타쿠 정체성의 '긍정적인' 측면만이 주류 사회에 패션처럼 소비되는 현상은, 사회학에서 말하는 '빼앗긴 가난Stolen Poverty' 또는 '가난 코스프레'와 같은 역설적인 상황을 낳았다. 본래 '오타쿠'라는 정체성은 본질에서 벗어난 희생양 찾기 속에서 발생한 사회적 소외와 멸시, 즉 일종의 '사회적 자본의 가난' 속에서 형성된 것이었다. 하지만 이제 주류 사회는 그들이 겪었던 고통과 소외는 외면한 채, '특정 분야에 대한 깊이 있는 지식'이나 '순수한 열정'과 같은 '멋진' 부분만을 액세서리처럼 가져다 쓰기 시작했다는 비판도 존재한다.

그렇다면 오타쿠가 짊어졌던 '사회 부적응자', '패배자'라는 부정적 낙인은 이제 사라졌는가? 안타깝게도 그렇지 않다. 일본 사회는 언제나처럼 새로운 희생양을 찾아냈다. 주류 사회가 오타쿠의 긍정적 이

[그림·6]

"죄송합니다. 트리플 치즈 3종 규동 곱빼기에 반숙 달걀 추가 부탁드립니다." X 유저, 이비료(いびりょ)의 자기 비하적 자화상의 모작.

미지를 '훔쳐' 가는 동안, 그들이 벗어던진 부정적인 껍데기는 '치즈규동チーズ牛丼', 줄여서 '치규チー牛'와 같은 새로운 멸칭의 대상에게 고스란히 옮겨갔다.

'치규チー牛'는 '안경을 쓰고, 어딘가 유약해 보이며, 혼자서 치즈규동チーズ牛丼을 주문할 것 같은 음침한 인상의 남성'을 경멸적으로 지칭하는 인터넷 속어이다. 이는 과거 오타쿠에게 가해졌던 조롱과 멸시를 더 악의적이고 더 노골적인 '외모 비하'의 형태로 계승한 것이다. 왜 일본 사회는 이처럼 끊임없이 경멸의 대상을 필요로 하는가? 이는 제2장에서 논의한 수직적 집단주의 사회의 어두운 단면과 연결된다. 동조압력同調圧力이 강한 사회에서의 집단은 '우리와 다른' 이질적인 존재를 배척하고 낙인찍음으로써 내부 결속을 다지고, 타인과의 비교를 통해 상대적 우월감을 느끼며 위태로운 자존감을 유지하려는 경향이 있다. '치규チー牛'은 바로 이러한 현대판 '무라하치부村八分'의 새로운 희생양일 수 있다. 정확히 이야기하자면 반드시 '치규チー牛'가 아니라도 좋았을 것이다. 왜냐하면 혐오의 대체제는 얼마든지 있으니까

말이다. 따라서 이러한 혐오의 메커니즘은 언제든 외국인·이민자·사회적 약자 등, 손쉽게 '찍어 누를 수 있는' 어떠한 대상에게라도 옮겨 갈 수 있다는 점에서 매우 바람직하지 않다.

지금까지 우리는 '오타쿠'라는 단어가 단순한 2인칭 대명사에서 출발하여, 일본의 사회 변화와 함께 어떻게 탄생하고, 왜곡되며, 변화해왔는지를 추적했다. 그 과정에서 우리는 오타쿠 후조시腐女子, 그리고 각 시대를 대표하는 젊은 세대들이 단순히 특정 취미에 몰두하는 마니아나 사회 부적응자가 아닌, 각 시대가 마주했던 사회적 압력과 불안, 그리고 욕망을 온몸으로 드러내는 '시대의 거울'과도 같은 존재였음을 확인할 수 있었다.

결국 오타쿠의 역사는, 제2장에서 논의한 수직적 위계질서와 집단주의의 압력 속에서 소외된 이들이, 제3장에서 살펴본 '통제된 해방구'와 같은 자신들만의 세계를 구축해온 과정 그 자체였다. 그들의 모습 속에는 고도성장기의 그림자, 장기 불황의 상실감, 그리고 획일화를 강요하는 사회에 대한 소극적인 저항 등, 현대 일본이 마주했던 시대적 과제들이 고스란히 투영되어 있다.

그러나 오타쿠라는 낡은 허물이 벗겨진 자리에 '치규チー牛'라는 새로운 낙인이 새겨지는 현상은, 이 '거울'이 여전히 일본 사회의 변치 않는 차별의 구조와 희생양 찾기 메커니즘을 비추고 있음을 보여준다. 이처럼 복잡한 배경과 그 안에 숨겨진 사회적 역학을 이해할 때, 비로소 우리는 일본의 '새로운 세대'와 그들의 문화를 피상적인 스테레오타입 너머에서 입체적으로 읽어낼 수 있을 것이다.

- 毎日新聞, 「関西５０年前【昭和４２年４月２５日】川がゴミ捨て場に」, 2017. 04. 25. https://mainichi.jp/articles/20170328/oog/00m/040/114000c
- 全国無料テレビ BS11, 「【62年前の東京のゴミ事情】〈昭和36年（1961年）4月26日〉「昭和あの日のニュース」, 2023.05.09. https://www.youtube.com/watch?v=s3Z8HIAOO3U
- 読売新聞「オリンピックが変えた東京の街・「首都をきれいに！」～「レガシー」からたどる１９６４」, 2020. 10. 17. https://www.yomiuri.co.jp/olympic/2020/20201015-OYT8T50030
- 小野美里(2018)「【研究ノート】東京都における「街をきれいにする運動」（昭和29年）に関する基礎的考察」『東京都公文書館調査研究年報』4号, pp. 2-3.
- 一般社団法人 東京都地質調査業協会（編）(2014)『技術ノート No. 47　特集：東京の天然（地中）ガス』11月, pp. 9-12.
- 一般社団法人・東京都地質調査業協会, 「技術ノート」. https://www.tokyo-geo.or.jp/technical_note
- dragoner「AIを根拠とした新聞写真懐疑論の真偽」, 2025. 05. 18. https://note.com/dragoner/n/nbd1931a3ae0c?sub_rt=share_pb
- 사람인, 「취업뉴스 - 100대 기업 대졸 사원 연봉 2배 되는 시점은?」, 2022. 01. 10. https://www.saramin.co.kr/zf_user/help/live/view?idx=108598&listType=news
- EAI 동아시아연구원(2023)「2023년 한일 국민 상호 인식 조사 결과 분석」. https://www.eai.or.kr/m/research_view.asp?intSeq=22130&code=17
- 岩本通弥(2008)『「ごみ」の文化誌―近世・近代東京の屎尿・塵芥』明石書店
- 石塚裕道・中山千秋編著(2009)『東京オリンピックと都市空間の変容』ゆまに書房
- 吉見俊哉(2005)『万博幻想―戦後政治の呪縛』ちくま新書
- UNCTAD, 2024, Trade and development report 2024
- https://unctad.org/system/files/official-document/tdr2024_en.pdf

- WIPO, 2023, Global Innovation Index 2023. https://www.wipo.int/global_innovation_index/en/2023/
- e-STAT「賃金構造基本統計調査/令和4年賃金構造基本統計調査一般労働者 新規学卒者」https://www.e-stat.go.jp/stat-search/files?page=1&layout=datalist&toukei=00450091&tstat=000001011429&cycle=0&tclass1=000001202310&tclass2=000001202312&tclass3=000001202318&stat_infid=000040029235&tclass4val=0
- 세계은행「World Bank Open Data」. https://data.worldbank.org
- 厚生労働省「令和4年賃金構造基本統計調査 結果の概況」. https://www.mhlw.go.jp/toukei/itiran/roudou/chingin/kouzou/z2022

- Benedict, R. (1946). *The Chrysanthemum and the Sword: Patterns of Japanese Culture*. Houghton Mifflin.
- Lummis, C. D. (1982). *A New Look at the Chrysanthemum and the Sword*. Shōhakusha.
- Geertz, C. (1988). *Works and Lives: The Anthropologist as Author*. Stanford University Press.
- Dale, P. N. (1986). *The Myth of Japanese Uniqueness*. Croom Helm.
- 土居健郎(2007)『「甘え」の構造』, 弘文堂
- Totman, C. (2005). *A History of Japan*. Blackwell Publishing.
- Amino, Y. (2012). *Rethinking Japanese History*. Center for Japanese Studies, University of Michigan.
- Hall, J. W. (Ed.). (1991). *The Cambridge History of Japan, Volume 4: Early Modern Japan*. Cambridge University Press.
- 中根千枝(1992)『タテ社會の人間關係, 單一社會の理論』, 講談社
- Cuyler, P. L. (1979). *Sumo: From Rite to Sport*. Weatherhill.
- 山本七平(1977). 『「空気」の研究』, 文藝春秋.
- Lebra, T. S. (1976). *Japanese Patterns of Behavior*. University of Hawaii

Press.

- Sansom, G. B. (1963). *A History of Japan, 1615-1867.* Stanford University Press.

- Rozman, G. (1974). "Edo's Importance in the Changing Tokugawa Society". *Journal of Japanese Studies,* 1(1), 91-112.

- Shively, D. H. (1957). "Bakufu Versus Kabuki". *Harvard Journal of Asiatic Studies,* 18(3/4), pp. 326-356.

- Wierzbicka, A. (1996). Japanese cultural scripts: Cultural psychology and "cultural grammar". *Ethos,* 30(4), pp. 527-555.

- Gerstle, C. A. (2006). *Kabuki Heroes on the Osaka Stage, 1780-1830.* University of Hawai'i Press.

- Shively, D. H. (1978). "The Social Environment of Tokugawa Kabuki". In J. R. Brandon, W. P. Malm, & D. H. Shively (Eds.), *Studies in Kabuki: Its Acting, Music, and Historical Context.* University of Hawai'i Press.

- Screech, T. (1999). Sex and the Floating World: Erotic Images in Japan, 1700-1820. Reaktion Books.

- Kawamura, Y. (2012). *Fashioning Japanese Subcultures.* Berg Publishers.

- Smith, T. C. (1959). *The Agrarian Origins of Modern Japan.* Stanford University Press.

- 佐藤直樹(2023).『なぜ、自粛警察は日本だけなのか: 同調圧力と「世間」』, 現代書館.

- Garnsey, P. (1988). *Famine and Food Supply in the Graeco-Roman World: Responses to Risk and Crisis.* Cambridge University Press.

- Veyne, P. (1990). *Bread and Circuses: Historical Sociology and Political Pluralism.* Penguin Books.

- Postman, N. (1985). *Amusing Ourselves to Death: Public Discourse in the Age of Show Business.* Penguin Books.

- Creighton, M. R. (1990). Revisiting Shame and Guilt Cultures: A Forty-Year Pilgrimage. *Ethos,* 18(3), pp. 279-307.

- Deuchler, M. (1992). The Confucian Transformation of Korea: A Study of Society and Ideology. Harvard University Asia Center.

- プライムオンライン編集部,「特集, 新型コロナウイルス, "他県ナンバー狩り"にNO!「日本ナンバー」広告が各地に出現…込めた思いを聞いた」, 2020. 07. 29. https://www.fnn.jp/articles/-/67102

- 上毛新聞, 「「二度と群馬に来るな！」県外ナンバーに張り紙「自治会の名前使われた」地元住民らも困惑…」, 2021.08.30. https://www.jomo-news.co.jp/articles/-/10126
- nippon.com, 「大名行列は藩の見栄の張り合い！」, 2020. 12. 27. https://www.nippon.com/ja/japan-topics/c08602
- 今日は何の日？徒然日記, 「江戸幕府の農民支配～五人組制度」, 2010. 10. 26. https://indoor-mama.cocolog-nifty.com/turedure/2010/10/post-9790.html
- NHK, 「新型コロナ 最前線で闘う隊員を苦しめた差別と偏見」, 2025. 05. 22. https://www3.nhk.or.jp/news/html/20250522/k10014811901000.html

- Keene, D. (1993). *Seeds in the Heart: Japanese Literature from Earliest Times to the Late Sixteenth Century.* Columbia University Press.
- 伊藤詩織(2017)『Black Box』, 文芸春秋
- Motoori, N. (Teele, R., Trans.). (1997). "Mono no aware", *Sources of Japanese Tradition, Volume 2.* Columbia University Press.
- Morris, I. (Trans.). (1967). *The Pillow Book of Sei Shōnagon.* Columbia University Press.
- Zeami. (Rimer, J. T., & Yamazaki, M., Trans.). (1984). *On the Art of the Nō Drama: The Major Treatises of Zeami.* Princeton University Press.
- Marra, M. F. (2002). *Japanese Hermeneutics: Current Debates on Aesthetics and Interpretation.* University of Hawai'i Press.
- Seigle, C. S. (1993). *Yoshiwara: The Glittering World of the Japanese Courtesan.* University of Hawai'i Press.
- Suzuki, D. T. (1959). *Zen and Japanese Culture.* Princeton University Press.
- Koren, L. (2008). *Wabi-Sabi for Artists, Designers, Poets & Philosophers.* Imperfect Publishing.
- Ueda, M. (1992). *Basho and His Interpreters: Selected Hokku with*

Commentary. Stanford University Press.

- Takeda, T. (2012). "Yugen". In M. T. Ryan (Ed.), *The Encyclopedia of Literary and Cultural Theory*. Wiley-Blackwell.

- Tajima, M. (2000). *Vollständiges japanisch-deutsches Wörterbuch* (Unveränderter Nachdruck der Ausg. v. 1886-1887). Lincom Europa.

- Dalby, L. (2008). *Geisha: 25th Anniversary Edition*. University of California Press.

- Philippi, D. L. (Trans.). (1969). *Kojiki*. University of Tokyo Press.

- Mostow, J. S. (1996). *Pictures of the Heart: The Hyakunin Isshu in Word and Image*. University of Hawai'i Press.

- Watanabe, T., & Iwata, J. (1989). *The Love of the Samurai: A Thousand Years of Japanese Homosexuality*. GMP Publishers.

- Lighthouse, 「Center for Human Trafficking Victims」. https://lhj.jp/english/index.php

- Nolte, S. H., & Hastings, S. A. (1991). *"The Meiji State's Policy Toward Women, 1890-1910"*. In G. L. Bernstein (Ed.), Recreating Japanese Women, 1600-1945. University of California Press.

- Dower, J. W. (1999). *Embracing Defeat: Japan in the Wake of World War II*. W. W. Norton & Company.

- Allison, A. (2000). *Permitted and Prohibited Desires: Mothers, Comics, and Censorship in Japan*. University of California Press.

- Chamberlain, B. H. (Trans.). (1882). *A Translation of the "Ko-ji-ki" or "Records of Ancient Matters"*. Transactions of the Asiatic Society of Japan, Vol. X, Supplement.

- Parrinder, G. (1982). *Sex in the World's Religions*. Oxford University Press.

- Ooms, H. (1985). *Tokugawa Ideology: Early Constructs, 1570-1680*. Princeton University Press.

- Leupp, G. P. (1995). *Male Colors: The Construction of Homosexuality in Tokugawa Japan*. University of California Press.

- Robertson, J. (2002). "Doing and Undoing "Female" and "Male" in Japan: The Takarazuka Revue". In A. C. Gerstle (Ed.), *A Kabuki Reader: History and*

Performance. Routledge.

- Hibbett, H. (1975). *The Floating World in Japanese Fiction*. Oxford University Press.

- Ueno, C. (2009). *The Modern Family in Japan: Its Rise and Fall*. Trans Pacific Press.

- Fuess, H. (2004). *Divorce in Japan: Family, Gender, and the State, 1600-2000*. Stanford University Press.

- Fuess, H. (2004). *Divorce in Japan: Family, Gender, and the State, 1600-2000*. Stanford University Press.

- 高木侃(1987)『三行半と縁切寺 江戸の離婚と女性たち』, 平凡社.

- 集英社(2002)『ぷち プレイボーイ U15』. https://www.shueisha.co.jp/books/items/contents.html?isbn=4-08-102038-8&mode=1

- 厚生労働省,「離婚に関する統計」,『人口動態統計』. https://www.e-stat.go.jp

- 縄田康光(2006)「歴史的に見た日本の人口と家族」,『立法と調査/参議院事務局企画調整室編』(260), 参議院事務局, pp.90-101.

- 京伝による浮世絵「「江戸風俗図 通人」」. https://ja.ukiyo-e.org/image/ritsumei/Z0167-254

- ウィキペディア,「イザナギ」. https://upload.wikimedia.org/wikipedia/commons/8/84/Kobayashi_Izanami_and_Izanagi.jpg; Old Tokyo,「Yoshiwara (Tokyo), c. 1910-1930.」. https://www.oldtokyo.com/yoshiwara-tokyo/

- 東京都立図書館,「東都新吉原一覧」. http://archive.library.metro.tokyo.jp/da/detail?tilcod=0000000003-00055207; 太田記念美術館,「吉原遊郭までの道のりをご案内いたします。」, 2021. 09. 20. https://otakinen-museum.note.jp/n/naadbf3f2b985

- Kuki, S. (Clark, J., Trans.). (1997). *The Structure of Iki. In Reflections on Japanese Taste: The Structure of Iki*. Power Publications.

- 九鬼周造(1930)『「いき」の構造』, 岩波文庫. https://www.aozora.gr.jp/cards/000065/files/393_1765.html

- 太田記念美術館,「遊郭の花魁道中を見物してみた」, 2021. 09. 27. https://otakinen-museum.note.jp/n/na7dcdc295884

- 「樂美術館」. https://www.kyoto-museums.jp/museum/central/120/

- 妙心寺桂春院「幽玄の美に触れる夜の拝観」, 2021. 12. 07. https://kotonarijuku.kyotoshunju.com/news/509.html
- 西川祐信（１７３０）『男色山路露』, 国文学研究資料館. https://doi.org/10.20730/100289194
- NHKアーカイブス,「香川照之の昆虫すごいぜ!」. https://www2.nhk.or.jp/archives/movies/?id=D0009050962_00000

- 国學院大學, 神道文化学部,「第7回宮廷装束の着装披露〜束帯と女房装束の彩り〜が開催されました（令和6（2024）年6月8日）」. https://www.kokugakuin.ac.jp/news/422511
- Discover Japan「十二単って本当に12枚着ているの?ご大礼の見方が深まるおしゃれ学」,『Discover Japan』6월호, 2019. 05. 07. https://discoverjapan-web.com/article/9348
- 家紋のいろは. https://irohakamon.com
- Agency for Cultural Affairs, Japan. (2015). *Kimono Culture: Intangible Cultural Heritage Files*. Tokyo: Bunkachō.
- Cliffe, S. (2018). *The Social Life of Kimono: Japanese Fashion Past and Present*. London: Bloomsbury Academic.
- Dalby, L. C. (1993). *Kimono: Fashioning Culture*. Seattle: University of Washington Press.
- Jackson, A. (Ed.). (2020). *Kimono: Kyoto to Catwalk*. London: V&A Publishing.
- Metropolitan Museum of Art. (2022). *Kimono Style: Edo Traditions to Modern Design*. New York: The Met.
- Milhaupt, T. S. (2014). *Kimono: A Modern History*. London: Reaktion Books.
- Yamanaka, N. (1982). *The Book of Kimono*. Tokyo: Kodansha International.
- Jansen, M. B. (2000). *The Making of Modern Japan*. Harvard University Press, p. 339.

- クロラ「④上級編 袴を理解しよう」. https://skeb.jp/@chlora17
- 大野 等 (1992). 『日本服飾史』. 吉川弘文館.
- Fujitani, T. (1996). *Splendid Monarchy: Power and Pageantry in Modern Japan*. UC Press.
- Japanese Ministers of the Meiji Period by Hashimoto. https://commons.wikimedia.org/wiki/File:Japanese_Ministers_of_the_Meiji_Period_by_Hashimoto_Chikanobu.JPG
- 関口礼子(1978)「「賢母良妻」から「良妻賢母」へ: 明治28~31年の高等女学校論」『聖徳学園岐阜教育大学紀要』巻5, pp. 81-93.
- 金子幸子(2018)「中村正直の西洋思想受容と女性論:「善良ナル母ヲ造ル説」とS・スマイルズ著『西洋品行論』」『総合女性史研究』35, pp.27-48.
- 中村正直(1875)「善良ナル母ヲ造ル説」『明六雑誌』33.
- Ashbrook, W., & Powers, H. (1991). *Puccini's Turandot: The End of the Great Tradition*. Princeton University Press.
- Lancaster, C. (1995). *The Japanese Influence in America*. Abbeville Press.
- Locke, R. P. (2009). *Musical Exoticism: Images and Reflections*. Cambridge University Press.
- Meech, J., & Weisberg, G. P. (1990). *Japonisme Comes to America: The Japanese Impact on the Graphic Arts, 1876-1925*. Harry N. Abrams.
- Said, E. W. (1978). *Orientalism*. Pantheon Books.
- Whitford, F. (1990). *Japanese Prints and Western Painters*. Studio Vista.
- 대한항공 「[The Moment] 대한항공 50년의 순간들_ ②」. https://news.koreanair.com/the-moment-대한항공-50년의-순간들_-②
- Clammer, J. (2001). *Japan and Its Others: Globalization, Difference and the Critique of Modernity*. Trans Pacific Press.
- Downer, L. (2006, January 29). *The Sins of Memoirs of a Geisha*. The Times.
- Iwabuchi, K. (2002). *Recentering Globalization: Popular Culture and Japanese Transnationalism*. Duke University Press.
- Mitchell, E. (2006). Geisha. In P. C. Rollins (Ed.), *The Columbia Companion to American History on Film: How the Movies Have Portrayed the American Past*. Columbia University Press.

- Moeran, B. (1996). *A Japanese Advertising Agency: An Anthropology of Media and Markets*. University of Hawai'i Press.
- Richie, D. (2002). *The Image Factory: Fads and Fashions in Japan*. Reaktion Books.
- Weisenfeld, G. (2002). *Mavo: Japanese Artists and the Avant-Garde, 1905-1931*. University of California Press.

- 日本国土交通省・気象庁「平成18年豪雪 平成17年(2005年)12月～平成18年(2006年)3月」. https://www.data.jma.go.jp/stats/data/bosai/report/2005/200512/gousetsu18.html
- 日本国土交通省・気象庁「日本活火山総覧(第4版) Web掲載版 メニュー」. https://www.data.jma.go.jp/vois/data/filing/souran/menu_jma_hp.html
- 「国書データベース」『絵本和歌浦』. https://kokusho.nijl.ac.jp/biblio/200012781/1?ln=ja
- YKK AP「強くて長持ち、やっぱり樹脂窓」. https://www.ykkap.co.jp/consumer/satellite/products_window/reliable_pvc-windows
- 日本国土交通省「令和5年度マンション総合調査結果」. https://www.mlit.go.jp/jutakukentiku/house/content/001750161.pdf

- 김유영(2017)a「일본 미디어의 동일본대지진 원자력발전소 사고 관련 어휘 선정 및 구사에 관한 연구: 후쿠시마와 타국의 원자력발전소 사고기사의 보도 태도에 대한 비교·대조를 중심으로」,『일본근대학연구』Vol. 55, 일본근대학회, , pp. 149-168.
- 김유영(2017)b「福島第一原子力発電所事故に関する新聞記事に見られる語彙に関する日韓比較・対照研究」『日語日文学研究』Vol.103 韓国日語日文学会, pp. 47-71.
- 消防庁(2024)「(2011年)東北地方太平洋沖地震(東日本大震災)の被害状況(2024年3月1日

現在)」

- 上杉隆·烏賀陽弘道(2011)『報道災害【原発編】』幻冬舎新書, 54p.
- 大沼安史(2011)『世界が見た福島原発災害—海外メディアが報じる真実』緑風出版, pp.52-55.
- 東京電力(2012)『福島原子力事故調査報告書』
- 吉田至孝 외(2017),「福島第一原子力発電所事故以前の津波高さに関する検討経緯-想定津波高さと東電の対応の推移-」,『公開シンポジウム原子力発電所の自然災害への対応-福島事故の津波対策を例として-』, 日本学術会議
- 地震本部「地震発生可能性の長期評価」. https://www.jishin.go.jp/evaluation/long_term_evaluation
- 日テレ「安倍首相、福島第一原発を視察」. https://news.ntv.co.jp/category/politics/236589
- TBS「報道の日2011」2011.12.25. https://www.tbs.co.jp/shinsai2011
- 시사IN, 「시사IN 인터뷰 간 나오토 전 일본 총리는 왜 탈원전을 결심했나」, 2018. 06. 04. https://www.sisain.co.kr/news/articleView.html?idxno=31968
- 朝日新聞「「地下に非常電源」米設計裏目にハリケーン対策だった」2011. 6. 11. https://www.asahi.com/special/10005/TKY201106110146.html
- NHK「メルトダウン File.8 – 前編 原発事故·危機の88時間」2023년 3월 18일 방영
- 東京新聞「〈科学編〉福島第一原発の防潮堤　より高く」2020. 9. 29. https://www.tokyo-np.co.jp/article_photo/list?article_id=58446&pid=136026
- ふくしま復興情報ポータルサイト「避難者数の推移」. https://www.pref.fukushima.lg.jp/site/portal/hinansya.html
- 岩手県(2024)「東北地方太平洋沖地震に係る人的被害·建物被害状況一覧」. https://www2.pref.iwate.jp/~bousai/shiryo/kako_saigai/h23shinsai/jintekihigai/jinteki20240930.pdf

- 経済産業省-資源エネルギー庁(2024)「電源三法交付金実績表(昭和49年度 – 令和5年度)」

- 総務省(2020)「2020 Population Census POPULATION AND HOUSEHOLDS OF JAPAN 2020 Major Results」. https://www.stat.go.jp/english/data/kokusei/2020/summary/pdf/major_results.pdf
- 総務省統計局(~2020), 「国勢調査」. https://www.stat.go.jp/index.html
- 高等法院(2023)「平成28(わ)第247号 業務上過失致死傷事件判決」
- 海渡雄一(2019)「東電旧経営陣無罪判決、裁判所が犯した七つの大罪」『朝日新聞-論座』. https://webronza.asahi.com/national/articles/2019092400001.html
- Bauman, 1998, "Hereditary Victimhood: The Holocaust's Life as a Ghost", *Tikkun* 13-4, pp. 33-38.
- National Geographic Society, 2015, "How Paper Cranes Became a Symbol of Healing in Japan". https://news.nationalgeographic.org/how-paper-cranes-became-a-symbol-of-healing-in-japan
- 日テレニュース「「#被災地いらなかった物リスト」を考える」, 2018. 7. 12. https://news.ntv.co.jp/category/society/398492
- 仙台市教育委員会「星に願いを～伝える感謝繋がる思い」2019. 08. 08.
- ANN News「福島の安全性アピール　安倍総理がメヒカリ試食」2014. 03. 08. https://news.tv-asahi.co.jp/news_politics/articles/000022818.html
- 農林水産省「「食べて応援しよう!」～東日本大震災の被災地復興を応援～」. https://www.maff.go.jp/j/shokusan/eat
- TBS NEWS「原爆を開発、投下に同行、映像撮影したアグニュー博士と被爆者の対話」2005. https://www.youtube.com/watch?v=ledy5yECAJs; https://www.youtube.com/watch?v=pdJzF1Oh7Ns(한국어 자막)
- 衆議院・参議院「議員一覧」, 2025. 3. https://www.shugiin.go.jp/internet/itdb_annai.nsf/html/statics/syu/1giin.htm; https://www.sangiin.go.jp/japanese/joho1/kousei/giin/217/giin.htm
- 国立国会図書館「日本-官庁職員(公務員)の名簿」. https://ndlsearch.ndl.go.jp/rnavi/politics/JGOV_meibo
- ATOMIC AGE: Angel Food, Time Magazine, 1946. 11. 18. https://time.com/archive/6773707/atomic-age-angel-food
- Disneyland-Our Friend the Atom (1957). https://www.youtube.com/watch?v=pkwadgJORFM

- Shimizu, Y. (Ed.) (1984). *Masters of Japanese Calligraphy, 8th-19th Century.* The Asia Society Galleries.
- Addiss, S., with Lombardo, S. (1993) *The Art of Zen: Paintings and Calligraphy by Japanese Monks, 1600-1925.* Harry N. Abrams.
- Keene, D. (1990). *No and Bunraku: Two Forms of Japanese Theatre.* Columbia University Press.
- Adachi, B. (1978). *Backstage at Bunraku: A Behind-the-Scenes Look at Japan's Traditional Puppet Theatre.* Weatherhill.
- Gerstle, C. A. (2001). *Chikamatsu: 5 Late Plays.* Columbia University Press.
- Kominz, L. R. (2016). *The Stars Who Created Kabuki: Their Lives, Loves and Legacy.* Kodansha International.
- BAILA, 「若手リレー取材に中村壱太郎が登場!!【まんぼう部長の歌舞伎沼への誘い♯15】」. 2020.05.08.
- 新陰流協会, 「稽古内容のご案内-居合(新陰流居合道)」. https://shinkageryu-kyokai.jp/learning.html; https://baila.hpplus.jp/lifestyle/entertainment/36258
- 独立行政法人・日本芸術文化振興会, 「令和6年11月文楽公演」. https://www.ntj.jac.go.jp/schedule/bunraku/2024/611
- Wikipedia, The Great Wave off Kanagawa. https://en.wikipedia.org/wiki/The_Great_Wave_off_Kanagawa
- Wikipedia, 侍. https://ja.wikipedia.org/wiki/侍
- Wikipedia, 海(ドビュッシー). https://ja.wikipedia.org/wiki/海_(ドビュッシー)
- 田代陣基『葉隠』, 文化遺産オンライン. https://bunka.nii.ac.jp/heritages/detail/216413
- 知覧特攻平和会館. https://www.chiran-tokkou.jp
- NOH MASK MAKER, KEIKO UDAKA. https://keikoudaka.com
- 池坊, 「いけばなの根源池坊展〈東京花展〉を日本橋三越で開催しました」. https://www.ikenobo.jp/information/106841
- 独立行政法人日本芸術文化振興会, 人形浄瑠璃 文楽-歴史. https://www2.ntj.jac.go.jp/dglib/contents/learn/edc26/rekishi/rekishi1.html
- 財団法人毎日書道会「毎日書道展の歴史」. https://www.mainichishodo.org/about

- 小畑三秋「わびの世界凝縮　心と心通う「二畳」の茶室」, 2022. 11. 21. https://www.sankei.com/article/20221121-NE6LURWSB5JN3JD7DV5IIAT2LQ

- 伊東瑞子 et al. 2009, *Hanging Out, Messing Around, and Geeking Out: Kids Living and Learning with New Media.* The MIT Press.
- 김성민(2018)『케이팝의 작은 역사』, 글항아리.
- Epstein, S., & Joo, R., 2012, "Multiple Exposures: Korean Bodies and the Transnational Imagination". *The Asia-Pacific Journal,* 10(33).
- Johnson, C., 1982, *MITI and the Japanese Miracle: The Growth of Industrial Policy, 1925-1975.* Stanford University Press.
- Funabashi, Y., 1988, *Managing the Dollar: From the Plaza to the Louvre.* Institute for International Economics.
- Koo, R. C., 2009, *The Holy Grail of Macroeconomics: Lessons from Japan's Great Recession.* Wiley.
- Iwabuchi, K., 2002, *Recentering Globalization: Popular Culture and Japanese Transnationalism.* Duke University Press.
- Mōri, Y., 2014, J-pop goes the world: a new global fandom in the age of digital media. In T. Mitsui (Ed.), *Made in Japan: Studies in Popular Music,* Routledge, pp. 211-223.
- Aoyagi, H., 2005, *Islands of Eight Million Smiles: Idol Performance and Symbolic Production in Contemporary Japan.* Harvard University Asia Center.
- Freedman, A., 2010, *Tokyo in Transit: Japanese Culture on the Rails and Road.* Stanford University Press.
- Galbraith, P. W., & Karlin, J. G. (Eds.)., 2012, *Idols and Celebrity in Japanese Media Culture.* Palgrave Macmillan.
- Iwabuchi, K., 2004, "When 'Lonely Hearts' Meet: Cultural Intimacy and the Korean Wave in Japan". In: *Feeling Asian Modernities: Transnational*

- *Consumption of Japanese TV Dramas*. Hong Kong University Press.

- Lincoln, E. J., 1998, *Japan's economic mess : prepared for the Japan economic seminar meeting April 25, 1998*. Brookings Institution Press.

- Martinez, D. P. (Ed.)., 1998, *The Worlds of Japanese Popular Culture: Gender, Shifting Boundaries and Global Cultures*. Cambridge University Press.

- 平本淳也, 亀井誠(2024)『ジャニーズ崩壊の真実 命を懸けた35年の足跡』, 日本ジャーナル出版.

- 公正取引委員会(2019)「令和元年7月31日付 事務総長定例会見記録」. https://www.jftc.go.jp/houdou/teirei/2019/jul_sep/kaikenkiroku190731.html

- SMILE-UP,「外部専門家による再発防止特別チームに関する調査結果について」, 2023. 08. 29. https://www.smile-up.inc/s/su/group/detail/info-711?&link=ROBO004

- リクルートブライダル総研,「ゼクシィ結婚トレンド調査」. https://www.recruit.co.jp/newsroom/data/i-f002/

- BBC News, Predator: The Secret Scandal of J-Pop, 2024. 04. 07. https://www.bbc.co.uk/programmes/m001jw7y

- 株式会社電通(1991)「日本の広告費」. https://www.dentsu.co.jp/ja/knowledge/ad_cost.html

- Galbraith, P. W. (2019). *Otaku and the Struggle for Imagination in Japan*. Durham: Duke University Press.

- Saitō, T. (2013). *Hikikomori: Adolescence without End*. University of Minnesota Press.

- 사이토 타마키斎藤環(2014), 김유영 역,『관계녀 소유남』, 문사철.

- 斎藤環(2006),『戦闘美少女の精神分析』, ちくま文庫

- Kinsella, S. (2000). *Adult Manga: Culture and Power in Contemporary Japanese Society*. University of Hawai'i Press.

- 野村総合研究所オタク市場予測チーム(2005)『オタク市場の研究』

- 東浩紀(2001)『動物化するポストモダン オタクから見た日本社会』, 講談社現代新書

- Poitras, G. (2001). *Anime Essentials: Every Thing a Fan Needs to Know,* Stone Bridge Press.

- Galbraith, P. W. (2012). *Idols and Celebrity in Japanese Media Culture.* Palgrave Macmillan.

- Allison, A. (2013). *Precarious Japan.* Duke University Press.

- 岡田斗司夫(1996)『オタク学入門』, 新潮社.

- Napier, S. J. (2005). *Anime from Akira to Howl's Moving Castle: Experiencing Contemporary Japanese Animation.* Palgrave Macmillan.

- Condry, I. (2013). *The Soul of Anime: Collaborative Creativity and Japan's Media Success Story.* Duke University Press.

- Gordon, A. (2003). *A Modern History of Japan: From Tokugawa Times to the Present.* Oxford University Press.

- Novak, D. (2013). *Japanoise: Music at the Edge of Circulation.* Duke University Press.

- Steinberg, M. (2012). *Anime's Media Mix: Franchising Toys and Characters in Japan.* University of Minnesota Press.

- Steinberg, M. (2012). *Anime's Media Mix: Franchising Toys and Characters in Japan.* University of Minnesota Press.

- 中森明夫(1983), 「『おたく』の研究」, 『漫画ブリッコ』, 1983. 06

- 古市憲寿(2105), 『絶望の国の幸福な若者たち』, 講談社

- Galbraith, P. W. (2011). Fujoshi: Fantasy Play and Transgressive Intimacy among "Rotten Girls" in Contemporary Japan. *Signs,* Journal of Women in Culture and Society, 36(3), pp.671-697.

- 2ちゃんねる. https://2ch.sc

- Oggi.jp, 「ネットでよく見る「チー牛」ってどういう意味？ 元ネタや使い方、関連ワードをご紹介」, 2023. 08. 20. https://oggi.jp/6428281

- Know Your Meme, 「Weeaboo」, 2005. https://knowyourmeme.com/memes/weeaboo

- Newzoo, 「Newzoo's Global Games Market Report 2024」. https://newzoo.com/resources/trend-reports/newzoos-global-games-market-report-

2024-free-version

- Grand View Research, 「Anime Market Size, Share & Trends Analysis Report」, 2024https://www.grandviewresearch.com/industry-analysis/anime-market
- Yano Research Institute Ltd., 「Consumer Survey on Otaku in Japan: Key Research Findings 2024」. https://www.yanoresearch.com/en/press-release/show/press_id/3668
- 디지털경제뉴스, 「[마켓리서치] 2024년 전세계 반도체 시장 21% 증가한 6,559억 달러 규모 형성」, 2025. 04. 11. https://www.denews.co.kr/news/articleView.html?idxno=32233
- Statista, 「Smartphones – Worldwide」, 2024. https://www.statista.com/outlook/cmo/consumer-electronics/telephony/smartphones/worldwide
- 法務省「令和6年版犯罪白書」. https://www.moj.go.jp/housouken/housouken03_00134.html
- いびりょ(チー牛描いた人)@ibiryo_sun. https://x.com/ibiryo_sun
- 日本経済新聞, 「ネットに刺さった初の政治家　アキバは聖地」, 2019. 02. 04. https://www.nikkei.com/article/DGXMZO40547750Y9A120C1PP8000
- 文部科学省(2023)『児童生徒の問題行動・不登校等生徒指導上の諸課題に関する調査』. https://www.mext.go.jp/a_menu/shotou/seitoshidou/1302902.htm

일본은 어떻게 '일본'이 되었나
새로운 세대의 일본 문화 디코딩

발행 1판 1쇄 2026년 03월 02일

저자 | 김유영
펴낸이 | Sakule, Senge(千家 咲久怜)
편집 | 최한
디자인 | 김은희
인쇄 | 아르텍

펴낸 곳 | 브라운출판사
출판등록일 | 2017년 10월 30일
출판등록번호 | 제2019-000043호
주소 | 서울특별시 동대문구 회기로 195, 6층 601호-A251
이메일 | support@brownpress.co.kr
팩스 | 050-8950-4808
홈페이지 | www.brownpress.co.kr

ISBN | 979-11-962416-2-9 (03380)
값 28,000원